Buch

Seit Urzeiten bewegt sich der Mensch im Rhythmus der Trommeln. Mickey Hart, seit 25 Jahren Schlagzeuger der legendären Rockgruppe »Greatful Dead«, geht mit seinem Buch diesem Phänomen der Menschheitsgeschichte auf den Grund. Fundamentale Mythen und Legenden werden erzählt, die Geschichten der großen Trommelmeister analysiert. Hart selbst fühlt sich tief eingebunden in diese lebendige Tradition: So ist das Buch nicht nur Suche nach den spirituellen Quellen des Rhythmus, sondern auch fesselnder Bericht seiner Erfahrungen.

Autor

Mickey Hart ist seit 25 Jahren Schlagzeuger der »Greatful Dead«, einer der ältesten und bekanntesten Rockgruppen der USA. Während seiner langen Laufbahn als Musiker hat er sich in hingebungsvoller Intensität mit dem Thema Rhythmus, seiner Herkunft und seinen Instrumenten beschäftigt. Er komponierte auch Musik zu zahlreichen Film- und Fernsehproduktionen, u.a. zu Francis Ford Coppolas »Apocalypse Now«.
Koautor Jay Stevens wurde in den USA durch sein spektakuläres Buch über die Hippiekultur der späten sechziger Jahre bekannt.

Mickey Hart
mit Jay Stevens und Fredric Lieberman

DIE MAGISCHE TROMMEL

Eine Reise
zu den Quellen des Rhythmus

Aus dem Amerikanischen übersetzt
von Gabriele Gockel, Rita Seuss und Heinz Tophinke
im Kollektiv Druck-Reif

Goldmann Verlag

Originaltitel: Drumming at the Edge of Music
Originalverlag: Harper San Francisco

Die Zeichnungen fertigte Stefanie Runge.

Deutsche Erstausgabe

Umwelthinweis:
Alle bedruckten Materialien dieses Taschenbuches
sind chlorfrei und umweltschonend.

Der Goldmann Verlag
ist ein Unternehmen der Verlagsgruppe Bertelsmann

Deutsche Erstausgabe April 1993
© 1990 Mickey Hart
© 1991 der deutschsprachigen Ausgabe
Wilhelm Goldmann Verlag, München
Umschlaggestaltung: Design Team München
Druck: Presse-Druck Augsburg
Verlagsnummer: 12156
Ba · Herstellung: Sebastian Strohmaier
Made in Germany
ISBN 3-442-12156-6

3 5 7 9 10 8 6 4 2

Inhalt

Vorwort
Die Trommel als Fahrzeug 9
von Joachim-Ernst Berendt

Prolog 21

1 Der Ruf der Trommel 25
2 Im Garten der Rhythmen 39
3 Das Himmelsloch 59
4 Porträt des Rudimental Drummer 69
5 Im Kreis der Trommel 89
6 Porträt des Schlagzeugers
   als Kalter Krieger 109
7 Bei den Ethnologen 129
8 Die große Uhr 157
9 Porträt des Schlagzeugers an der Schwelle
   zum Lärm 173
10 Die Schamanentrommel –
   Schlüssel zur anderen Welt 211
11 Porträt des Schlagzeugers an der Schwelle
   zur Magie 235
12 Afrika – die unsichtbaren Gegenspieler 253
13 Die Bruderschaft der Trommel 275
14 Die Herstellung der Trommel 301

Epilog 321

Anhang
Ausgewählte Literatur 337
Diskographie 345

Dieses Foto widme ich all jenen, die die Macht der Trommel spüren, auch wenn sie nicht verstehen warum. All jenen, die zu ihrem Rhythmus tanzen. Ich widme es den Trommlern der ganzen Welt – bekannten und unbekannten. Ihnen allen und auch dir.

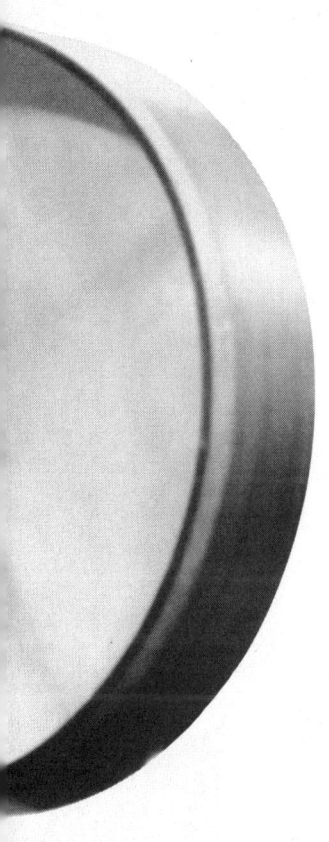

Vorwort
Die Trommel als Fahrzeug

von Joachim-Ernst Berendt

Als Mickey Hart noch Teenager war, zog seine Schule in ein neues Gebäude um. Es gab eine große Feier. Das Schulorchester spielte. Ein Priester segnete den Bau. Der kleine Mickey – noch in kurzen Hosen – stand am höchsten Punkt der Bühne hinter dem Orchester auf dem Perkussionspodest. Vor ihm ein paar neue Pauken. Noch nie hatte jemand auf ihnen gespielt. Mickey juckte es in den Fingern, endlich lostrommeln zu dürfen. Schließlich konnte er es nicht mehr aushalten. Mitten im Segen des Priesters paukte er los. Es donnerte »wie galoppierende Pferde«. Jeder im Saal – Direktor, Honoratioren, Hunderte von Schülern aller Klassen und natürlich der verdutzte Priester – schaute auf Mickey. Denn jetzt war er es, der den Segen erteilte.

Für mich ist das die Schlüsselgeschichte dieses Buches. Wenn Mickey Hart in einer anderen Kultur aufgewachsen wäre, er wäre Schamane geworden. Medizinmann. Dionysischer Priester.

Das Haus, in dem er mit seiner Mutter lebte, lag hinter einem Friedhof. Morgens, wenn er zur Schule ging, durchrannte er ihn. Da er, wo immer er war, die Trommelstöcke bei sich trug, die sein Vater ihm zurückgelassen hatte, als er die Mutter verließ, trommelte er jeden Morgen auf Grabsteinen. Immer auf anderen. Jedesmal war es »eine andere Musik«. Er war noch Anfänger, sonst, nehme ich an, hätte er Tote zum Leben erweckt.

Mickey Harts Vater war Meistertrommler in einer Militärkapelle. Seine Trommelstöcke haben Mickey durchs Leben geleitet – zum weltberühmten Drummer der Rockgruppe Grateful Dead – nach Brasilien und in die Nubische Wüste – zu indischen Meistern und tibetischen Weisen – zu westafrikanischen Yorubas und zu sibirischen und indianischen Schamanen.

Als Kind legte er sich die Trommelstöcke seines Vaters unters Kopfkissen. Jahre später hatte er sein Aha-Erlebnis, als er bei John Chernoff, dem Erforscher der westafrikanischen Trommelrituale, las, wer »erwählt« worden sei, »die Trommel zu reiten«, nehme sich nachts seine »drum sticks« mit ins Bett. Mickey: »Mir fiel fast das Buch aus der Hand, als ich das las.«

Es ist kaum glaublich: Dieser Mann hat nie ein College besucht, mochte nie gern Bücher lesen, hat noch immer ein getrübtes Verhältnis zu ihnen – zu Wissenschaftlern sowieso –, aber er schreibt wie ein Besessener. Wie ein Schamane. Als schriebe er mit Trommelstöcken.

Als Schriftsteller, der sein Leben lang mit wechselndem Erfolg über Musik zu schreiben versucht, könnte man vor Neid erblassen – über Sätze wie: »Den Gong zu schlagen – das war ein Gefühl, als schösse ich mit einem kräftigen Bogen Pfeile aus Klang in die Luft.« Oder: »Manchmal hatte ich das Gefühl, daß wir zu einem großen, lauten Tier zusammenwuchsen, das Musik macht, indem es atmet« (auf die Rockmusik von Grateful Dead bezogen).

In einem Satz erklärt er den Unterschied zwischen afrikanischer Besessenheitstrance und der schamanistischen Trance Asiens: »Während der Schamane auf seiner Trommel zum Weltenbaum reitet, um sich dort mit der Geisterwelt zu vereinen, glauben die Afrikaner, daß die Geister auf dem Beat der Trommel herunter- und in die Körper der Tänzer hineinreiten.«

Jeder, der viel über Musik schreibt, weiß, es ist leicht, gut über Musik zu schreiben, wenn man auf Kosten der Musik und der Musiker schreibt – ihre Kraft der eigenen, soviel geringeren zuaddierend. Ganze Zünfte von Kritikern leben davon – wie Kraken. Jeder ein kleiner Dracula. Wenn ich ihre Artikel lese, dann denke ich oft: »Wie macht einer das – sein Leben lang über Musik schreiben – und dennoch Musik hassen? Was tut er sich selbst damit an?«

Der eine schreibt auf Kosten der Musik, der andere auf Kosten der eigenen Seele – als ginge es allein um sie; und das tut es ja auch. Der eine schreibt, als ginge es um das Leben dessen, über den er schreibt (und es macht ihm Spaß, seine »Opfer« zu vernichten). Der andere schreibt, als ginge es um sein eigenes Leben. Mickey Hart gehört in die letztere Kategorie.

Trommelnd hat er entdeckt, daß sich hinter, zwischen und in den Beats, die er schlägt, mehr verbirgt, als in all den klugen Artikeln und Büchern der Kritiker und Wissenschaftler zu lesen steht – also will er herausbekommen, was sich da verbirgt. Erstaunt bemerkt er das Mißverhältnis: Obwohl es doch um ein Vielfaches mehr trommelnde Menschen auf der Erde gibt als Pianisten oder Geiger, gibt es so viel mehr Bücher über pianistische oder violinistische Musik. Und in den wenigen perkussionistischen steht nicht das Eigentliche.

Was ist das Eigentliche? Mickey meint – und außerhalb unserer westlichen Welt haben Millionen von Menschen dies erfahren (nicht also darüber gelesen, sondern wirklich selbst erfahren): Die Trommel als Fahrzeug in andere Bewußtseinszustände. Als Pferd oder Boot oder Bogen. Die Trommelstöcke als Sporen. Als Ruder und Pfeile. Trommeln als Tore in eine andere Welt – und dennoch, weil sie so irdisch sind, auch wieder zurück in die unsere.

Die Trommel als Urinstrument. Der frühe Mensch als ihr Entdecker. Sein Körper als Ahn-Trommel und Trommel-Ahn. Die Höhle, in der er lebte, als riesiges Perkussionsinstrument, in welches die Echokammer gleich eingebaut war.

Sein Leben lang hatte Joseph Campbell, der Mythenforscher, darüber geschrieben, daß Mythen und Rituale mit einem Male wieder »mitten unter uns« sein werden – so lebendig wie in den alten Kulturen, die er erforscht hat. Dann, gegen Ende seines Lebens, besuchte er, weil Mickey Hart inzwischen sein Freund geworden war, ein Konzert der Grateful Dead: Mickey am Schlagzeug und an Dutzenden afrikanischer, brasilianischer, tibetischer, balinesischer, indischer, indianischer Perkussionsinstrumente vor vierzigtausend kochenden Menschen in einem Stadion in Los Angeles. Campbell: »So müssen die dionysischen Riten gewesen sein!«

Mickey Hart schreibt über Trommeln, als schriebe er über Frauen: »Der süße Punkt einer Trommel.« Aber er schreibt auch über »drums«, als seien sie Raubtiere. Und Mönche! Als sei der Planet, auf dem wir leben, eine gigantische, laut durch das Universum tönende Trommel. »Planet Trommel!«

Über wen immer er schreibt, er wird lebendig auf diesen Seiten: Rolling Thunder, der indianische Schamane, Alla Rakha und sein Sohn Zakir Hussain, die beiden Meister der indischen Tabla, der Mythenforscher Joseph Campbell, die Jazzschlagzeuger Gene Krupa und Buddy Rich (allerdings bei denen, die ihnen gefolgt sind – bei Max Roach, Elvin Jones und ihren Nachfolgern –, da klinkt er denn doch leider aus!), der tibetische Lama Tar Thang Tulku, Airto, der Wiederentdecker Dutzender brasilianischer Perkussionsinstrumente, der große Yoruba-Trommler Olatunji, Hamza el Din, der wie ein Heiliger verehrte Meister der Tar-Trommel aus der Nubischen Wüste...

Einmal, als Grateful Dead vor der Cheopspyramide spielte, besuchte Mickey ihn in seiner Wüstenoase – sechshundert Kilometer südwestlich von Kairo. »Tars klingen anders in der Wüste als bei dir zu Hause in San

Francisco. Du mußt dich der Wüste ergeben«, hatte Hamza ihm gesagt. Mickey tat genau das. Die Hitze war unerträglich. Die Fliegen auf seinem Gesicht noch unerträglicher. Niemand sprach englisch. Totenstille im Dorf. Mickey wartete und wartete. Schließlich konnte er es nicht länger aushalten – wie in seiner Kindheit bei der Einweihung des neuen Schulgebäudes: Er trommelte los. Innerhalb von Minuten verwandelte sich die Szene. Die Menschen kamen aus ihren Häusern – singend, trommelnd, spielend, pfeifend, klatschend, tanzend.

Später erfuhr er, was es mit der Totenstille auf sich hatte. Hamzas Mutter war gestorben. Wochenlang hatten die Dorfbewohner getrauert. Keine Musik durfte gespielt werden. Und da kommt nun ein Rock-Drummer aus San Francisco und spielt einfach los, und keiner sagt ihm, sei still, wir trauern noch, sondern das ganze Dorf versteht: Dieser Mann ist uns geschickt, damit wir verstehen, daß das Trauern vorbei ist und nun wieder die Freude beginnt.

Später am Abend bilden die Bewohner der kleinen Oase einen Kreis, einer spielt die Tar, erzählt trommelnd, wie es ihm geht, der Chor der anderen antwortet ihm – und dann geht die Tar an den nächsten weiter, bis jeder musizierend etwas über sich erzählt und der Chor jedem einzelnen geantwortet hat. Da hatte ich mein Aha-Erlebnis (eines der vielen in diesem Buch). Genau dieses Ritual nämlich mache ich in meinen Workshops – nur wußte ich nie, daß es ein nubisches ist. Und wir lassen dort keine Hasch-Pfeife kreisen.

Trommeln sind weiblich. Sie empfangen. Werden befruchtet. Gebären. Die Trommel war das Instrument der Großen Mutter – als die Frauen nicht nur die Herrschenden, sondern auch die Trommelnden waren. Zehntausende von Jahren lang, bevor die Männer die Welt patriarchalisch machten.

Trommeln sind erotische – auch sexuelle – Instrumente; mehr als andere Musikinstrumente haben sie mit Fleisch und Blut, mit Kraft und mit Schweiß zu tun. Wir wissen nicht viel über diese Zeit, aber das Wenige, was wir wissen – Mickey Hart hat es sorgfältig zusammengetragen –, macht deutlich, wie eng Frauen und Trommeln zusammengehören. Ich möchte die Gedanken Mickeys noch einen Schritt weiterführen. Als die Männer an die Macht kamen, taten sie zweierlei:

1. Sie ließen die Frauen nicht mehr trommeln, sondern taten dies selbst. So gründlich, daß noch heute eine Drummerin »unweiblich« erscheint.

2. Sie machten Trommeln zu dienenden Instrumenten – dienend dem, was für sie die »eigentliche Musik« war, ihre Musik: Musik von Hörnern, Trompeten, Geigen und anderen Streichinstrumenten.

Diese dienende Rolle hat etwas Trauriges, und das Traurige kann man sehen: Vier oder fünf Perkussionisten in einem Symphonieorchester, die meiste Zeit wartend, alle zwanzig, dreißig, vierzig Takte ein paar vereinzelte, oft zusammenhanglose Schläge machend, weniges spielend auf weniger Instrumenten, als in Afrika, im Jazz und im Rock ein einziger Drummer spielt, versteckt hinter Streichern und Bläsern, meist nur dann in Aktion, wenn die Musik ohnehin so laut ist, daß man die Perkussion allenfalls als etwas Zusätzliches wahrnimmt: gezähmte, durchaus entbehrliche Instrumente, deren Zähmung tönendes Symbol der Zähmung eines ganzen Geschlechtes ist.

Es muß wirklich etwas mit Geschlecht zu tun haben. Ich habe das oft in Afrika beobachtet. Wenn amerikanische oder europäische Touristen einem Drum-Ritual zuschauen, sehen sie aus, als schauten sie einer Obszönität zu. So sprechen sie auch darüber – am nächsten Morgen im Hotel beim Frühstück.

Und noch einen Gedanken möchte ich weiterschreiben – den der Stille. Mickey ist Rock-Drummer. Er liebt Lautstärke und Lärm und schreibt kluge Sätze darüber, warum beide heute so notwendig sind – Sätze ins Stammbuch derer, die immer noch bei Rockkonzerten fragen, ob's nicht auch ein paar *db's* leiser zu haben wäre.

Mit dem Lärm ist es wie mit der Elektronik. In einer Zeit, die durch beides – durch Lärm und Elektronik – gekennzeichnet ist, *muß* beides unbedingt musikalisiert werden. Musikalisierten wir sie nicht, wir gäben uns vollends vor ihnen geschlagen.

Lärm ist laut, Elektronik so machtvoll, daß sie heute allgegenwärtig ist. Also muß auch die Musik, die Lärm und Elektronik in Kunst verwandeln möchte – und muß! –, etwas von dieser Lautstärke und dieser Macht haben. Sonst kann sie es nie und nimmer schaffen.

Mickey schreibt: »Schlag mit einem Stock auf eine Membran, und Lärm dringt an dein Ohr – ein unmelodischer, unharmonischer Klang. Schlag ein zweites und ein drittes Mal darauf, und schon hast du einen Rhythmus.« (Wobei er – keine Übersetzung kann das deutlich machen, und dennoch denkt jeder die Popmusik seines Landes liebende Amerikaner das mit – gleich noch auf George Gershwins alten triumphierenden Song »I've got Rhythm« anspielt.) Warum wird aus dem zwei- und dreimaligen Geräusch Rhythmus? Was macht den Unterschied zwischen *einem* Schlag und drei Schlägen aus? Antwort: der Abstand zwischen ihnen, der Zwischenraum.

Auf der ersten Seite seines Buches schreibt Mickey über den Beat des Universums, den Urknall, den »Big Bang« – und darüber, daß es Milliarden Jahre gedauert hat, bis wir ihn und dann auch noch andere Beats hören konnten. Schon damals war zwischen den Schlägen – Äonen lang – Stille. Inzwischen ist der Abstand zwischen ihnen immer kleiner geworden – so klein, daß man ihn manchmal kaum noch hören kann. Aber immer noch – und heute mehr als je zuvor – hört man Beats und hört man Rhythmus –, und den kann man nur deshalb hören, weil es zwischen den Schlägen Abstände gibt, und immer noch ist Abstand ein anderes Wort für das, was es schon war, bevor es Worte gab – Millionen Jahre lang: Stille.

Zen nennt es das »Wabi-Shabi«, den Zwischenraum zwischen den Glockenschlägen. Was das Rad zum Rade mache, seien nicht die Speichen, sondern der Zwischenraum zwischen den Speichen, hat Laotse gesagt.

Was den Wald zum Walde macht, sind nicht die Bäume, sondern der Zwischenraum zwischen ihnen. Dort stehe ich, dort befinde ich mich und nehme Wald wahr. Ohne diesen Zwischenraum wäre der Wald nichts als eine Masse aus Holz.

Jeder Ton, jeder Klang, jeder Drumbeat: Indem er verklingt, führt er in die Stille. Indem wir ihn hören und damit auch dem Verklingen nachlauschen, werden wir in die Stille geführt. Zwangsläufig ist jedem Ton und jedem Beat der Fingerzeig in die Stille eingebaut.

John Cage spricht einmal davon, daß Klang nur eine »Blase auf der Oberfläche ist, die sogleich zerplatzt«. Wenn die Blase zerplatzt ist, tritt Stille ein.

Die Stelle, an der die Tar des nubischen Trommlers Hamza el Din den in die Wüste gepilgerten Mickey Hart in die Stille führt, kommt, wie es der Stille gebührt, nur ganz leise daher, ohne die aufregende Dramatik so vieler anderer Stellen, aber für mich gehört sie zu den bewegendsten in diesem Buch.

Ein paar Seiten weiter spricht Mickey vom »verborgenen Rhythmus westafrikanischer Meistertrommler«, eine Stelle, die ich nicht lesen kann, ohne an ein Wort des griechischen Philosophen Heraklit zu denken, das in den letzten Jahren ein Schlüsselwort meines Arbeitens gewesen ist: »Die verborgene Harmonie ist wichtiger als die offensichtliche.« Der verborgene Rhythmus ist wichtiger als der offensichtliche – wobei es aufschlußreich ist, das die Sprache sowohl im Griechischen als auch im Deutschen für dieses Weniger-wichtig-Sein einer Harmonie und eines Rhythmus ein Sehwort benötigt.

Ein Sehwort benötigte auch Leo Frobenius, der Begründer der Afrikanistik, als er die alten großen afrikanischen Kulturen »unsichtbare Gegenspieler« nannte: Gegenspieler zur glänzenden, weithin sichtbaren westlichen Kultur – auch dann bereits, als der Schwarze Kontinent so schwarz war, daß ihn die westliche Welt noch gar nicht kannte. Schon damals – jahrhundertelang – waren afrikanische Trommelrituale, war die körperbezogene afrikanische Weisheit und Spiritualität unsichtbar und unbewußt ein Gegenspieler westlicher Musik und Weisheit. Schon damals trug sie auf eine geheimnisvolle, sich dem Denken nur schwer erschließende Weise zum »Concerto der Menschheit« bei.

Inzwischen sind die Gegenspieler sichtbar und laut. Die Jazz- und Rocktrommler der Welt, unvorstellbar ohne das afrikanische Erbe, gehören zu ihnen. Aber ich denke, sie werden noch eine ganze Weile laute Gegenspieler sein müssen – in einer Kultur, deren Durchschnittsbenutzer sich schwertun, einen simplen Vierer-Rhythmus auf der gepflegten Lederunterlage ihres Schreibtischs nachzutrommeln. Was ihnen da in Wirklichkeit schwerfällt, ist nicht der Vierer- (oder der Dreier-)Rhythmus, sondern der Puls und der Rhythmus des Lebens.

Pablo Neruda hat ein Gedicht über die »Schalen der Stille« geschrieben. Michael Gielen hat es vertont: Musik als Verpackung für Stille. Das Tönende als Hülle. Als Eierschale. Das Gelbe darin ist die Stille.

Wie man ein edles Geschenk kostbar und sorgfältig zu verpacken bemüht ist, so bemühen sich die Musiker und

Komponisten der Welt, das edelste Geschenk, das sie kennen – Stille –, immer kostbarer und sorgfältiger zu verpacken. Durch die Art von Verpackung, über die sie verfügen: durch Töne, Klänge, Rhythmen. Als wollten sie uns sagen: »Bemerk endlich, wie kostbar das ist, was drinnen steckt. Überhör das nicht immer.«

Jemand, der ein Buch über den Rhythmus mit dem Urknall beginnt und uns daran erinnert, daß danach noch mindestens fünfzehn Milliarden Jahre lang nichts zu hören war, der von den Hunderten von Instrumenten, die er gesammelt hat, als erstes die Damaru erwähnt, die heilige stundenglasförmige Ritualtrommel der spirituellen Weisheit Tibets, der hat begriffen, daß seine Kunst, selbst wenn er sie so laut und effektvoll beherrscht, wie Mickey das zweifellos tut, – Verpackung ist. Verpackung für Stille.

Die Trommel als Fahrzeug. Fahrzeug wohin? In eine andere Welt. Eine Welt, in der wir andere Stimmen hören – die Stimmen der Götter. Die Stimme Gottes. Wo hören wir sie? In der Stille. Im Schweigen.

Prolog

Nach herkömmlichem Wissen entstand das Universum vor fünfzehn oder zwanzig Milliarden Jahren durch eine Explosion, und damit begann unsere Geschichte. Wir nennen dieses Ereignis »Big Bang«, den Urknall. Aber dieser Begriff ist irreführend, da die Bedingungen, unter denen Töne entstehen, erst nahezu eine Milliarde Jahre später erfüllt waren, und Ohren, um die Töne zu hören, kamen noch später.

Ich beginne lieber damit, daß vor fünfzehn oder zwanzig Milliarden Jahren das Universum, ein weißes, unbeschriebenes Blatt, explodierte und den Beat auslöste. Denn das, was aus jener dicken Suppe von Neutrinos und Photonen hervorkam, waren rhythmische Pulsschläge, die durch den leeren Raum schwangen und die Bildung von Galaxien, Sonnensystemen, Planeten und schließlich uns bewirkten.

Es ist jedoch auch möglich, daß wir in dem metaphorischen und mathematischen Begriff des Urknalls unwissentlich eine tiefere Wahrheit streifen. Die Hindus glauben, daß es einen alles umfassenden Klang im Herzen der Schöpfung gibt, das *Nada*, welches – in den Worten des *Tibetischen Totenbuchs* – »wie Tausende von entfernten Donnerschlägen widerhallt«.

Am Anfang war Lärm. Und der Lärm gebar Rhythmus. Und aus dem Rhythmus entstand alles andere. – Mit dieser Art Kosmologie kann sich ein Schlagzeuger identifizieren.

Schlag mit einem Stock auf eine Membran, und Lärm dringt an dein Ohr – ein unmelodischer, unharmonischer Klang. Schlag ein zweites und ein drittes Mal darauf, und schon hast du einen Rhythmus.

Vor fünfzigtausend Jahren verband sich Lärm mit Rhythmus, und wir begannen zu sprechen. Unsere Gehirne waren nach etwa anderthalb Millionen Jahren menschlicher Entwicklung vollständig ausgeformt, und zwei von drei Fertigkeiten, die unsere schnelle Fortentwicklung ermöglichen sollten, waren schon vorhanden: das Langzeitgedächtnis und die Fähigkeit, Symbole zu schaffen. Da tauchten am Rande der kulturellen Explosion, die uns aus der Natur hinausstoßen sollte, außergewöhnliche Werkzeugmacher auf, die ein bemerkenswertes Repertoire an Grunz-, Quietsch-, Bell-, Summ-, Schab- und Brummgeräuschen hervorbrachten.

Damals sahen wir überall Rhythmen, Muster, die sich in der Zeit bewegten. Im Kreisen der Sterne und in der Wanderschaft der Tiere, im Blühen und Verwelken der Pflanzen, die wir sammelten und schließlich züchteten. Rhythmus war das Herz des Mysteriums. Und wahrscheinlich war nichts geheimnisvoller für den Menschen der Frühzeit als die Tatsache, daß einmal im Monat, mit dem Zunehmen des Mondes, die Frauen des Stammes zu bluten begannen. Und auch wenn sie nicht bluteten, war das Teil des geheimnisvollen Lebensrhythmus.

Stell dir die Klanglandschaft vor fünfzigtausend Jahren vor. Lärm bedeutete immer Gefahr, vielleicht sogar Tod – ein Wissen, das im ältesten Teil des Gehirns verwurzelt war, in dem Kämpf-oder-flieh-Programme das Adrenalin aktivieren und damit den Organismus zu sofortigem Handeln befähigen.

Und die Hindus sahen all das in einem kosmischen Zusammenhang: Geräusch oder Lärm bedeutet Gefahr, Schrecken.

Doch im Schrecken liegt auch Macht. In einem der Bücher von Jane Goodall wird ein Schimpanse beschrieben, der die kraftvolle Wirkung zweier zusammengestoßener Benzinkanister entdeckt. Innerhalb weniger Wochen wird er das dominierende männliche Tier der Herde.

Rhythmus und Lärm. Sie sind die ursprüngliche Heimat des Schlagzeugers.

Kapitel eins

Der Ruf der Trommel

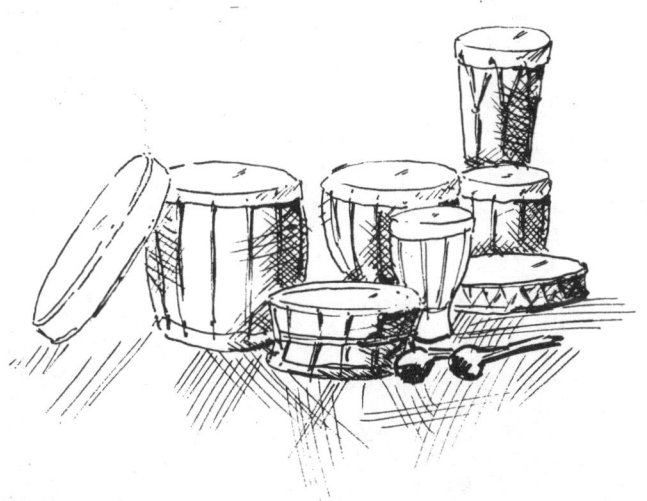

Die *Damaru* ist eine tibetische Ritualtrommel. Sie hat die Form einer Sanduhr und gehört zum Typus der Klappertrommeln. Sie wird nicht mit der Hand oder mit einem Stock geschlagen, sondern sie wird geschüttelt. Dabei schlagen die dicken Knoten an den freien Enden einer Kordel, die um die schmale Mitte der Trommel geschnürt ist, abwechselnd auf die beiden Felle und erzeugen einen Klang, der irgendwo zwischen Summen und Pochen liegt. Die charakteristischsten *Damarus* bestehen aus zwei miteinander verbundenen menschlichen Hirnschalen.

In den zwanzig Jahren, die ich nun schon Trommeln sammle, bin ich nur zwei Mal in den Besitz einer *Damaru* gelangt. Die erste gab mir ein Freund, der sie aus Indien mitgebracht hatte. Seit der Dalai Lama in den späten fünfziger Jahren die tibetischen Mönche dorthin ins Exil geführt hat, wird dort ein reger Handel mit tibetischen rituellen Gegenständen getrieben. Diese erste *Damaru* hätte mich beinahe das Leben gekostet – aber das ist eine Geschichte, die ich erst später erzählen will. Sie hätte mich fast getötet, wäre nicht ihr rechtmäßiger Besitzer plötzlich wie Dr. Strange aus dem Comic-Heft vor mir aufgetaucht mit den Worten: »Ich hoffe, du bist behutsam mit dieser Trommel umgegangen, Mickey Hart. Sie hat sehr große Kraft und kann die Toten aufwecken, verstehst du?«

Später habe ich eine zweite *Damaru* erworben, habe aber bei ihr darauf geachtet, daß sie nicht geweiht und daß sie aus Holz war. Ich habe sie noch nie gespielt. Sie steht vergessen und verstaubt in dem langen Regal, in dem ich die kleineren Exemplare aus meiner Sammlung aufbewahre.

Viele Jahre lang lebte ich mit anderen zusammen auf einer alten Ranch, auf dreizehn Hektar Staatsland in Novato, Kalifornien. Diese Stadt liegt etwa fünfzig Kilometer nördlich von San Francisco. Die Ranch war wie eine Oase an einer Karawanenstraße; Menschen gingen ein und aus. Als wir dorthin zogen, stand auf dem Anwesen verstreut eine ganze Reihe von abbruchreifen, baufälligen Gebäuden. Das größte und noch am besten erhaltene war ein Kuhstall mit Betonboden und hölzernen Futtertrögen an den Wänden.

In einem Teil des Stalls installierten wir ein Aufnahmestudio, das, in den Grenzen meiner finanziellen Möglichkeiten, auf dem neuesten Stand der Technik war. Es blieb aber immer noch eine weiträumige Fläche übrig, die zu einem Heiligtum für mich wurde, wo ich viel Zeit mit meinen Freunden und meinen Trommeln verbrachte. Manche Menschen fühlen sich in der Gesellschaft von möglichst vielen Katzen oder Hunden wohl, hängen Kunstwerke an die Wände oder haben eine Menge Krimskrams in den Regalen stehen. Ich mag Trommeln. Sie haben für mich etwas Beruhigendes.

Den Mittelpunkt des Stalls bildete eine Feuerstelle, die aus einer großen Boje gebaut war. Wenn das elektrische Licht ausgeschaltet war und allein das Feuer brannte, sah das aus wie das glühende Auge eines Drachens in einer tiefdunklen Höhle. Dort saß ich oft spät in der Nacht auf meinem Lieblingsstuhl und spielte auf einer Trommel.

Schon lange habe ich meinen einstigen Vorsatz aufgegeben, die Stimmen aller Trommeln aus meiner Sammlung zu kennen. Dazu ist mein Leben zu ernst und kompliziert geworden. Dieses Vergnügen hebe ich mir für meine alten Tage auf. Wenn dann im Pflegeheim alle anderen an ein einheitliches Unterhaltungsprogramm angeschlossen sind, werde ich als zahnloser Greis in einer Ecke sitzen und meine *Tar* spielen.

Ich habe mir nie zum Ziel gesetzt, ein Trommelsammler zu werden. Das hat sich zufällig so ergeben. Ich hatte jahrelang Gongs und Congas um mich, und nach dem Erlebnis mit meiner ersten *Damaru* bat ich meine Freunde, bei ihren Reisen die Augen nach interessanten Trommeln offenzuhalten. Mit der Zeit entstand auf diese Weise ein regelrechtes Verkaufsnetz. Da war zum Beispiel der Edelsteinhändler aus San Francisco, der regelmäßig auf die Südseeinseln flog, um dort wertvolle Steine zu kaufen; oder ein anderer Freund, der von Italien aus Schlaginstrumente aus Afrika besorgen konnte, der Hauptquelle für uns Rock'n'Roll-Drummer. Und nach und nach wurde meine Sammlung größer. Ich habe diese Trommeln nicht zusammengetragen, um sie nur zu betrachten – obwohl mich ihre Formen und Verzierungen faszinierten. Ich wollte sie *spielen*. Ich wollte ihnen die Geheimnisse ihrer verborgenen Stimme entreißen.

Man könnte sagen, daß Trommeln zwei Stimmen haben. Die eine ist die technisch erzeugte, die von der Form des Instruments abhängt, von dem Material, aus dem es hergestellt ist, von seinem kulturellen Kontext und von den Regeln, nach denen es gespielt wird. Die rein technische Beherrschung entlockt der Trommel die Stimme, die an dem »sweet spot«, dem süßen Punkt beginnt, an dem Drummer, Instrument und Rhythmus eins werden. Es erfordert Hingabe und Übung, den »sweet spot« zu finden. Wenn es gelingt, dann erwächst daraus die Möglichkeit, mit der zweiten Stimme der Trommel in Berührung zu kommen, eine Stimme, die für mich ihre spirituelle Seite verkörpert.

Die Durchdringung dieser spirituellen Seite der Trommel ist für mich das größte Abenteuer, seit ich erwachsen bin, ja eigentlich meines ganzen Lebens. Im Alter zwischen zehn und vierzig habe ich nichts anderes getan als getrommelt. Besessen. Leidenschaftlich. Schmerzlich. Lange Zeit nahm die Trommel alles in Besitz, was ich hatte. Sie beanspruchte meine ganze Aufmerksamkeit. Der Ruf der Trommel war das einzig Beständige in meinem Leben, das so unstet und chaotisch war, daß mir schon der Gedanke daran augenblicklich Kopfschmerzen bereitet.

Ich verdiene meinen Lebensunterhalt als Musiker, hauptsächlich als einer der beiden Drummer der *Grateful Dead*, und ich kann nicht leugnen, daß ich mit der Wahl meines Berufs glücklich bin. Der Backbeat war gut zu mir. Sie ermöglichten es mir – wenigstens bis heute –, aus meiner Phantasie zu schöpfen und sie auszuleben. Lange Zeit habe ich nur dafür gelebt.

Meine Phantasie wurde immer von Klängen genährt und von jener höheren Klangkunst, der Musik. Ich bin synästhetisch veranlagt. Das bedeutet, daß ich Töne sehe und Bilder höre. Der Flug der Vögel kann zum Beispiel ein flirrender musikalischer Rhythmus sein, und das rhythmische Grundmuster einer ägyptischen *Tar* kann der Flug von Vögeln in der Hitze der Wüste sein.

Sobald es mir finanziell möglich war, verschaffte ich mir die technischen Mittel, mit deren Hilfe ich solche Augenblicke einfangen konnte. War die Trommel das Instrument, mit dem ich öffentlich auftrat, so wurde das Studio im Stall mein ganz persönliches Instrument. Dan Healy, der Tontechniker der Grateful Dead, und ich richteten es so ein, daß es immer in Betrieb war, ich mußte nur auf einen Knopf drücken, und schon ging's los – wie ein Feuerwehrmann, der in seinen Anzug schlüpft und sich Sekunden nach dem Alarmsignal die Stange hinabgleiten läßt.

Ich war wie eine Antenne, den ganzen Tag hindurch war ich auf den Empfang musikalischer Botschaften eingestellt. Ich konnte stunden-, ja tagelang im Studio verschwinden und mich immer tiefer in diesen Zustand der Aufnahmebereitschaft versenken, in dem sich Magisches ereignet. Ich verbrachte einmal mehrere Wochen damit, die Hörfähigkeiten von Insekten zu studieren, die ich in meinem Garten gesammelt hatte. Nachts träumte ich Musik statt Bilder und Handlungsabläufe.

Ein Mitglied unserer Band, Jerry Garcia, sagte mir einmal, er sehe mich als »wilden Husaren, der auf seinem Pferd über die Pußta jagt«. Das ist wohl der Eindruck, den ich bei jedem wohlmeinenden Freund hinterließ. Ich empfand es nicht so. Wenn ich dauernd in Aktion war, Instrumente baute, im Studio heißlief, die ganze Nacht hindurch Schlagzeug spielte, dann deshalb, weil ich fürchtete, sterben zu müssen, wenn ich damit aufhörte.

Ich las fast nie ein Buch, ging selten ins Kino und traf Leute nur, wenn es gar nicht anders ging. Ich war in mich verschlossen. Selbstversunken. Selbstvergessen. Die alltäglichen Verrücktheiten des Lebens um mich herum auf der Ranch nahm ich nur wahr, wenn ich dadurch bei der zielstrebigen und hartnäckigen Verfolgung meiner Pläne gestört wurde.

Das war der Stand der Dinge in jener Nacht, als diese Geschichte ihren Anfang nahm.

Der Stall war einer jener verführerischen Orte, der von sich aus eine Menge Leute anzog. Irgend jemand war immer da, der die Räumlichkeiten benutzen wollte. Immer war etwas los, eine Studioaufnahme, eine Heilungszeremonie. Vor etwa zehn Jahren hielt eine Planungsgruppe, die eine Benefizveranstaltung zugunsten der Vietnam-Veteranen der Bay Area organisierte, eine vorbereitende Arbeitssitzung dort ab. Zwanzig oder dreißig meist mir unbekannte Leute, viele davon alte militante Achtundsechziger, waren hier zusammengekommen, um eines der leidenschaftlichsten Themen unserer Jugendzeit zu diskutieren. Das machte meine Rolle als Gastgeber schwierig. Was nottat, war, so hatte ich überlegt, eine besänftigende, besinnliche Musik – der Klang der *Tar*.

Die *Tar* ist eine Rahmentrommel aus der nordafrikanischen Wüste. Bevor man zu spielen beginnt, wird die Bespannung, gewöhnlich aus Ziegenfell, behutsam über einem Feuer erwärmt, bis sie die richtige Spannung erreicht hat. Dann wird sie sehr gefühlvoll mit den Fingerkuppen gespielt. Ich habe mehr *Tars* kaputtgemacht, als ich mir gern eingestehe, ehe es mir gelang, ihre sanfte sinnliche Stimme zum Klingen zu bringen. Aber als ich es schließlich beherrschte, hatte ich fast immer eine bei mir.

Eine der schönsten Eigenschaften der *Tar* ist ihre Fähigkeit, die klangliche Aura ihres Herkunftslands zum Ausdruck zu bringen: das Flüstern der trockenen Luft und die Sonne, die mit dem Klang der auf die Sanddünen niederprasselnden Regentropfen verschmelzen.

Ich mischte mich unter meine Gäste, lief mal hierhin, mal dorthin und unterhielt mich überall ein bißchen, als ich plötzlich einen Mann mit lockigem Haar wahrnahm, der meine *Damaru* aus ihrer dunklen Nische herausnahm und sie einmal kräftig schüttelte.

Binnnngggg . . . Gonnnngggg . . . Gonnnngggg . . . Binnnngggg!

Blitzschnell schoß ich auf ihn zu und riß dem Verdutzten die Trommel aus den Händen.

»Das ist nichts zum Spielen! Ich weiß, daß es wie ein Spielzeug aussieht, aber das täuscht. Es ist eine magische Trommel.«

Im Nu hatte sich eine Schar von Leuten um uns versammelt, noch bevor der »verrückte Husar« noch einmal in Aktion treten konnte. Eine über und über mit Schmuck behängte Frau streckte ihre beringte, edelsteinglitzernde Hand aus und berührte die kleine Trommel.

»Eine *magische* Trommel? Wie aufregend! Woher stammt sie?«

Ich wollte gerade antworten, als der Typ mit dem lockigen Haar sagte: »Das ist eine *Damaru* aus Tibet, aber keine sehr außergewöhnliche.«

Ich war verdutzt – was wußte dieser Normalbürger über *Damarus*? Aber bevor mir meine Verblüffung so richtig zu Bewußtsein kam, wandte sich die Frau mir zu und, absichtlich den jungen Mann übergehend, fragte mich:

»Was ist eine *Damaru*, Mickey?«

Trommeln waren mein liebster Gesprächsstoff. Auf diesem Gebiet fühlte ich mich als Fachmann. Ich war mir sicher, daß ich über die Schlaginstrumente, die es auf unserem Planeten gibt, mehr wußte als die meisten Schlagzeuger, die ich kannte. Und über die *Damaru* wußte ich wirklich viel, eine Menge Geschichten über tibetische Lamas, die geheime liturgische Handlungen vollzogen, um die verborgenen Kräfte der Trommel zu erwecken.

Aber diesmal kriegte ich's einfach nicht hin. Eine oder zwei gezielte Fragen des Lockenkopfs – und ich stand nur noch da und suchte verzweifelt nach Worten. Ich fühlte mich wie der Geworfene in einem Judokampf. Erst hatte ich voller Zuversicht den Ring betreten, aber eh' ich mich versah, lag ich auf der Matte und sah Sternchen.

»Wer ist dieser Kerl?« fragte ich eine Freundin, die sich vorher mit ihm unterhalten hatte.

»Er ist Komponist und studiert Musikethnologie in Stanford«, antwortete sie.

»Musik*was*?«

»Musikethnologie, Mickey. Ein Musikethnologe ist jemand, der die Rolle der Musik in den traditionellen Stammesgesellschaften untersucht.«

»Es könnte also sein, daß der sich wirklich mit *Damarus* auskennt?«

»Wenn sich jemand mit *Damarus* auskennt, Mickey, dann ein Musikethnologe.«

Ein Augenblick von vielen an jenem Wochenende. Ich hatte die ganze Sache bald vergessen – wenigstens glaubte ich das.

Solange ich mich zurückerinnern kann, hat das Trommeln irgendwie Änderungen in meinem Bewußtsein hervorgerufen – die Wahrnehmung meines eigenen Körpers verblaßt, das Zeitgefühl verschwindet, statt Blut fühle ich einen anderen Saft, der in meinen Adern pulsiert. Aber plötzlich geschah nichts mehr von alledem. Ich war wie ein Vogel, der eines Morgens feststellt, daß seine Flügel ihn nicht mehr tragen. Immer wenn ich versuchte, diese vertraute Bewußtseinsänderung zu erreichen, wurde ich zurückgestoßen, nur um mich mit einem äußerst unangenehmen Gefühl konfrontiert zu sehen:

Schau dich an! Du umgibst dich mit Trommeln. Aber was weißt du wirklich auch nur von einer von ihnen?

Worauf ich antwortete:

Das wahre Wissen liegt im Spielen. Trommeln geben ihr innerstes Geheimnis nur dem preis, der spielt, nicht dem Dr. phil.

Das südamerikanische *Surdo* zum Beispiel sieht aus wie eine überdimensionale Cola-Dose. Es ist eine Karnevalstrommel und kommt in vielen Filmen über Rio de Janeiro vor. Aber nur, wer sie spielt, weiß, daß ein *Surdo* in die Beine geht. Beim Spielen hat man das Gefühl, über glühende Kohlen zu gehen. Irgendwie wollen die Füße einfach nicht auf dem Boden bleiben.

Oder nehmen wir zum Beispiel Gongs. Ein guter Gong hat außergewöhnliche synästhetische Kräfte. Wenn man ihn fest schlägt, jault er wie eine große Katze. Einige meiner Gongs sind wie Raubtiere, sie können einen zu Tode erschrecken, wenn man zum ersten Mal ihren Klang trifft, und der Tiger brüllend daraus hervorspringt. Aber sie können auch wie Mönche sein. Meine Gongs führen mich in einen Wald voller Tiere, Wasserstellen und Mönche mit Kapuzen.

Und dann gibt es noch das südamerikanische *Berimbao*, den einsaitigen Musikbogen. Das *Berimbao* ist nicht laut, aber sein Klang ist durchdringend. Man kann ihn auch von weit weg hören – so wie man auch das Zischen einer Schlange im Dschungel schon aus der Ferne vernimmt. Die meisten Instrumente, die das Innerste des Menschen erreichen, müssen laut sein. Nicht aber das *Berimbao*.

Solche Instrumente entfesseln Energien, die man nur spürt, wenn man spielt.

Aber was weißt du wirklich über diese Energien – außer daß es sie gibt? Weißt du, wer diese Trommeln gebaut hat oder warum? Oder auch nur wo?

Einer der angenehmen Nebeneffekte des Stalls waren die langen leeren Wände, an die ich Zeitungsausschnitte und Notizzettel aller Art geheftet hatte. Meistens sah die Wand wie eine riesige Informationsbörse aus. Ich machte mir Platz für Polaroidfotos, die ich von einigen Trommeln meiner Sammlung gemacht hatte. Dann schrieb ich alles auf, was ich über diese Trommeln wußte und hängte den Zettel unter das jeweilige Foto.

Bei dem meisten, was ich wußte, stellte sich, nachdem ich es zu Papier gebracht hatte, heraus, daß es wenig taugte – es waren Gerüchte, abstrus Folkloristisches, das ich von den Leuten aufgeschnappt hatte, die mir die Trommeln verkauft hatten, oder Dinge, die mir andere Schlagzeuger im Laufe der fünfzehn Jahre nach unseren Auftritten erzählten.

Ich war nie ein großer Leser gewesen. Ich hatte mich darüber auf dem laufenden gehalten, was es im Bereich der Aufnahmetechnik Neues gab, und ab und zu sah ich mir Bücher an oder überflog sie – oder hörte wenigstens jemandem zu, der sie überflogen hatte –, die in den sechziger Jahren erschienen waren und von der Suche nach der eigenen Spiritualität handelten. Jetzt fing ich an, Bücher zu kaufen: James Blades über die Geschichte der Schlaginstrumente, Curt Sachs über die Ursprünge des Rhythmus, John Chernoff über die afrikanische Trommel. Statt am Feuer zu sitzen und *Tar* zu spielen, saß ich jetzt auf meinem Lieblingsstuhl und las. Das fiel mir nicht leicht. Ich habe eine Menge von Meditationstechniken ausprobiert, aber zu lernen, wie man sich in den Zustand aufmerksamer Ruhe versetzt, den das Lesen erfordert, war eine der schwierigsten Übungen, die ich jemals praktiziert habe.

Ich erinnere mich, daß ich mir dann Notizhefte kaufte – die ganz billigen für Studenten – und sie vollschrieb mit allem, was ich für wichtig hielt, obwohl ich damals noch keine Vorstellung davon hatte, worin das Geheimnis bestand. Ich spürte nur, etwas war plötzlich in mir in Bewegung geraten und hatte den brennenden Wunsch nach Wissen freigelegt.

Das Wissen über die Ursprünge der Trommel. Das Wissen, woher sie kam, wie sie benutzt wurde und, ganz besonders, warum die Tradition des Trommelns, in die ich als junger amerikanischer Schlagzeuger in den fünfziger Jahren hineingewachsen war, ihre Spiritualität und das Ekstatische verloren hatte – Eigenschaften, die beinahe jede alte Kultur auf unserem Planeten mit diesem Instrument verknüpfte. Ich war mir darüber im klaren, daß ich eine alte Kunst praktizierte, vielleicht die älteste musikalische Ausdrucksform der Welt – eine Kunst, die zurückreicht bis ... wer weiß wohin? Und dennoch war diese Kunst in der Tradition, die ich ererbt hatte, verstümmelt und in unserer Kultur verlorengegangen. Warum hatte dieser ekstatische Gebrauch der Trommel keinen Eingang in die westliche Musiktradition gefunden?

Ich las nun dauernd und so viel, daß mir oft die Augen weh taten. Auch meine Finger schmerzten, und ich hatte vom vielen Schreiben Krämpfe. Ich fühlte mich so, als ob ich nur noch aus Kopf bestehen würde. Eines Morgens wachte ich in einer Blutlache auf. Das Buch, das ich auf dem Schoß hatte – Blades' *Percussion Instruments and Their History* –, war blutgetränkt. Offenbar war ich beim Lesen eingeschlafen, vom Stuhl gefallen und hatte mir die Nase angeschlagen. Wer weiß, wie lange ich schon so dalag. Die Uhr zeigte fünf Uhr früh.

Ich holte einen Waschlappen, wischte das Blut vom Tisch und preßte ihn an meine schmerzende Nase. Ich fühlte mich wie an der Schwelle zum Wahnsinn. Ich war kein Leser. In der Schule hatte ich die meiste Zeit mit Schwänzen rumgebracht und mich im Musikraum verschanzt. Was war auf einmal los mit mir?

Dann fiel mir die Veranstaltung für die Vietnam-Veteranen wieder ein, der Ethnologe mit seinem Lockenkopf, die *Damaru*.

Binnnngggg ... Gonnnngggg!

Das ist eine Trommel von sehr großer Kraft, Mickey Hart. Sie kann die Toten aufwecken, verstehst du?

Kapitel zwei
Im Garten der Rhythmen

Das Ohr ist die Antenne des Gehirns, der Teil des Gehirns, der in die Welt hinausreicht, immer auf Empfang und nach schwingenden Informationen tastend. Was wir Klang nennen, ist einfach nur jenes begrenzte Spektrum von Schwingungen, welches diese Antenne wahrnehmen kann.

Als Schlagzeuger lebe ich davon, eine bestimmte Art von Schwingung zu erzeugen, eine bestimmte Art von Klang. Es gibt zwar Schlaginstrumente, die auf ganz bestimmte Töne gestimmt werden können, doch die meisten Trommeln erzeugen einen Klang mit einem breiten Frequenzspektrum. Diese breite Streuung ist die Ursache dafür, daß die Energie des Trommelschlags viel schneller abnimmt als bei einem Ton, der sich in einem engen Frequenzbereich bewegt. Sie bewirkt diesen speziellen, kurzen, harten Klang, der sich bestens dafür eignet, einen Rhythmus zu erzeugen.

Das Gehirn nimmt diese Schwingung als Information wahr, sucht darin nach einem vertrauten Muster, findet keines und erklärt somit den Klang der Trommel zu Lärm. Drummer machen also Lärm, keine Töne. Wir sind die Erforscher der interessantesten Eigenschaft von Lärm: Er schafft Rhythmus. Und unser Interesse richtet sich deshalb auf Rhythmus, weil er von einem vollkommen anderen Teil des Gehirns aufgenommen wird als Töne, Melodien oder Bedeutungen. Unser Gehirn ist darauf programmiert, nach Rhythmus zu suchen.

Worte sind so wenig hilfreich bei dem Versuch, den

wahren Gehalt von Rhythmus zu definieren! Worte können beschreiben, was wir sehen; sie können Visuelles neu erstehen lassen. Aber in der Schilderung dessen, was Ohren hören, sind sie einfach schlecht. In seiner Geschichte der Schlaginstrumente schweift James Blades an einer Stelle zu einer persönlichen Erinnerung ab: »Das faszinierende Klick-Klick der aufeinandergeschlagenen Bambusstöcke in den Händen des Chow-Chow-Mannes, der sich mit Waren seinen Weg durch die Straßen einer geschäftigen chinesischen Stadt bahnt.« Und genau wegen dieser Abschweifung wird Blades' Buch mit einem Mal ungeheuer lebendig und faszinierend!

Faszinierend? Ja!

Da die Wirklichkeit eines Trommlers mit seinem Instrument für dich jetzt nicht zu haben ist, laß deine Vorstellung das scharfe Klick-Klick der Bambusstöcke erschaffen, laß dieses Hörbild in deinen Geist eindringen, bis die Härchen deines inneren Ohres zu schwingen beginnen und elektrische Impulse zur Großhirnrinde aussenden.

Blades war lange Zeit meine Bibel. Sein Buch ist ein enzyklopädisches Werk: fünfhundert Seiten Namen, Fakten, Daten – wie ein großes Tablett mit Hors d'oevres, ein Häppchen hiervon, eine Kostprobe davon. Ich war so hungrig, daß mir alles schmeckte. Aber Blades geht zu oft über die Dinge hinweg, an denen ich besonderes Interesse hatte; er erwähnt zum Beispiel, daß die Rahmentrommel von nordamerikanischen Schamanen bei Heilungs- und Beschwörungszeremonien verwendet wurde. Er gibt jedoch keine weiteren Informationen darüber, welche Zusammenhänge zwischen Trommeln, schamanistischen Kräften und Energien bestehen. Die anderen Bücher, die ich kaufte, haben die gleichen Mängel. Auf die weltweit bestehende Verbindung zwischen Rhythmus und Ritual wird zwar überall hingewiesen, aber niemand schien besonderes Interesse daran zu haben, diese Spuren weiterzuverfolgen. »Na los!« hätte ich am liebsten gebrüllt. »Seht ihr denn nicht, was so augenfällig ist? Wo immer ihr auf diesem Planeten hinblickt, überall benutzen Menschen Trommeln, um das Bewußtsein zu erweitern. Wann schreibt ihr ein Kapitel *darüber*?«

Lange Zeit war ich davon überzeugt, ich brauchte nur in einen Buchladen zu gehen und würde mit einem Buch wieder herauskommen, das mir all dies erklären konnte. Schließlich ließ ich mich von erfahrenen Freunden belehren, die mir vorschlugen, eine gute wissenschaftliche Bibliothek aufzusuchen. Bist du jemals in einer größeren wissenschaftlichen Bibliothek wie Widener in Harvard oder Doe in Berkeley gewesen? In einem von diesen imposanten Steinbauten, die dir mit jedem Zentimeter einhämmern, daß du dich in einem höchst ehrwürdigen Gebäude befindest? Als ich das erste Mal in der Bibliothek von Berkeley war, hatte ich ein Gefühl, als würde ich eine seltsame Kirche betreten, in der es sehr geschäftig und zugleich sehr ruhig zuging – ein Ort des Schweigens, wo überall Leute herumhuschten und über Stapeln von Büchern gebeugt beteten.

Ich konnte es kaum erwarten, ebenfalls meinen Stapel zu bekommen. Ich spürte die gleiche Aufregung wie damals, als mich mein Großvater mit ins Amerikanische Museum für Naturgeschichte nahm, um mir die Dinosaurier zu zeigen. Endlich befand ich mich an dem Ort, an dem die Antworten bereitlagen.

Meine Führerin war eine energische Frau, eine Dr. phil., die ihre Sache sehr ernst nahm. Sie war zwar erstaunt darüber, daß ich nie zuvor eine Bibliothek betreten hatte, aber die Lehrerin in ihr war hingerissen von meiner plötzlichen und naiven Wißbegierde. Sie führte mich zu einem Computer, gab den Begriff ein – *Perkussion* –, ließ die Eintragungen schnell durchlaufen und schrieb sich Nummern auf. Ich war von dem Vorgang vollkommen gefesselt, aber noch mehr faszinierte mich, daß im Innern dieses riesigen alten Gebäudes aus Stein ein Herz pochte, das aus purer Technik bestand. Gleich darauf gingen wir zu den Regalen, hasteten die Gänge entlang und prüften im Vorbeigehen die Bestellnummern.

Zwischen zwei Regalen bogen wir nach rechts ab und machten vor einem abgetrennten Bereich von etwa zwei Dutzend Büchern halt. Die Hauptader! Ich starrte auf die Buchtitel. Blades stand da – natürlich –, neben Curt Sachs' *History of Musical Instruments* und John Chernoffs *Coole Trommeln. Rhythmus und Sensibilität im afrikanischen Leben*, aber es gab da auch ein paar Bände, die ich nie zuvor gesehen hatte. Gierig überflog ich die Inhaltsverzeichnisse. Aber meine Begeisterung ließ bald nach – allem Anschein nach gab es auch hier nicht das, was ich suchte.

Warum waren so viele der Bücher über Trommeln so dünn? Und warum gab es überhaupt so wenige? Warum waren die Regale voll von Büchern über die Geige, warum gab es ganze Wände voll von Büchern über das Klavier, aber nur ein bis zwei Dutzend über Trommeln, die meisten von ihnen Monographien, in denen es um so unbedeutende Dinge wie den Gong in der Mandschurei des vierzehnten Jahrhunderts ging, oder gigantische Bände über so dürftige Themen wie den *Mbira* (das Daumenklavier) aus Zaire?

Ich fuhr herum, um meine Führerin zu fragen. Aber sie trat nervös zurück und murmelte etwas wie, es gebe immer Lücken in der wissenschaftlichen Forschung; gäbe es die nicht, hätten die Doktoranden nichts zu tun!

Einer meiner Freunde, Remo Belli, der Trommelfelle und Schlagzeuge herstellt, ist nach ausführlichen Studien über den internationalen Markt für Schlaginstrumente zu dem Schluß gekommen, daß die Drummer etwa ein Prozent der Weltbevölkerung ausmachen. Wenn Remos Studien korrekt sind, bedeutet dies, daß es wahrscheinlich eine Menge mehr Schlagzeuger als Pianisten, Posaunisten oder Flötisten auf der Welt gibt. Wenn man dazu die Tatsache in Betracht zieht, daß Rhythmus die älteste Formen von Musik ist, von der wir Kenntnis haben, dann muß es doch auch einen leicht erschließbaren Markt für Bücher zu diesem Thema geben. Aber, wie jeder weiß, der selbst die Trommel spielt, ist das Instrument irgendwie in den Ruf gekommen, einen *einfacheren* Persönlichkeitstyp anzuziehen als, sagen wir, die Flöte oder die Gitarre. Ich habe den Ausruf »Hey, was hast du denn erwartet, er ist schließlich nur ein Schlagzeuger!« schon oft gehört. Natürlich wird das immer nur im Scherz gesagt, aber man spürt trotzdem die Spitze. Selbst die Gitarristen von Heavy-metal-Gruppen warnen ihre Töchter: »Hauptsache, du kommst nicht mit einem Schlagzeuger nach Hause.«

Es hatte mich bis dahin nie besonders geärgert, daß die Schlagzeuger immer in den Hintergrund der Rockband verbannt werden, aber als ich nun entdeckte, daß wir auch in der Musikwissenschaft die letzten waren – nun, da war ich schockiert und empört.

Wissenslücken.

Ich stürmte Buchhandlungen, besonders dann, wenn ich mit den Grateful Dead auf Tournee war. Ich wollte alles, was auch nur im entferntesten mit Schlaginstrumenten zu tun hatte – Mythen, Legenden, interessante Sagen, Bilder. Mein Road Manager, Ram Rod, ein kluger und geduldiger Mann, der mich im Lauf der Jahre durch zahlreiche Begeisterungsstürme begleitet hat, fand sich schnell mit den riesigen Ladungen von Büchern ab, die ich ihm jedesmal vor der Show übergab, damit er sie mit meiner Ausrüstung zusammen nach Hause schickte.

Ich versetzte alle meine Freunde in Alarmbereitschaft; alles, was ihr antrefft, egal wie und wann und wo – wenn es irgend etwas mit Trommeln zu tun hat –, hebt es für Mickey auf! Ich erneuerte den Kontakt zu den Leuten, die für mich zur Vervollständigung meiner Sammlung Trommeln kaufen sollten. Sammelt Mythen, Sagen, Bücher, alles für mich, egal was es kostet! Ich mobilisierte sogar unsere Fans, die *Dead Heads*, und schrieb ihnen einen Brief, der über ihr Informationsnetz verbreitet wurde:

Lieber Freund!
Ich bin Schlagzeuger. Ich habe mein ganzes Leben lang Schlagzeug und andere Rhythmusinstrumente gespielt. Wie viele andere auch, habe ich die außerordentliche Kraft der Musik, insbesondere des Rhythmus, entdeckt, der großen Einfluß auf Geist und Körper des Menschen ausüben kann. In vielen Kulturen wurden Schlaginstrumente als zentraler Teil des rituellen und religiösen Lebens verwendet. Zahlreiche Mythologien und Legenden beschäftigen sich mit den Ursprüngen dieser Instrumente und sind ein Versuch, ihre besondere Kraft zu erklären.

Du kannst mir helfen, indem du Sagen, Legenden, Mythen, Geschichten, Sprichwörter und überlieferte Berichte über Schlaginstrumente und ihre Ursprünge, ihren Gebrauch und ihre Energie sammelst. Fröhliche Jagd, viel Glück und vielen Dank,
Mickey Hart

Wenn diese Aktion nicht erfolgreich war, verdammt wollte ich sein! Und allmählich stellten sich mehr und mehr Telefongespräche ein, die ich nicht selten so beendete:

»Das ist großartig, Moment, ich hole mir etwas zum Schreiben . . . Wie buchstabiert man Sumer? . . . Eine Kesselpauke auf einem Elefanten? . . . Unglaublich!«

Meine Gier nach Informationen. Gott, es war einfach aufregend. Aber nachdem der erste Rausch abebbte, machte sich bei mir eine neue Sorge breit. Was sollte ich mit all diesem Wissen anfangen? Ich stellte mir vor, wie sich meine mißliche Lage in einem Zeugnis niederschlagen würde:

Obwohl Michael sich hinsichtlich seiner Fähigkeiten, Informationen zu sammeln, verbessert hat, muß er noch hart an seinen organisatorischen Qualitäten arbeiten.

Zum ersten Mal traf ich Francis Ford Coppola Ende der siebziger Jahre, als er die Rhythmusgruppe von Grateful Dead – auch bekannt unter dem Namen *Rhythm Devils* – engagierte, um ein paar Rhythmusstrecken für die Dschungelszenen in *Apocalypse Now* zu erarbeiten. Später erfuhr Francis, daß ich gern zuschauen würde, wie ein Film entstand, und er lud mich ein, ihn bei seiner Arbeit an dem Film *The Outsiders*, den er in Oklahoma drehte, zu begleiten.

An einem Nachmittag, etwa in der Halbzeit meines Besuchs, führte mich Francis durch eine Halle in den Raum, der ihm als Kommandozentrale diente. Die Wände waren bedeckt mit Karteikarten. Coppola breitete seine Arme aus, als wolle er den ganzen Raum umfassen. »Hier hast du den Schlüssel zu diesem Film. Jede Szene, jeder Effekt, jeder Moment, in dem eine Person einen entscheidenden Entwicklungsschritt macht, befindet sich hier auf diesen Karten. Und das beste an der ganzen Sache ist, daß man enorm flexibel ist; man kann experimentieren, man kann ...«

Plötzlich war er ganz versunken in das, was er auf einer der Karten las. Da ich ihn nicht stören wollte, sah ich mir die Karten näher an und verstand allmählich, daß hier die Lösung für mein Problem lag. Kurz darauf ging Coppola hinaus, aber ich verharrte noch stundenlang in jenem Zimmer.

Am nächsten Morgen nahm ich das erste Flugzeug nach San Francisco, nachdem ich eine kurze Abschiedsnotiz für Francis hinterlassen hatte. Auf dem Rückweg zur Ranch stürmte ich in ein Einkaufszentrum und kaufte Tausende von Karteikarten, dann marschierte ich in einen Baumarkt und verließ ihn mit neun oder zehn großen Pinnwänden, die ich auf dem Autodach festband.

Ich lehnte die Pinnwände an die alten Holzbalken im Stall und begann damit, die Karten daran zu befestigen. Ich dachte mir das Ganze als meine »Zeitschnur«, obwohl meine Anordnung mehr als bloß chronologisch war. Mancher fragte mich, was ich denn da vorhabe, und meine Antwort lautete etwa so: »Wußtest du, daß die Opfertrommeln der Ashanti in Ghana mit einer Membran aus menschlicher Haut überzogen und mit menschlichen Schädeln verziert waren?«

Meine »Zeitschnur« wurde länger und länger, wie die Bohnenstange im Kindermärchen. Innerhalb weniger Wochen war sie achtzehn Meter lang. Ich brachte sogar eine spezielle Beleuchtung an, so daß ich an jedem beliebigen Teil arbeiten konnte. Wenn sonst kein Licht im Stall brannte, sah meine beleuchtete »Zeitschnur« aus wie eine glühende Anakonda, die sich an der Innenwand des Raums entlangwindet.

Wo ist Mickey? Im Stall und füttert seine »Zeitschnur«.

In Steven Spielbergs Film *Unheimliche Begegnung der dritten Art* gibt es eine Szene, die mich immer daran erinnert, wie ich mich damals verhielt: Der Mann, den Richard Dreyfuss spielt, ist durch das Bild, das sich in seinem Kopf festgesetzt hat und nicht mehr daraus verschwinden will, verrückt geworden. Er wirft die Familie aus dem Haus und baut auf dem Eßzimmertisch etwas aus Schlamm, was sich als der Teufelsturm herausstellt, während ihm die entsetzte Familie durch die Fenster zuschaut.

In meinem Fall war es die »Zeitschnur«.

Herr Doktor, er tut nichts anderes, als die ganze Nacht dort draußen zu sitzen, merkwürdige Bücher zu lesen und Notizen zu kritzeln, die er dann an der Wand immer neu ordnet. Der Kerl ist Schlagzeuger, Doktor. Schlagzeuger haben ein einfacheres Gemüt als der Rest von uns. Sie müssen nur den Rhythmus halten können. Heilen Sie ihn, bevor er uns alle verrückt macht.

Ein einziges Mal in meinem Leben wollte ich eine Unterbrechung, sehnte mich danach. Wie der Verrückte, der den unschuldigen Hochzeitsgast als Geisel festhält, erzählte ich meine Geschichte jedem, der auch nur das geringste Interesse an meiner Anakonda zeigte.

So war es im Stall: *Hallo! Tritt ein in meinen Garten der Rhythmen!*

Wenn Rhythmus die Kunst des Schlagens ist, dann sind Idiophone die ältesten und einfachsten Werkzeuge im Arsenal des Schlagzeugers. Rasseln, Stampfer, Klappern, Schaber – all das sind Idiophone. Schlag zwei Stöcke gegeneinander – oder zwei Knochen –, schon hast du ein einfaches Idiophon. Denn Idiophone sind all die Instrumente, deren Körper selbst, ohne ein darübergespanntes Fell oder eine Saite, einen Laut von sich gibt.

Grab ein Loch in den Boden, leg ein Brett darüber, stampf darauf – das ist ein Idiophon. Nimm zwei Muscheln, schlag sie in den Handflächen zusammen. Heb den Kieferknochen eines Bisons auf und reib daran mit einem Oberschenkelknochen. All das sind Idiophone.

In Papua-Neuguinea hört man das Klapp-Klapp von Muscheln und Langustenzangen. In Zaire dagegen schlagen die Vili mit den ausgehöhlten Affenbrotbaumfrüchten auf ihre Oberschenkel.

Buop ... Buop.

Die San in Südafrika füllen die Ohren des Springbocks mit Kieselsteinen und tragen sie an ihren Gelenken. In Westafrika wird das obere Stück von einem Flaschenkürbis abgeschnitten, und der Spieler schlägt mit dem offenen Ende auf den Boden, wodurch ein schönes perkussives *Pop!* entsteht, wenn die Luft gegen die harte Schale der Frucht schwingt.

Der Kürbis kann entweder vollständig bleiben und mit Stöcken geschlagen oder halbiert, mit der Öffnung nach unten in Wasser getaucht und geschlagen werden. In Nord-Haiti stecken sich die Spieler metallene Hütchen auf die Fin-

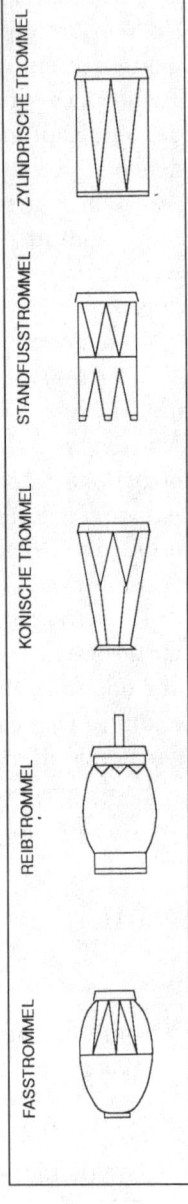

ger, um den Kürbiskörper klingen zu lassen, während auf den Salomonen-Inseln Kürbisse, von denen man die Kappe abgeschnitten hat, immer wieder ins Wasser getaucht werden, wobei ein Laut entsteht, der in der Literatur mit *Uh-ah-uh-ah-uh-ah* wiedergegeben wird.

Als ich klein war, erzählte mir mein Großvater Geschichten über Afrika, die voll waren von Trommeln – der berühmte »Buschtelegraph« der alten Tarzan-Filme.

»Dr. Boyce, ich will Sie nicht erschrecken, aber anscheinend wurden wir erwartet.«

»Wie ist das nur möglich, Walters! Es wußte doch niemand, daß wir kommen. Seit Wochen haben wir nur Krokodile und ein paar von diesen Eingeborenen gesehen, und sie können uns nicht hier gemeldet haben.«

»Ich glaube, die Trommeln haben es ihnen erzählt, Sir.«

»Mein Gott, die Trommeln . . .«

Die Schlitztrommeln natürlich. Sicher gibt es in Afrika eine Menge Trommeln, aber wenn die Stämme verschlüsselte Botschaften über große Entfernungen hinweg durch den Dschungel schicken wollen, benutzen sie hölzerne Trommeln, die bis zu sieben verschiedene Töne hervorbringen können.

Eine Schlitztrommel ist im wesentlichen ein ausgehöhlter Baumstamm, der im oberen Teil ein- oder mehrfach geschlitzt ist. Schlitztrommeln können so groß sein wie ein Elefant oder so klein wie dein Unterarm. Kultu- ren, in denen es keine mit Häuten überzogene Trommeln gibt, erfüllen ihre Bedürfnisse nach Perkussionsklängen durch eine große Variationsbreite an Schlitztrommeln. Wenn du dein Ohr an eine Schlitztrommel hältst, hörst du dasselbe leichte Rauschen wie bei einer Meeresmuschel: Die Stimme der Götter, die Stimme der Toten, die Stimme der Ungeborenen – jeder Glaube hat seine Anhänger.

Technisch gesehen ist eine Schlitztrommel ein Idiophon (Selbstklinger) im Unterschied zum Membranophon (Fellklinger), Aerophon (Luftklinger) oder Chordophon (Saitenklinger). Diese Kategorien wurden in den dreißiger Jahren von dem großen Musikforscher Curt Sachs aufgestellt, und sie sind ein gutes Beispiel dafür, was Wissenschaftler tun können. Für einen Schlagzeuger hingegen sind diese Unterscheidungen ziemlich bedeutungslos. Die Einwohner Haitis wissen einen Tontopf auf so unterschiedliche Weisen zu verwenden, daß er in fast alle dieser musikalischen Kategorien paßt. Manchmal spielen sie mit Stöcken auf dem Topf – dann ist er ein Idiophon. Manchmal singen sie hinein, so daß ihre Stimme verzerrt wird – eine Art von Aerophon. Und manchmal bedecken sie die Öffnung mit einem Schaf- oder Ziegenfell, und es wird ein Membranophon, die technische Bezeichnung für das, woran die meisten von uns bei dem Wort »Trommel« denken.

Wissenschaftler glauben, daß die ersten Trommelmembranen aus Fisch-, Schlangen- oder Eidechsenhaut gemacht wurden. Erst viel später hat der Mensch gegerbte Tierhäute entdeckt. Für mich als Drummer hat die Entdeckung des Fells als Membran für Schlaginstrumente die gleiche Bedeutung wie die Entdeckung des Feuers und die Erfindung des Rades.

Die australischen Ureinwohner, die, vom rein technischen Standpunkt gesehen, keine Trommeln besitzen, denn sie benutzen vorwiegend Stampfstäbe sowie Summ- und Brumminstrumente, rollen ihre ledernen Umhänge zu Bündeln und benutzen sie, indem sie daraufschlagen, als Klangkörper. Die Xhosa in Südafrika spannen eine getrocknete Ochsenhaut zwischen zwei in die Erde gerammte Pfähle und trommeln darauf. Die Swazi nehmen einen Topf und überziehen die Öffnung mit Ziegenhaut; während einer die Haut festhält, trommeln zwei andere. Bei den Hottentotten gibt es ähnliche Geräte.

In Ostafrika wurden die Krönungstrommeln nur mit Stöcken aus menschlichen Schienbeinen geschlagen. Nach der Zeremonie nahmen die königlichen Trommler alle Trommeln bis auf eine wieder mit. Wer diese scheinbar vergessene Trommel an sich nahm, wurde gefaßt und getötet. Auf diese Weise war der Vorrat an frischen Schienbeinknochen für zukünftige Krönungen gesichert.

Im Südpazifik, so habe ich gelesen, klettert der Trommelmacher auf den Baum, der das Holz für das Instrument liefert, und kommt erst wieder herunter, wenn die Trommel fertig ist. In Haiti glaubt man, daß das Holz für die Trommel bei einer ganz bestimmten Mondphase gesammelt werden muß, sonst kann die Trommel leicht von Termiten befallen werden. In Teilen Westafrikas nährt man den auserwählten Baum mit einem Ei, während der Trommelmacher folgendes Gebet spricht: »Ich bin gekommen, um dich abzuschneiden und zu schnitzen. Empfange das Ei und verzehre es! Versetze mich in die Lage, dich zu schneiden und zu schnitzen! Laß nicht zu, daß die Klinge mich schneidet und meine Gesundheit gefährdet.«

Auf diesem blau-grünen Planeten herrscht ein unwiderstehlicher Drang zu trommeln. Die Trommeln dröhnen in Japan zur Zeit des Reispflanzens. In Kamerun hörte man sie, wenn der König starb, und in den Vereinigten Staaten, wenn ein ermordeter Präsident beerdigt wurde. Im Baskenland schlägt man die Trommel zur Geburt der Kinder und in Rußland zur Feier der Revolution.

Planet Trommel.

Eines Nachts durchstreifte ich meinen *Garten der Rhythmen*, schlug auf meiner *Tar* den Takt zu meinen Schritten und stutzte meine »Zeitschnur« zurecht, indem ich Zettel von einem Abschnitt zu einem anderen verschob. Es gab noch so viel, was ich nicht wußte, so viel noch Bruchstückhaftes, was mich quälte. Wenn man vom Jagdfieber voll und ganz gepackt ist, werden manche Geschöpfe plötzlich zu schwer fangbaren Schmetterlingen. Es ist wie ein Zwang. Kaum entdeckt man einen, schon hat man das Netz in der Hand und hastet ihm durch das Unterholz hinterher.

Genauso erlebte ich meine Jagd nach Mythen. Ich las, kämpfte mich durch den herkömmlichen Dschungel des Faktenmaterials, stolperte über einen umgestürzten Baumstamm – und da, direkt vor meiner Nase, mitten auf dem Weg, stieß ich auf einen neuen Mythos:

WIE KOSMOS REGEN MACHT

Vor undenklicher Zeit, als Big Raven auf der Erde lebte, regnete es einmal so lange, daß alles, was er besaß, naß wurde. Seine Kleider und seine Vorräte verdarben. Sein Keller füllte sich mit Wasser. Schließlich sagte er zu seinem ältesten Sohn Emmemqut: »Irgend etwas muß Kosmos dort oben tun. Laß uns hinauffliegen und nachsehen.«

Sie gingen hinaus, legten ihre rabenschwarzen Mäntel an und flogen zu Kosmos' Wohnstatt, aus der der Klang einer Trommel an ihre Ohren drang. Kosmos selbst trommelte. Seine Frau, Regenfrau, war bei ihm. Er hatte ihre Vulva herausgeschnitten und über die Trommel gehängt. Er hatte auch seinen Penis abgeschnitten und benutzte ihn als Trommelstock. Immer, wenn er die Trommel schlug, ergoß sich aus der Vulva Wasser – der Regen.

Was, zum Teufel, bedeutete das?

Normalerweise bekam ich nur Segmente, verführerisch glitzernde Segmente einer solchen Geschichte zu fassen, und wenn ich versuchte, sie weiterzuverfolgen, entdeckte ich, daß die Spur zu einer fremden Sprache führte, die ich nicht beherrschte, zum Beispiel Russisch oder Deutsch oder Serbokroatisch.

Manchmal aber stieß ich auf eine Ader, und es gelang mir, einen richtigen Schatz ans Tageslicht zu befördern. Dies ist die Beschreibung, die das Volk der Dan in Westafrika vom Ursprung ihrer Schlitztrommeln geben:

DER URSPRUNG DER HOLZTROMMEL

Gott schuf die Holztrommel. Sie gehörte einem großen Geist, der nur ein Auge, einen Arm und ein Bein hatte und dessen Dorf in einem Termitenhügel lag. Dieser Geist fällte Bäume, lichtete das Unterholz und stellte die Holztrommel mitten in die Lichtung hinein.

Eines Tages verließ ein Waisenknabe sein Dorf und ging in den Busch. Als er an die Lichtung des Geists kam, entdeckte er die Holztrommel. Zwei Stöcke lagen darauf. Der Junge nahm die Stöcke und begann die Holztrommel zu schlagen.

Der Geist streckte den Kopf aus dem Termitenhügel und fragte: »Wer hat dir erlaubt, die Holztrommel zu schlagen?«

»Niemand hat es mir erlaubt.«

Darauf erwiderte der Geist: »Da du nun schon einmal angefangen hast, die Trommel zu schlagen, fahre fort, damit ich tanzen kann. Werden durch meinen Tanz meine Beine müde, dann kannst du mich töten. Werden aber nicht meine Beine, wohl aber deine Hände müde, dann werde ich dich töten.«

Der Junge schlug auf die Trommel. Der Geist tanzte. Als er müde wurde, tanzte er hinter den Termitenhügel, und ein anderer Geist sprang heraus und fuhr mit dem Tanzen fort. Schließlich wurde der Junge müde, und der Geist tötete ihn.

Nun war dieser Junge zwar eine Waise, er hatte aber noch einen jüngeren Bruder. Drei Tage lang wartete dieser darauf, daß sein älterer Bruder zurückkehre. Schließlich beschloß er, nach ihm zu suchen. Als er an die Lichtung des Geists kam, sah er die Holztrommel und daneben den abgeschnittenen Kopf seines Bruders. »Was!? Ist das der Kopf meines Bruders?« rief er. »Und was ist dieses hölzerne Ding auf dem Boden mit den beiden hübschen Stöcken darauf?« Der jüngere Bruder nahm die Stöcke auf und begann die Trommel zu schlagen.

Sofort erschien ein Geist und sagte: »Mach weiter, schlage die Trommel. Aber wenn deine Hände eher müde werden als meine Füße, werde ich dich töten.«

Der Junge schlug die Trommel, und der Geist tanzte und tanzte.

Und der Junge tat etwas, was sein Bruder nicht getan hatte. Immer wenn der Geist auf die andere Seite des Termitenhügels tanzte, folgte er ihm. Lange Zeit bewegten sie sich so im Kreise. Schließlich sagte der Geist: »Meine Beine sind müde. Ich werde mit meiner Schulter tanzen.«

Der Geist tanzte auf seiner Schulter, bis sie müde war. Dann tanzte er auf seinem Hals. Als auch dieser ermüdete, schüttelte er seinen Arm. Dann sagte er: »Dies ist der Tag, an dem es geschehen wird.«

»An dem was geschehen wird?« fragte der Junge.

»Ich weiß nur, daß ich von oben bis unten unbeschreiblich müde bin«, erwiderte der Geist.

Dann sagte der Junge: »Der Tag ist gekommen, an dem ich den Tod meines älteren Bruders, dessen Kopf hier im Staub liegt, rächen werde. Ich fürchte dich nicht.«

Und er tötete den Geist. Dann ging er auf die andere Seite des Termitenhügels und zündete ihn an. Alle Geister starben.

Der junge Mann hob die Holztrommel auf und kehrte zu seinem Dorf zurück.

Wann immer ich jetzt einen Buchladen durchstöberte, machte ich halt in der Abteilung Mythologie, um zu sehen, was es Neues gab. Der Name Joseph Campbell fiel mir auf – kein Wunder, denn er nahm die Hälfte der Abteilung ein. Und eines Tages stieß ich auf seinen umfangreichen Band mit dem Titel *The Way of the Animal Powers*.

Ich war überwältigt. Nie zuvor hatte ich etwas so Kraftvolles und Überzeugendes gelesen. Hier schrieb ein Mann, der zu den Besten seines Fachs gehörte, der im Verlauf von fünfzig Jahren intensiver geistiger Anstrengung in Geheimnisse eingedrungen war, die Zehntausende von Jahren zurückliegen und deren einzige Zeugen ein paar Knochen, ein paar Werkzeuge und rätselhafte Zeichnungen in Kalksteinhöhlen sind.

Ich war kaum dreißig Seiten weit, als ich schon träumte: »Wäre es nicht toll, mit diesem Mann einmal zu reden?« Nach sechzig Seiten telefonierte ich herum, um herauszubekommen, ob irgend jemandem bekannt war, wo Campbell wohnte. Niemand wußte es.

Mindestens einmal pro Woche packte mich die Überzeugung, daß ich Campbell aufspüren und ihn über Trommelmythen ausfragen sollte. Dann klingelte eines Tages mein Telefon. Es war eine meiner Freundinnen, Betsy Cohen, und sie rief: »Heureka!« Sie hatten Campbell gefunden und luden mich zu einem Abendessen ein, das sie und mein Bandgefährte Bob Weir ihm zu Ehren gaben. Ob ich kommen wollte?

Kapitel drei

Das Himmelsloch

Ich traf Joe Campbell das letzte Mal 1987, ein paar Monate vor seinem Tod. Er war liebenswürdig, freundlich und offen wie immer und lud mich ein, ihn in seinem Haus auf Hawaii zu besuchen, damit wir uns endlich einmal in aller Ruhe zusammensetzen und über die Geheimnisse der Schamanen, die animalischen Kräfte und die Macht der Trommel reden konnten.

Man sah Joe Campbell nicht an, wie alt er wirklich war. Er sah aus wie zweiundsechzig, aber er war schon über achtzig. Als junger Mann war er Sportler gewesen, und das konnte man ihm selbst in seinem hohen Alter noch anmerken; er hatte eine aufrechte und ausgewogene Körperhaltung. Von allen Intellektuellen, die ich je kennengelernt habe, war Joe der erste, der auch die Eigenschaften eines Krieger hatte. Fünfzig Jahre lang hatte er seine gesamte Kraft in die Enträtselung des Mythos gesteckt, und durch diese lange Arbeit war er zu einem der größten vergleichenden Mythenforscher der Welt geworden. Nur wenige Menschen sind dazu in der Lage, die verbindenden Strukturen – Ähnliches und Synchrones –, wie er es konnte, mit Klarheit und geistiger Größe zu sehen.

Joe war überzeugt, daß wir auf dem Weg seien, den Mythos neu zu beleben. »Ein neuer Mythos ist im Entstehen begriffen, Mickey«, pflegte er zu sagen, »und zwar ein globaler. Ich weiß nicht, wie er kommen und was sein Inhalt sein wird, aber er wird mit Sicherheit Zusammenhänge mit den Mythen der Vergangenheit aufweisen.

Denn die symbolischen Strukturen des Mythos sind im Grunde nichts anderes als ein Abbild der Energiestrukturen des Gehirns.«

Campbell sah sich selbst als eine Art mythologischer Kartograph und als Geschichtenerzähler, und gerade die Kombination dieser beiden Talente in ihm war sehr beeindruckend. Genausogut hätte er ein glänzender Schauspieler sein können, denn er kannte all die Kniffe. Aber vor allen Dingen hatte er einen sehr lebhaften und beweglichen Geist. Brachte man ihn mit einem guten Steak und danach mit einem Scotch mit Soda in Schwung, dann konnte er einen den ganzen Abend lang unterhalten – ein Feuerwerk des Geistes, wobei er zwischen den Jahrtausenden nur so hin und her sprang; vom Aurignacien der Altsteinzeit konnte er im nächsten Satz zur Gaia-Hypothese kommen.

Campbell hatte sich zur Sensibilität seines Forschergeists noch die mythische Dimension hinzuerarbeitet. Er wußte, daß die großen Mythen immer noch, wenn auch noch so schwach, nachwirken; man muß nur das richtige Gespür entwickeln, um die feinen Töne wahrnehmen zu können. Joe glaubte, daß es jedem von uns möglich sei, die Reise seines eigenen Helden zu durchleben, wenn wir nur den ersten Schritt wagen und in den dunklen Wald der Selbsterkenntnis eindringen.

Die Abenteuer fangen erst an, wenn du den Wald betrittst. Dieser erste Schritt hat etwas mit Glauben zu tun. Joe sagte immer: »Geh dahin, wo du die Freude vermutest, und es werden sich Türen auftun, wo es zuvor gar keine gab.« Er selbst lebte nach diesem Grundsatz, und er drängte jeden Menschen, den er kennenlernte, es ebenfalls zu versuchen. Er war auf eine Art subversiv, die mir gefiel.

Auf der Party bei Bob Weir entpuppte sich Campbell als ein Hüne mit silbergrauem Haar – er war über einsachtzig groß –, der den Raum mit seiner Überschwenglichkeit dominierte. Jerry Garcia sagte später einmal über ihn: »Campbell war einfach der Superstar, ganz gleich, wie die Party lief, er war in jedem Fall der Mittelpunkt. Er ist eine wunderbare Persönlichkeit, und ob man seine Bücher kannte oder nicht, das war ihm ganz egal. Was mich anbelangt, ich war begeistert, den Menschen kennenzulernen, der *A Skeleton Key to Finnegan's Wake* geschrieben hat.«

Und Joe freute sich, uns kennenzulernen. Er hatte sich offenbar vor fünfundvierzig Jahren vom alltäglichen Geschehen abgewandt, um seine Zeit fast ausschließlich seiner Forschung zu widmen. Es ging das Gerücht, er sei jahrelang nicht im Kino gewesen, und von einer Rockband mit dem Namen *The Beatles* mochte er wohl schon einmal gehört haben, aber sicher nicht von den Grateful Dead. Allerdings konnte er eine spannende Geschichte über den Mythos erzählen, von dem wir unseren Namen abgeleitet haben – die Legende vom Wanderer, der bei der Beerdigung eines Leichnams hilft und später von dem dankbaren Toten reich dafür belohnt wird.

Campbell hatte seinen ersten Erfolg als Schriftsteller mit dem Buch *Der Heros in tausend Gestalten*, dessen Entstehungszeit in den vierziger Jahren lag. Es war seine erste Auseinandersetzung mit dem Thema Mythos, in diesem Fall mit der immer und überall wiederkehrenden Geschichte des Helden, der sich auf eine Reise begibt und verwandelt zurückkehrt. Dreißig Jahre nach dem Erscheinen des *Heros* fand George Lucas in diesem Buch genau den Plot, den er brauchte, um die *Star-Wars*-Trilogie zu drehen. Daß ein Mann, der nie ins Kino ging, den zündenden Funken für die Entstehung von drei der erfolgreichsten Filme der Kinogeschichte lieferte, ist eine Ironie des Schicksals. Joe konnte daran zwar durchaus Gefallen finden, andererseits aber war ihm das alles auch viel zuviel. Kurz vor der Party bei Weir hatte George Lucas ihn eingeladen und ihm in einer Marathonsitzung die ganze Trilogie gezeigt.

Ich machte mich an ihn heran und stellte mich bei einer günstigen Gelegenheit vor, wobei ich ihm erklärte, daß ich Schlagzeuger sei und mich unter anderem für Trommelmythen interessiere. Campbells Augen leuchteten auf. Er wußte alles über Trommeln und Rituale. Er wußte, daß man keinen Schamanen findet, ohne dabei auch auf eine Trommel zu stoßen. Vor Jahren hatte er Maya Derens klassische Monographie über den Voodoo-Kult auf Haiti, *The Divine Horsemen*, herausgegeben. Im Vorwort hatte er geschrieben, daß er niemals zuvor einen so persönlichen Bericht über Besessenheitstrance gelesen habe, vor allem nicht »über die Macht der Trommeln, die den Gott in den Körper des Gläubigen hineinzuziehen vermögen«.

Joe wußte über Trommeln Bescheid. Aber er hatte einfach nie die Zeit gehabt, sich um die Zusammenhänge zu kümmern. Er hatte das immer im Hinterkopf mit sich herumgetragen als etwas, womit er sich einmal beschäftigen wollte – und jetzt war hier, auf dieser Party, plötzlich einer, der genau diese Aufgabe in Angriff nehmen wollte.

Das alles erklärte er jedoch erst zwanzig Minuten oder eine halbe Stunde, nachdem er, entzückt über meine Frage, die folgende Geschichte vom Stapel gelassen hatte:

DIE SAGE VON MORGON-KARA

> Morgon-Kara war ein sibirischer Schamane. Er war so mächtig, daß er alle Seelen retten konnte, sogar vor dem Himmel und der Hölle. Es kam also niemand mehr in den Himmel, weil Morgon-Kara jedermann heilte. Gott aber gefiel das nicht. »Den

werde ich mir vorknöpfen«, sagte er. So nahm er die Seele einer Frau, tat sie in eine Flasche und verschloß sie mit seinem Daumen. Plötzlich aber hörte Gott eine Trommel schlagen, und durch das Himmelsloch kam Morgon-Kara herauf. Er sah, daß Gott die Seele in der Flasche festhielt und verwandelte sich sofort in eine Mücke.

Warst du schon einmal in der Arktis? Da wird man von den Mücken geradezu aufgefressen. Und genau das machte sich Morgon-Kara zunutze. Er stach Gott in die Stirn, und der schrie »Oh Gott!« und nahm den Daumen von der Flasche. Morgon-Kara holte sich flugs die Seele, hüpfte wieder auf seine Trommel und ritt zurück zur Erde. Gott schickte ihm wütend einen Donnerkeil hinterher, und der spaltete die Trommel entzwei. Darum hat die Trommel des Schamanen nur ein Fell.

War Joe eine meiner »Türen«? Ohne Zweifel. Du lernst auf einer Party einen älteren Herrn kennen, beginnst einen Briefwechsel mit ihm und triffst ihn vielleicht noch ein Dutzend Mal, bevor er stirbt – und es ist, als ob ein riesiger Himmelskörper zu nahe an der Erde vorbeifliegt und sich dadurch alles verändert –, einschließlich der Luft, die du atmest, und der Art und Weise, wie du dich durch Raum und Zeit bewegst.

Bei Joes Beerdigung stellte sich mir ein New Yorker Verleger vor und sagte: »Sie sind also der Mann, der auf der Jagd nach Trommeln ist.«

Das sah Joe ähnlich! Eine der Nebenwirkungen des

Zusammenseins mit ihm war gewesen, daß ich allmählich selbst angefangen hatte, mein Leben mythisch zu begreifen – eine Tendenz, die er aktiv unterstützte. Er liebte es, dem, was Menschen wie du und ich als das ganz normale tägliche Chaos erleben, die mythischen Rhythmen zu entlocken. Von Anfang an stellte er klar, daß es zumindest seiner Überzeugung nach keinen Zweifel daran gab, daß die Trommel mich auf eine mythische Suche schickte; sie hatte mich in ein mir ganz und gar unvertrautes Gebiet gelockt – den Dschungel der Bücher und Wörter und Geschichten –, und es war meine moralische Verantwortung, dieser Aufforderung zum Tanz Folge zu leisten und mich nicht zu drücken. Lachend sagte Joe mir einige Male: »Also allerwenigstens könntest du ein Buch darüber schreiben!«

Mir gefiel das, aber ich nahm es nicht allzu ernst.

»Joe, ich bin nur ein Schlagzeuger. Ich war noch nicht mal auf dem College.«

»Erzähl mir nichts vom College. Ich habe an Colleges unterrichtet. Das College ist etwas Wunderbares. Jeder, der möchte, sollte die Chance haben, hinzugehen, und zwar jederzeit. Aber, Mickey, man muß nicht aufs College gehen, um ein gebildeter Mensch zu werden. Weißt du, wann ich am meisten gelernt habe? In diesen fünf Jahren, die ich allein in einer Hütte in den Adirondacks-Bergen verbrachte und die großen Werke las, Jung und Spengler und die *Bhagavadgita*. Kennst du die *Gita*? Ich habe mich durch die Depression in den dreißiger Jahren hindurchgelesen. Ich hätte natürlich auch etwas anderes machen können – reisen oder arbeiten zum Beispiel. Ich hätte anfangen können zu unterrichten. Aber das einzige, was ich tun wollte, war lesen. Ich hatte mich in den Mythos verliebt – in das Imago. Irgendwie ist es immer die gleiche alte Geschichte von Mann und Frau. Ich habe Glück gehabt, ich hatte Zeit, *ihr*, meiner Liebe zur Mythologie, nachzulaufen. Und auch du hast Zeit.«

»Aber Joe, so vieles von dem Zeug ist nicht mal in Englisch.«

»Dann hol dir einen Übersetzer, stell ihn ein. Das mache ich auch.«

»Ich müßte ja sogar jemanden haben, der mir sagt, wo ich suchen muß. Ich weiß nicht einmal, wo man das alles findet.«

»Solche Leute gibt es. Du findest sie schon. Oder vielleicht finden sie dich.«

Joe war ein Echo der sechziger Jahre, das so sehr gealtert war, daß es sich bei seiner Ankunft in den Achtzigern in einen weisen, alten Mann verwandelt hatte, der mein Gedächtnis aufrüttelte und mich daran erinnerte, daß Magisches nur an der *Schwelle*, an der Peripherie der Dinge entsteht.

Ich mußte unaufhörlich grinsen, als ich in jener Nacht von Weir nach Hause fuhr. Was für ein großartiger alter Mann. Er erinnerte mich an meinen Großvater.

Kapitel vier
Porträt des Rudimental Drummer

Mein Vater war ein Trommler und meine Mutter auch. Sie waren »Rudimental Drummer«, was bedeutet, daß sie eine Art und Weise des Trommelspiels praktizierten, die sich aus einer militärischen Tradition heraus entwickelt hat.

Jede moderne Armee der Welt hat eine Trommelsprache entwikkelt – eine Art von kriegerischem Morsealphabet –, um die Bewegung der Truppen zu dirigieren, ob sie nun querfeldein marschieren oder sich mitten im Gefecht befinden. Die amerikanischen Militärtrommler kennen sechsundzwanzig verschiedene Rudiments des einfachen oder doppelten Schlags, wie den einfachen Paradiddle und den langen Trommelwirbel, entwickelt. Ein guter Militärtrommler kann stundenlang diese Grundelemente variieren und ein Klangbild schaffen, das einfach genug ist, um die Truppen im Gleichschritt zu halten, aber auch so abwechslungsreich, daß sie bei der Sache bleiben.

Dieses Rudimental Drumming entwickelte sich in den ersten Jahrzehnten dieses Jahrhunderts zu einem Sport. Dabei ging das Aufkommen von Trommelkorps einher mit der Popularität der Marching Bands. Die Wettkämpfe sind denen im Sport vergleichbar. Die Konkurrenten werden nach zwei Kriterien beurteilt: wie gut sie die sechsundzwanzig Rudiments beherrschen und wie kreativ sie diese in einem Medley miteinander verbinden können.

Mein Vater Lenny Hart war amerikanischer Meister und Weltmeister im Rudimental Drumming. Meine Mutter Leah begann mit dem Trommeln, um ihm näherzukommen; er war ihr Trommellehrer in dem American Legion Drum and Bugle Corps von Coney Island. Und gemeinsam gewannen sie den Wettbewerb im gemischten Doppel bei der Weltausstellung in New York 1939. Zwei Jahre später heirateten sie und ließen sich in Brooklyn nieder. Nach weiteren zwei Jahren kam ich zur Welt, aber da war die Ehe schon zu Ende; mein Vater war verschwunden und hatte in unserem Leben eine Lücke hinterlassen.

Wir lebten in diesen ersten Jahren bei meinen Großeltern in Brooklyn. Meine Mutter arbeitete als Buchhalterin, mein Großvater Sam Tessel fuhr Taxi. Mein Großvater war kein gebildeter Mann – er hatte die Schule nach der sechsten Klasse verlassen, um zu arbeiten, und deshalb fiel ihm das Lesen und Schreiben schwer – aber dennoch las er jeden Abend die *New York Times*, und als ich klein war, erzählte er mir phantastische Geschichten, die alle in einem Afrika spielten, das nur in seiner Vorstellung existierte.

»Wir sind jetzt am Sambesi, Michael. Hörst du die Trommeln? Sie schlagen schon seit dem Morgen. Oh Gott! Warum hören sie denn bloß nicht auf! Sie machen mich noch verrückt. Und dann, mit einem Mal, verstummen sie plötzlich.«

Nach dem Krieg kam der Bruder meiner Mutter, Onkel Sonny, zu uns und blieb bei uns wohnen. Onkel Sonny war Hornist, und das erste, was er tat, war, daß er sich seinem alten Trommel- und Hornkorps wieder anschloß.

Die ersten fünf Jahre nach dem Ende des Zweiten Weltkriegs waren die goldenen Jahre der amerikanischen Trommel- und Hornkorps. Sie boten zahlreichen arbeitslosen und sich langweilenden GIs einen harmlosen Zeitvertreib, der dennoch etwas Kämpferisches an sich hatte. Ein paar Monate zuvor hatten sie sich noch vor den Kugeln in den Urwäldern des Südpazifiks geduckt, jetzt marschierten sie durch grüne Felder, schlugen, was die Trommel hergab, spielten schmachtende Klänge auf dem Horn und hatten körbeweise Bier und gegrillte Hähnchen dabei. Es war ein verbissener Wettstreit, unglaublich laut und äußerst männlich.

Mein Großvater liebte das Musikkorps. Es war mehr als ein Hobby für ihn. Er war der inoffizielle Vater der Ortsgruppe von Coney Island. Er kochte Kaffee, organisierte Fahrten, war Begleiter und Ratgeber – und dafür benannten die Jungs eine ihrer Melodien nach ihm: »Tessel's Thunderer«.

Ich war vernarrt in die Wettkämpfe dieser Korps. Meist lief ich neben der Großen Trommel her und beugte mich so weit hinunter, daß die Luftstöße an mein Trommelfell knallten. Es war unvermeidlich, daß da der Name meines Vaters manchmal genannt wurde. Denn jeder schwelgte in Erinnerungen an diesen großen humorvollen Mann, der solch ein stil- und kraftvoller Trommler gewesen war.

»Was für ein unglaublicher Trommler Lenny war. Erinnerst du dich an seinen langen Wirbel mit hundertzehn Schlägen pro Minute?«

Es war, als ob sie von einem Trommelgott sprachen. Meine Mutter wurde dann immer ganz schweigsam und traurig, bis die Unterhaltung sich wieder einem angenehmeren Gegenstand zuwandte.

Ich war zehn Jahre alt, als ich zum ersten Mal meinen Vater zu Gesicht bekam. Ich saß in einem Kino und sah mir die Wochenschau an, in der ein Bericht über die Weltausstellung 1939 kam. Einen Augenblick lang wurde das Bild eines blonden Mannes eingeblendet, der Trommel spielte. *Der Weltmeister im Rudimental Drumming: Leonard Hart.*

Ob jemand von ihm sprach oder nicht, ich war mir immer bewußt, daß ich der Sohn eines großen Trommlers war. Das war das Erbe, das mir mein Vater hinterlassen hatte, das und sein Pad, einen Übungsblock aus Gummi, und zwei wunderschöne Trommelstöcke aus Schlangenholz, die er in einem Wettbewerb gewonnen hatte.

Dieses Pad war ganz gewöhnlich, nichts anderes als ein ohne viel Aufwand auf Holz befestigtes Stück Gummi. In der Mitte war eine abgenutzte Stelle, etwa so groß wie ein Silberdollar, das Ergebnis Tausender von Stunden angestrengter Konzentration. Ich saß oft davor, starrte auf diese rissig-spröde Stelle und träumte von den Wettbewerben, die mein sagenumwobener Vater gewonnen hatte. Die Trommelstöcke endlich in meinen Händen, fing ich an zu spielen.

Meine Mutter versteckte das Pad für gewöhnlich – zuerst dachte ich, weil es sie an Lenny erinnerte. Ich mußte jedesmal unter den Betten und in den Schränken danach suchen, bis ich ihn wiederfand. Mein heimlicher Übungsplatz war der begehbare Schrank in ihrem Zimmer, der als Resonanzraum diente und den hohl klingenden Schlag verstärkte.

Wo ist Mickey? Im Schrank mit dem Übungspad.

Meine Mutter sagte mir später, sie habe das Pad versteckt, um meine Entschlußfestigkeit zu prüfen. Als für sie feststand, daß es mir ernst war, erklärte sie sich bereit, mir das Spiel des Familieninstruments beizubringen. Sie schrieb die einfachsten Rudiments auf große Karteikarten: den langen Trommelwirbel, den Fünfschlagwirbel, den Flam. Obwohl sie darauf achtete, mich in meinem Eifer nicht zu entmutigen, konnte sie ihr zwiespältiges Gefühl nicht verbergen, das sie bei dem Gedanken daran empfand, noch einen Trommler im Haus zu haben. Mit der Zeit jedoch wurde sie mein größter Förderer.

Als ich zehn oder elf Jahre alt war, bekam ich meine erste Trommel, eine gute Spielzeugtrommel, zwar noch kein professionelles Instrument, aber es vermittelte mir eine erste Ahnung von dem Lärm, den man damit machen konnte. Entweder man verliebt sich in das Dröhnen der Trommel, oder es passiert nicht, und dann wendet man sich eben einem Instrument wie der Pikkoloflöte zu.

Als ich in die erste Klasse der Highschool kam, zogen meine Mutter und ich von Brooklyn nach Lawrence auf Long Island, und mit meiner Lehrzeit als Trommler wurde es ernst.

Das erste Mal, als ich den Übungsraum der Schulmusikkapelle von Lawrence betrat, flutete Sonnenlicht durch die hohen Fenster und fiel direkt auf eine riesige Sammlung von großen blaulackierten Trommeln mit goldbemalten Fellen. Blau und Gold waren die Farben der »Golden Tornadoes« der Schule von Lawrence. Es war ein unglaublicher Anblick! Als ob man die Grabkammer des Pharao Tut-ench-Amun betreten würde. Rührtrommeln, Große Trommeln, aber auch Tuben, Sousaphone. Und dann erst der Geruch! All diese vielen langsam verfaulenden Mundstücke. Wenn niemand anderer im Musikzimmer war, ging ich von Trommel zu Trommel und sog diesen unglaublichen Duft nach Farbe und bearbeitetem Leder ein. Ich glaube, ich beschloß damals auf der Stelle, daß dies der Duft war, nach dem mein Leben riechen sollte.

Es lag ein Zauber in diesem Raum, denn es gab einen Zauberer.

Ich bin mir absolut sicher, daß Arthur Jones alles hätte werden können, was er wollte. Sogar Präsident. Er sah ja auch aus wie ein Politiker – mit seinem fuchsschlauen Blick. Jedoch hatte Jonesy sich entschieden, in diesem

Leben die Musikkapelle der Highschool von Lawrence zu leiten. Er war einer der anerkannten Herrscher der Schule, eine Position, die er schon allein aufgrund seiner starken Persönlichkeit hätte halten können. Aber es schadete natürlich keineswegs, daß er vier Jahre lang die beste Schulmusikband des Staates New York geleitet hatte.

Bandunterricht war eine Schulstunde wie jede andere auch; die Schüler gingen den ganzen Tag im Musikzimmer ein und aus. Wer aber von mir etwas wollte, der war gut beraten, wenn er seine Suche immer im Musikzimmer begann. Es war für mich nicht leicht, diesen Raum als Daueraufenthaltsort zu gewinnen. Da waren meine Kumpel, die für mich bei den Lehrern gefälschte Entschuldigungsschreiben verteilten. Dazu hatte ich einen dicken Stapel von Formularen, die ein Freund auf seiner Druckpresse herstellte und mir verkaufte.

Ich habe niemanden hinters Licht geführt, da bin ich sicher. Ungefähr einmal pro Monat griff mich der lange Arm des Schuldirektors, und dann mußte ich mir jedesmal deprimierende Vorträge anhören, in denen mir erklärt wurde, wie mein Leben als gesellschaftlicher Außenseiter wäre, bis mich Jonesy dort dann wieder herausholte.

»Na komm schon, Kris! Er will Englisch nicht als Hauptfach nehmen. Und Rechtsanwalt will er auch nicht werden. Er will Trommler werden. Alles was er möchte, ist trommeln. Laß ihn doch!«

Jonesy hätte mich beinahe nicht in die Band aufgenommen. Als ich mich anmeldete, fragte er, welches Instrument ich spielen wolle. Ich sagte, daß ich Trommler sei. Er stöhnte. »Nicht noch einen Trommler, Mann. Ich hab' doch schon zwanzig Trommler.«

Jonesy sprach immer wie ein Beatnik, was er aber nicht war; das war nur eine Rolle, die er bei uns Jungs gern spielte. Jeder seiner Sätze begann mit »Hey, Mann« oder endete mit »Verstehste, Mann«, aber sein Markenzeichen beim Sprechen war das phantasievolle Zusammenziehen von Wörtern wie »isses« oder »wennich«.

»Mir isses nich klar, was ich mit noch einem Trommler anfangen soll, verstehste, Mann?«

Wahrscheinlich machte ich ein Gesicht, als ob eine Welt für mich zusammenbrechen würde, denn Jonesy lenkte sofort ein und bat mich, etwas vorzuspielen. Ich ging auf eine der Kleinen Trommeln zu und spielte alle Rudiments, die ich kannte. Jahre später sagte mir Jonesy, daß es meine Intensität beim Spiel war, die ihn beeindruckt hatte. Schon damals war klar, daß die Trommel das Allerwichtigste in meinem Leben war.

»Ich brauche tatsächlich noch jemanden für die Schlaginstrumente«, sagte er. »Aber das ist ein ganz spezieller Job, Mann. Dazu brauche ich einen ganz besonderen Burschen, verstehste?«

Und so bekam ich den Job, die Große Trommel in der Marching Band zu ziehen. Nicht zu spielen, sondern zu ziehen wie ein Maultier: die Trommel auf Rädern, ich in weißem Geschirr. Ich liebte meine Aufgabe. Der Krach, den eine Marching Band produziert, ist wirklich unvorstellbar. Die Blechbläser machen *TÄTÄRÄ-TÄTÄRÄ* und die Trommeln *BUM-BUMBUMBUM-BUMBUM*. Es ist schon schwer genug, ein Instrument spielen zu lernen, wenn man ruhig auf einem Stuhl sitzt. Aber wie schwer ist es erst, wenn man spielen lernt und gleichzeitig marschieren muß, ohne aus dem Takt zu kommen.

Das ist vielleicht ein Grund, weshalb Jonesy das Leben als ein lustiges Abenteuer betrachtete. Ihm war Sinn für Humor wichtiger als technisch perfektes Spiel – wenn er auch manchmal meinte, man müsse beides haben. Selbst wenn er wütend war oder einem eine Lektion erteilen wollte, tat er es mit Humor.

Einmal hatten wir ein großes Fest, als wir unseren Umzug in die neugebaute Highschool feierten. Man hatte einen Priester geholt, um der ganzen Sache den Segen zu erteilen. Ich saß auf dem Perkussionspodest hinter dem Priester, konnte das ganze Orchester überblicken und war vor allem völlig fasziniert von den neuen Kesselpauken. Drei Jahre lang hatte ich auf diese Pauken gewartet. Sie waren gerade angekommen und ausgepackt worden, und ich brannte darauf, sie zu spielen. Als der Mann Gottes seinen Text herunterleierte, spürte ich ein mächtiges Verlangen langsam in mir wachsen. Und dann glaubte ich plötzlich aus meinen Augenwinkeln heraus zu sehen, wie Jonesy mir ein Zeichen gab, ich solle einen Trommelwirbel schlagen. Meine Stöcke hüpften hoch, dann hinunter wie galoppierende Pferde in einer tönenden Bewegung. Ich hätte aufschreien können, soviel Energie übertrug sich durch den Lärm auf mich. Dann merkte ich es. Alle starrten mich an. Besonders der Priester, den ich mitten in seinem Segen unterbrochen hatte.

Ich sah Jonesy an. Der legte den Kopf schief und mimte die Schlinge eines Henkers, indem er eine ruckartige Bewegung mit der Hand machte. Drei Tage lang ließ er mich nicht in das Musikzimmer. An jeder Tür hingen Schilder mit der Aufschrift:
MICKEY! LASS DIR NUR NICHT EINFALLEN, DURCH DIESE TÜR ZU GEHEN!
Oder einfach nur:
MICKEY! NEIN! TU'S NICHT!
Oder:
UNTERSTEH DICH!

Meine Mutter und ich lebten im Dachgeschoß eines großen Hauses auf Cape Cod, das einem italienischen Lastwagenfahrer mit fünf Kindern gehörte. Ich versuchte nur dann zu üben, wenn der Lastwagenfahrer weg war, aber oft vergaß ich mich im Spiel. Wenn meine Mutter hörte, wie er die Treppe hinaufpolterte, versperrte sie ihm die Tür mit einem Besen – wie eine Löwin, die ihr Junges beschützt. Hinter dem Haus lag ein Friedhof, über den ich auf dem Hin- und Rückweg zur Schule ging. Da ich immer meine Trommelstöcke dabei hatte, gewöhnte ich mir an, auf den Grabsteinen zu spielen. Dies brachte mir in der Nachbarschaft den Ruf eines schrulligen und ungezogenen Jungen ein.

Die Jahre in Lawrence waren eine schmerzliche Zeit für mich, was die sozialen Kontakte betraf. Wir waren arm, nicht aber die Mädchen, die mir gefielen. Unvorstellbar, eines von ihnen mit nach Hause in unsere Dachwohnung zu nehmen! Nur die Trommel gab mir jenes Gefühl von Stärke und Einzigartigkeit, das doch für Teenager so wichtig ist. Mit meiner Trommel war ich der Herr des Lärms, der Lauteste in jedem Raum, der Lauteste überhaupt.

Jonesy brachte mich dazu, alle Instrumente auszuprobieren – Flöte, Trompete, Geige, Posaune. Meine Mutter zog mich immer damit auf: »Wie lange wird's wohl damit wieder dauern?« Meistens waren es flüchtige Bekanntschaften, ähnlich den kurzen Verliebtheiten von Teenagern. Zwei Wochen, und schon langweilte es mich. Am längsten, glaube ich, blieb ich beim Baritonhorn, vielleicht sechs Monate oder etwas länger. Aber am Ende kam ich immer wieder zur Trommel zurück. Sie hatte meine Phantasie vollkommen besetzt. Ich schloß nie die Augen und träumte davon, ein großer Geiger oder ein großer Trompeter zu werden. Ich wollte immer nur Trommler sein.

Jonesys Reich – und die Musikausbildung im allgemeinen – war streng strukturiert. Neulinge fingen ganz unten an. Die Große Trommel war die erste Sprosse auf der Stufenleiter der Schlaginstrumente, dann folgten die Bekken, die Rührtrommeln und die Kleinen Trommeln, zehn an der Zahl. Unter diesen zehn der erste zu sein, war das Höchste, was erreicht werden konnte, und man wurde als der Spitzentrommler der Band betrachtet. Jede Woche teilte uns Jonesy entsprechend zu, und am Freitag war immer ein offener Wettbewerb, um die Rangfolge neu festzulegen. Man stieg auf, man fiel zurück. Die Freitagswettbewerbe waren elektrisierend. Wir waren immerhin Landesmeister, und die Miniwettbewerbe, die wir untereinander austrugen, zielten letztlich darauf ab, unsere Fähigkeiten als Gruppe zu verbessern; auf diese Weise gelang es uns auch, die Dynastie der Sieger in Lawrence aufrechtzuerhalten.

Mein Idol, der beste Trommler der Schule und die Nummer eins des Staates New York, der gerade sein zweites Jahr als Collegestudent absolvierte, war Brian Burke. Er war eine Klasse über mir und vereinigte all die Eigenschaften in sich, die ich mir wünschte: ein großer, selbstsicherer Junge, der mit einem klapprigen Ford-Coupé Baujahr 1939 in der Stadt herumfuhr, in dem schöne Mädchen saßen, die er zu seinem nächsten Auftritt einzuladen pflegte. Das Beeindruckendste an Brian, für mich wenigstens, war die Tatsache, daß er seine eigene erfolgreiche Jazzcombo hatte.

Brian hatte einen Privatlehrer, Charles Perry, der mit Tommy Dorsey gespielt hatte. Perry war im Korea-Krieg verwundet worden, und deshalb war es ihm nicht mehr möglich, eine große Tanzband zu leiten. Statt dessen verlegte er sich darauf zu unterrichten und beeinflußte so eine ganze Generation von jungen Trommlern, die in New York und auf Long Island aufwuchsen. Er war ein großer, grauhaariger Mann mit sehr elegantem Benehmen – ob mit oder ohne Trommelstöcke. Ich flehte meine Mutter an, Stunden bei ihm nehmen zu dürfen. Und obwohl es teuer und umständlich war, fuhr mich Leah zweimal pro Woche zu Mr. Perry nach Hause.

Ich war kein »geborener« Trommler, jedenfalls kommt es mir rückblickend so vor. Es schien oft, als sei ich sehr langsam und das am wenigsten begabte Mitglied der Schlagzeuggruppe von Lawrence gewesen. Mir fiel nichts in den Schoß. Ich war immer am Üben. Nach den Übungsstunden mit der Band schleppte ich meine Trommel auf den Sportplatz zu den Mädchen, wo die Cheerleader ihre Mannschaften anfeuerten, und ich unterstützte sie im Takt. Diesen Engeln beim Tanz zum Rhythmus meiner Trommel zuzusehen, das waren wahrscheinlich die erotischsten Momente meiner Teenagerzeit. Und danach ging's ab nach Hause, wo ich zu Gene Krupa oder den neuen Aufnahmen mit Elvis Presley meine Trommeln schlug.

Mein erstes Schlagzeug war erschwinglich, weil der vorherige Besitzer mit dem Fuß ein Loch in die Große Trommel getreten hatte. Es kostete fünfunddreißig Dollar. Außer der Großen Trommel gehörte dazu eine Kleine Trommel, ein winziges Gene-Krupa-Becken, ein Paar Hi-Hat-Becken und ein Schlagzeughocker. Das Schlagzeug zu spielen, war eine Offenbarung. Es war ein Gefühl wie im Sitzen zu tanzen und für mich etwas ganz Neues. Vor allem war es nicht kriegerisch; statt die ganze Zeit zu marschieren, konnte man auf seinem Hocker swingen, hüpfen, pendeln oder sogar rocken. In der Tat war das Schlagzeug genau dafür erfunden worden, um diesen neuen rhythmischen Erfordernissen Raum zu geben.

Vor beinahe hundert Jahren fingen die Leute um New Orleans an, zu den neuen Rhythmen von Jazz und Blues zu tanzen. Die Art des Trommelns aus der Militärmusik, das Spielen der Rudiments, war zu steif, um diesen neuen Rhythmen Impulse zu geben. Auf der Suche nach einer Lösung plünderten die Schlagzeuger in das Inventar der Schlaginstrumente weltweit. Sie übernahmen Elemente von überallher – die Kleine Trommel und die Große Trommel aus Europa, Tom-Toms aus China, Becken aus der Türkei – und natürlich kamen dann auch ganz hausbackene Elemente hinzu, Kuhglocken, *Claves* und Holzblöcke, und so begann sich eine neue Art des Trommelns zu entwickeln – und beinahe nebenbei auch ein neues Instrument.

Diese Zusammenstellung war bekannt unter dem Namen »Contraptions«, was dann später zu »Traps« verkürzt wurde. Innerhalb von zwanzig Jahren bildeten sich Virtuosen auf den Traps heraus. Leute wie der große Jazzdrummer Warren »Baby« Dodds aus New Orleans etwa, der mit einer Großen Trommel, einer Kleinen Trommel, vier Kuhglocken, einem Becken, einem Tom-Tom und einem Holzblock spielte. Als sich dann der Jazz in den zwanziger Jahren etabliert hatte, boten Trommelbauer wie die Ludwigs schon standardisierte Contraptions, wie sie Trommler wie Dodds zusammengestellt hatten, zum Verkauf an.

Als ich in den fünfziger Jahren mein erstes Schlagzeug spielen lernte, waren Gene Krupa und Buddy Rich meine besonderen Idole. Krupa, einer der Lieblingstrommler meiner Mutter, hatte in den Big Bands der zwanziger und dreißiger Jahre gespielt, und wenn er auch nicht der eigentliche Wegbereiter des Schlagzeugsolos war, so hatte er es doch zum Höhepunkt eines jeden Auftritts gemacht. Er spielte gern im unteren Klangbereich, besonders auf den Tom-Toms. Er spielte, wie es 1973 die *New York Times* in ihrem Nachruf ausdrückte, »mit einem beinahe teuflischen Glanz in den Augen, wenn er eindrosch auf seine Kleine Trommel, seine Tom-Toms und

Becken. Dann plötzlich fuhr er wieder hoch und schlug, beide Arme in der Luft, mit der Fußmaschine wie wild auf seine Große Trommel ein. Und während der Schweiß wie ein tropischer Regenguß an ihm herunterlief, waren Arme und Stöcke zu einem einzigen riesigen Bewegungswirbel verschmolzen, mit dem er sein Solo bis zum donnernden Höhepunkt aufbaute«.

Nach den Worten meiner Mutter fielen die Leute bei dem Versuch, zu diesen kraftvollen Rhythmen zu tanzen, fast in Ohnmacht. Ich legte oft das berühmte »Sing, Sing, Sing« auf, das er 1939 in der Carnegie Hall gespielt hatte, und trommelte dazu. Dabei stellte ich mir vor, ich hätte das größte, lauteste und stilvollste Tanzorchester, das der Planet Erde je gehört hat.

Buddy Rich begann als Wunderkind im Varieté-Theater seiner Eltern. Er war drei Jahre alt, als seine Eltern, »The Dancing Riches«, ihn als »Traps, das Trommelwunder« auftreten ließen. Innerhalb von zehn Jahren wurde er einer der höchstbezahlten Schlagzeuger der Welt und verfügte über fünfzehnhundert Dollar die Woche: ein ernster kleiner Junge in einem Matrosenanzug, der jedoch zu einem Vulkan wurde, wenn er sich ans Schlagzeug setzte und einen ohrenbetäubenden Lärm machen konnte. In den ersten Jahren verschwand Rich beinahe hinter der Großen Trommel. Das einzige, was die Zuhörer von ihm sahen, war eine kleine Hand, die ab und zu auftauchte, um dem Becken oder den Tom-Toms einen schmetternden Schlag zu versetzen.

Buddy Rich führte fort, was Krupa begonnen hatte: die komplizierte Verflechtung der perkussiven Möglichkeiten eines Schlagzeugs. Das Ride-Cymbal, die Tom-Toms, die Kleine Trommel, das Hi-Hat – Rich benutzte alles, und er war schnell und genau. Er spielte die Große Trommel wie schwere Artillerie. Und er lächelte niemals. »Seid ihr gekommen, um meine Zähne zu sehen, oder um mich spielen zu hören?« pflegte er zu fragen. Er gab damit an, in seinem Leben keine einzige Schlagzeugstunde genommen zu haben, und er übte selten. »Das einzige, was die Jungs vom Üben bekommen, sind müde Handgelenke«, erklärte er einem Journalisten. »Wenn du etwas zu spielen hast, dann hörst du es in deinem Herzen und in deinem Kopf, und dann gehst du hin und probierst es vor dem Publikum aus.«

Ich übte dauernd und spielte selten in der Öffentlichkeit, außer in den Konzerten des Schulorchesters. Meine aufregendsten Momente beim Trommeln hatte ich, wenn ich ganz allein spielte. Meist saß ich vor meinem Instrument und begann langsam das Schlagzeug aufzuwärmen. Ich »weckte« zuerst den unteren Klangbereich, die Große Trommel, mit langsamen Schlägen – regelmäßig wie der Herzschlag. Dann kam das Hi-Hat mit seinem metronomischen Klicken dazu, dann der mittlere Bereich, die Rhythmen der Kleinen Trommel und der Tom-Toms, die sich mit dem gleichmäßigen Puls der Großen Trommel verbanden. Das Verweben der unteren mit den mittleren Klangbereichen ist die wichtigste Aufgabe eines Schlagzeugers. Der obere Bereich des Klangspektrums wird durch die hellen, strahlenden Klänge von Becken, Kuhglocken und Gongs vervollständigt.

Zehn Minuten. Fünfzehn Minuten. Zwanzig Minuten. Dann passierte jedesmal etwas Seltsames. Ich fühlte, wie ich leichter wurde, ich verlor jedes Zeitgefühl. Heute ist mir klar, daß ich in Ekstase geriet, aber mit fünfzehn hatte ich überhaupt keine Vorstellung davon, was geschah. In Gedanken brachte ich es in Verbindung mit einer ungewöhnlichen Erfahrung, die ich zum ersten Mal mit fünf Jahren gemacht hatte und die – damals sah ich das so – mit den Geschichten zusammenhing, die mir mein Großvater erzählt hatte. Jahrelang drangen kurz vor dem Einschlafen glänzende, wogende Blasen unter der Tür in mein Zimmer ein und bewegten sich auf mich zu. Es waren keine bedrohlichen Blasen, obwohl sie manchmal gegen mich stießen und mein Gesicht berührten. Ihr Auftauchen war begleitet von einem prickelnden Gefühl auf meiner Nasenspitze. Und jede Blase hatte einen eigenartigen Klang – eine Art hohen Summton. Schließlich gelang es mir, diese Blasen zu kontrollieren. Ich konnte machen, daß sie sich vorwärts oder rückwärts bewegten, und manchmal konnte ich mich sogar in sie hineinversetzen und auf meinen Körper hinunterschauen.

Das gleiche Gefühl rief jetzt mein Trommeln bei mir hervor. Ich empfand es nie als erschöpfend, stundenlang zu trommeln; es machte mich ruhig, energiegeladen und fröhlich.

Mein heimlicher Wunschtraum, den nur meine Mutter kannte, war es, ein großer Rudimental Drummer zu werden. Ihre immer gleiche Antwort auf diesen Wunsch war: »Das ist schön, Mickey. Aber wovon willst du leben? Mit Rudimental Drumming ist kein Geld zu verdienen.«

Ich hatte, wenn ich wirklich ernsthaft ein professioneller Schlagzeuger werden wollte, nur die Wahl zwischen Orchester-, Jazz- oder Rockmusik. Das Orchester war indiskutabel. Ich konnte mir nicht vorstellen, in einen Smoking gekleidet dazusitzen und alle zehn Minuten einmal aufs Becken zu hauen. Eher schon konnte ich mir vorstellen, Schlagzeuger in einer Big Band zu sein, so wie Krupa und Rich. Nur war die große Zeit der Big Bands schon vorbei. In den frühen sechziger Jahren gab es nur noch ein paar wirklich großartige, wie die Bands von Count Basie und Duke Ellington.

Anders beim Jazz. Der war immer noch stark und gesund, aber der Schlagzeugstil, der in den fünfziger Jahren vorherrschend geworden war, dieser weiche, mit dem Besen gespielte Groove, befriedigte meinen Appetit auf Lärm nicht. Es war also vielleicht ganz natürlich, daß ich mich auf den Rock'n'Roll verlegte. Er stellte damals, in den fünfziger Jahren, die aktuellste Fortentwicklung des afrikanischen Backbeat dar, war sozusagen das Enkelkind des New-Orleans-Jazz, der sich nach Memphis, in das Mississippi-Delta, nach Saint Louis und flußaufwärts nach Chicago und durch Radio und Schallplatte noch weiter ausgebreitet hatte. Im Lauf der Zeit wurde der Rock'n'Roll immer lauter, bis er schließlich durch den Einsatz elektrisch verstärkter Instrumente seine Lautstärke nochmals um vieles steigerte, ja sich quasi selbst übertraf. Elvis, Little Richard, Buddy Holly, Chuck Berry, Big Bopper – ich schleppte einen Plattenspieler hinaus auf die Veranda und spielte Schlagzeug zu der Musik der Hitparade.

Rock'n'Roll war heiß, aber unter meinen Freunden galt er nicht als das Aufregendste, das es gab. Die heiße Musik war die lateinamerikanische Musik aus Kuba und der übrigen Karibik, der Mambo, der Limbo, all diese grellen Trompeten und die vielen, ineinander verwobenen Rhythmen, die auf afrikanischen Trommeln und Rasseln gespielt wurden, die man den Schwarzen in den Vereinigten Staaten, als sie noch Sklaven waren, weggenommen hatte – Congas, Maracas, Timbales, Guiros. Ich kann mich noch daran erinnern, wie ich auf der Tanzfläche in Colgate Garden anfing zu schreien, in jenem Latin Club, zu dem mich Brian Burke zum ersten Mal mitnahm. Zuerst flog meine Jacke beiseite, dann die Krawatte, dann knöpfte ich die oberen Knöpfe meines Hemds auf. Schon nach zwanzig Minuten war man klatschnaß vor Schweiß. Die Leute zogen ihre Kleider aus, wurden völlig verrückt und tanzten Stunden um Stunden bis zur Erschöpfung. Mit dem Mambo konnte man alle Arten von Gefühlen austesten, und dabei mußte man gar kein großer Tänzer sein. Der Mambo – vielleicht gab es in Colgate Garden einen oder zwei verschwitzte Tänzer, die in ihren wirbelnden Tanzbewegungen hätten innehalten können, um dir zu erklären, daß »Mambo« auch der Name einer Voodoo-Priesterin ist. Ich traf aber nie so einen.

Als ich sechzehn war, nahm ich einen Job als Barmixer in einem Club in Atlantic Beach auf Long Island an, in dem Bands auftraten, die lateinamerikanische Musik spielten. Dort sah ich Tito Puente zum ersten Mal. Einer aus seiner Rhythmusgruppe nahm mich gelegentlich hinter die Bühne mit und ließ mich ein bißchen mit Maracas oder Guiros üben. Ich sah immer wie gebannt auf die Hände des Schlagzeugers und versuchte mir die Bewegungen seiner Stöcke, mit denen er den Rhythmus vorantrieb, einzuprägen.

Gegen Ende meines Junior-Jahrs an der Highschool schlug ich schließlich Brian Burke zum ersten und einzigen Mal, bevor er seinen Abschluß machte, und eroberte den Stuhl des ersten Schlagzeugers der Rhythmusgruppe. Später wurde ich sein Nachfolger als erster Trommler in der All-State-Band, bei einem Wettbewerb, den ich mit den Trommelstöcken meines Vaters gewann. Dann verließ ich, zum Entsetzen meiner Mutter, die Highschool und ging zur Luftwaffe.

Ich spürte, daß ich als Trommler in meiner Jugendzeit mein Bestes gegeben hatte, und ich brannte darauf, mich in der Welt der erwachsenen Trommler zu erproben. Ich wollte so rasch wie möglich erwachsen werden, und den schnellsten Weg dorthin schien mir das Militär zu eröffnen.

Mit wurde der Kopf geschoren, und man schickte mich zum Luftwaffenstützpunkt Lackland bei San Antonio in Texas. Ich erinnere mich, daß es ein verregneter Tag war, als ich in der ersten Woche der Grundausbildung aus dem Fenster schaute und weinte, weil die ganze Woche hindurch Leute sich vor mir aufbauten und mir ins Gesicht brüllten, daß ich hier überhaupt keine Rechte hätte, außer zu parieren. Mir war hundeelend zumute. Ich versuchte mich selbst zu trösten: »Nimm's nicht so schwer. Millionen von Leuten haben das auch durchgemacht und es überlebt.«

Eines Tages war ich im Musikzimmer des Stützpunkts und packte ein paar Trommeln zusammen, als ich unten in einem der Koffer ein vergilbtes Heftchen entdeckte. Es war ein altes Anzeigenblättchen für Remo-Trommelfelle. Gelangweilt blätterte ich darin. Und da war er, der große, blonde Trommelgott.

»Hallo, ich bin Lenny Hart. Ich habe alle ausprobiert, aber Remo Weatherkings sind die besten.«

Kapitel fünf
Im Kreis der Trommel

Als Rock'n'Roll-Schlagzeuger bin ich das Produkt des Zusammenpralls zweier Rhythmustraditionen. Eine ist die mündliche, aus Afrika stammende Tradition, eine stumme Gewalt, die wortlos von mir Besitz ergriff. Sie bewirkte, daß ich tanzen wollte, tanzen, tanzen, nichts als tanzen. Die andere Tradition ist jene, deren Rahmen von der Geschichte der abendländischen Musik gesteckt wird, jene, die ganze Bücherwände in den großen wissenschaftlichen Bibliotheken verschlingt – mit Büchern über das Klavier, die Geige und sogar ein paar wenigen über die Trommel.

Wenn ich jetzt an den kleinen Trommler denke, der darauf brannte, sich in der Welt der erwachsenen Schlagzeuger zu beweisen, so stimmt es mich traurig, daß ich damals nicht die geringsten Kenntnisse von meiner Tradition hatte – eigentlich von der Tradition der Trommel überhaupt. Ein achtjähriger Minianka, der um die Trommelhütten in seinem westafrikanischen Dorf herumschleicht, weiß mehr über seine Geschichte als ich damals über meine. Zumindest kennt er die Ursprungsmythen seines Instruments; ich dagegen hätte nicht sagen können, woher meines kam. Ja natürlich, ich wußte ein wenig darüber, welchen Hintergrund das Schlagzeug hatte, da es eine so neue Erfindung war. Ich hatte eine vage Vorstellung davon, daß die Trommler der amerikanischen Revolution eigenständige Signale entwickeln mußten, die sich von denen der Engländer unterschieden, und daß sie damit einen Prozeß einleiteten, der schließlich in der

Entwicklung der sechsundzwanzig amerikanischen Rudiments seinen Höhepunkt fand. Aber das war's auch schon. Niemand, kein Schlagzeuger, kein Lehrer, keine klugen Eltern, niemand nahm mich zur Seite und sagte: »Mickey, am Anfang ...«

Die Formel »am Anfang« stellt für jemanden, der eine »Zeitschnur« füttert, eine ziemliche Bedrohung dar. Es würde nicht mehr lange dauern, bis meine »Zeitschnur« im Stall sich bis zum Urknall, jenem Lautkern im Herzen der Schöpfung, erstreckte. Ich hatte allein über die Evolution vom Affen hin zum Werkzeuge schwingenden Hominiden ganze Stecktafeln voll mit Daten. Im Rahmen meiner Suche nach den Quellen des Rhythmus beginnt die Geschichte jedoch in Wahrheit erst etwa vor vierzigtausend Jahren, als der Primat *Homo sapiens* eine kulturelle Explosion erlebte – unsere Werkzeuge wurden feiner, unsere Gemeinschaften größer und komplexer, und wir begannen damit, unser Leben zu dokumentieren in Form von gemalten Bildern, brillanten Zeugnissen unserer gerade erwachten Wahrnehmungsfähigkeit, die Menschen sichtbar werden lassen, die schon einen hochentwickelten Sinn für das Heilige hatten.

Schon sehr früh begannen wir einen Dialog mit jenen unsichtbaren höheren Mächten – der spirituellen Welt –, die unser Leben zu beherrschen schienen. Das Heilige war etwas, das wir verrichteten wie die Jagd und die Fortpflanzung; wir näherten uns ihm durch das Ritual.

Als Werkzeughersteller schlugen, schabten, kratzten, schüttelten, schwangen wir – Verben, die vorzüglich die

Instrumente beschreiben, die wir als Idiophone bezeichnen. Die Bewegungsrhythmik des Körpers bei der Arbeit und die Rhythmen der Schlaginstrumente waren einander ähnlich; nur der jeweilige Kontext macht den Unterschied aus zwischen dem Aneinanderschlagen zweier Feuersteine und dem Aneinanderschlagen zweier Stöcke: Bei dem einen entstand eine Speerspitze, bei dem anderen ein Rhythmus.

Rhythmus und Lärm. Lärm erzeugt Schrecken, aber in diesem Schrecken liegt auch Macht.

Wir hatten die Macht, Lärm in Rhythmus zu verwandeln, und nutzten sie für unsere heiligen Tänze. Unsere heiligen Gesänge wurden von heiligem Lärm begleitet, von dem Rhythmus, dessen Klänge wir den Materialien unserer Umgebung entlockten – dem Holz, Knochen, Stein, der Tierhaut, allerlei Kürbissen und Schalen und unserem eigenen Körper, von dem Wissenschaftler wie Blades und Curt Sachs glauben, daß er eines der ersten Instrumente überhaupt war.

Wir klatschten in die Hände und sangen dabei unsere heiligen Gesänge – ganz einfache vokalisierte Silben wie *Ahhhhh-Naaaaahhhhh* oder *Baaaaa-Dddddinnnnn*, aber sie hatten eine starke Wirkung. Ich glaube, es war Joe Campbell, der mich darauf aufmerksam machte, daß die !Kung, ein Stamm der afrikanischen San (oft Buschmänner genannt), ihre eigenen Körper als Rhythmusinstrumente verwenden, und mir die folgende Beschreibung zukommen ließ: »Das Klatschen und Stampfen ist von so erstaunlicher Exaktheit, daß sie damit die gleiche Wirkung erzielen wie eine Rhythmusgruppe und einen komplizierten Rhythmus mit einer festgefügten Struktur erzeugen können. Und über dem Rhythmus verweben sich die mehrstimmigen Gesänge der Männer und Frauen in ihren Heilgesängen. Der Heiltanz verbindet die Mitglieder eines San-Orchesters in unvergleichlicher Weise zu einer gemeinsamen Aktion. Sie stampfen und klatschen und singen mit solcher Präzision, daß sie fast zu einem einzigen organischen Wesen zusammenwachsen. In dieser Nähe zueinander treten sie vor die Götter.«

Heiliger Lärm.

Die gebräuchlichen Bezeichnungen für die aufeinanderfolgenden Perioden des Steinzeitalters – Paläolithikum, Mesolithikum, Neolithikum – spiegeln die Bedeutung und Komplexität der jeweils hergestellten und benutzten Werkzeuge wider. Archäologen, die paläolithische Funde ausgegraben haben, sind bisher auf zwei Typen von Klangerzeugern gestoßen: einige wenige Knochenpfeifen und eine große Anzahl von Idiophonen. In der Ukraine hat man Funde gemacht, welche die Instrumente eines steinzeitlichen Schlagzeugers gewesen sein könnten: Schaber aus Mammutkieferknochen, Schlägel aus Rentiergeweihen und ein Paar fein gearbeiteter Handgelenksrasseln, die eine aus Knochen, die andere aus Meeresmuscheln.

Wir sind im Besitz von Idiophonen, die bis auf die Zeit um 20000 vor Christus zurückgehen und mit rotem Ocker gefärbt sind, woraus die meisten Wissenschaftler schließen, daß sie zu religiösen Zwecken gebraucht wurden. Aber der erste handfeste »Beweis« dafür, daß Rhythmusinstrumente in eindeutigem Zusammenhang mit kultischen Handlungen verwendet wurden, taucht erst im mittleren Paläolithikum auf, also um 15000 vor Christus. Zu diesem Zeitpunkt malte ein anonymer Künstler in einer Kalksteinhöhle in Südwestfrankreich das erste uns bekannte Bild eines Musikers: den tanzenden Zauberer (oder Schamanen) von Les Trois Frères, wie die Höhle heißt. Wissenschaftler interpretieren die Gestalt als einen Mann, der, mit einer Tierhaut bekleidet, irgendeine Art von Instrument spielt, möglicherweise einen klingenden Bogen oder eine Art Trommelstock.

Der tanzende Schamane von Les Trois Frères entstand auf dem Höhepunkt paläolithischer Kultur, als die von Joe Campbell in *The Way of the Animal Powers* so genannte »Große Jagd« noch in vollem Gange war. Zu jener Zeit war die Landschaft des europäischen Kontinents vergleichbar mit dem heutigen Sibirien: eine riesige, halbvereiste Steppe, über die ebenso große Herden von Tieren – Bisons, Nashörner, Mammuts – und unsere menschlichen Vorfahren wanderten. Das allgemeingültige Bild von jener Zeit sieht so aus, daß wir in kleinen Gruppen von Jägern und Sammlern lebten, auf Nahrungssuche umherzogen, uns unter freiem Himmel in Lagern versammelten und den Winter in Höhlen verbrachten. Und hier hinterließen wir einen reichen Schatz an rätselhaften Dokumenten in Form der Höhlenmalerei und zahlreicher anderer Artefakte.

Campbell nahm an, daß die Höhle bei religiösen Zeremonien selbst als eine Art Trommel fungierte. Er glaubte, daß die frühen Perkussionisten an einem bestimmten Punkt des Rituals an die Stalaktiten schlugen und so ein dröhnendes *Boooong* hervorriefen, das sich an den Felswänden brach und effektvoll verzerrt wurde. Joe erzählte mir, er habe diese Hypothese bei einem seiner Besuche in den frühsteinzeitlichen Höhlen Europas überprüft und die Wirkung überzeugend gefunden. Ein archäologischer Fund in Südrußland unterstützt Joes Theorie, daß die Höhle selbst als Resonanzkörper benutzt wurde. Bei der Ausgrabung einer kleinen Siedlung von Halbseßhaften legten Archäologen eine Hütte frei, die voll war von Idiophonen und Mammutschädeln. Es handelte sich dabei um den heiligen Raum der Gemeinschaft – die Dorfkirche sozusagen. Im Gegensatz zu den anderen Hütten, die nur aus mit Häuten bespannten Rahmen bestanden, war diese, wie eine oberirdische Höhle, zusätzlich mit Erde bedeckt. Das Grasdach, so die Theorie der Archäologen, diente akustischen Zwecken.

Abgesehen von Idiophonen und Flöten benutzten wir auch ein Instrument, das man Schwirrholz nennt. Ein Schwirrholz ist ein flaches, langes Knochen- oder Holzstück, das an einer Schnur befestigt ist und wie ein Lasso über dem Kopf geschwungen wird und je nach Form und Heftigkeit der Bewegung einen heulenden oder summenden Laut erzeugt. Der älteste Nachweis eines Schwirrholzes befindet sich in der neolithischen Stadt Çatal Höyük in der Südtürkei an der Wand des Geier-Heiligtums, wo es im Zusammenhang mit einem Totenkult abgebildet ist.

Bald nach dem Entstehungsdatum des tanzenden Schamanen von Les Trois Frères begann sich das Klima zu verändern. Die Gletscher schmolzen. Das Wetter, obwohl nicht merklich wärmer, wurde erheblich feuchter und bewirkte, daß die Tundra nach Osten zurückwich. Die großen Herden folgten, wobei es einigen Arten – dem Mammut und dem Wollnashorn – nicht gelang, sich den neuen Verhältnissen anzupassen. Einige der Unseren folgten der »Großen Jagd«. Wenige wanderten sogar bis zu der Stelle der heutigen Bering-Straße und stießen, bevor das Wasser der schmelzenden polaren Eisdecke die beiden Kontinente auseinanderriß, bis nach Amerika vor. Andere Gruppen paßten sich dem neuen Lebensraum an, in dem die Tundra den sich ausbreitenden riesigen Waldgebieten wich. Das Mesolithikum begann.

Die Wissenschaft datiert das Mesolithikum in Westeuropa von etwa 10000 bis etwa 2700 vor Christus, obwohl es im Süden und im Nahen Osten viel kürzer war. In archäologischen Funden aus dieser Zeit können wir die ersten Zeichen für die Züchtung von Pflanzen entdecken, eine Praxis, die bereits um 8000 vor Christus aufkam und rasch Verbreitung fand. Bereits tausend Jahre später setzte die erste Blütezeit der Landwirtschaft ein, und die Domestizierung von Tieren, vor allem von Schafen, Ziegen und Kühen, begann – die Morgendämmerung des Neolithikums.

Erst im Neolithikum begegnen wir Zeugnissen für die Existenz von Membranophonen – Trommeln mit Fellmembranen. Wann genau die ersten Trommeln entstanden, ist nicht bekannt, aber an irgendeinem Punkt zwischen Paläolithikum und Neolithikum muß ein kluger Kopf auf die hervorragenden perkussiven Möglichkeiten der Tierhaut gestoßen sein. Und genauso wie die Domestizierung der Tiere verbreitete sich diese Entdeckung rasch. In Augenblicken, in denen ich meiner Phantasie freien Lauf lasse, stelle ich mir gern vor, daß es sich dabei um eine Art »spontane Verbreitung« handelte. Auf dem gesamten Planeten träumten eines Nachts all die zukünftigen Trommler – Remos ein Prozent – ein und denselben Traum von einem ausgehöhlten Baumstamm, dessen eine Öffnung mit einer Tierhaut bespannt ist – der Holztrommel.

Städte tauchen erstmals im Neolithikum auf. Die bekannteste von ihnen ist wohl Çatal Höyük. Auf dem Höhepunkt ihrer Entwicklung, um 4500 vor Christus, hatte die Stadt annähernd sechstausend Einwohner. Ihr wichtigstes Handelsgut war das Sakrale. Im wesentlichen war Çatal Höyük eine Tempelstadt, ein Wallfahrtsort wie das spätere Mekka oder Benares. Bauern, Jäger und Hirten der umliegenden Gebiete müssen regelmäßig in die Stadt gekommen sein, um ihre Verbindung mit dem Heiligen zu erneuern und die Tempel, die unter vielen anderen dem Ochsen-, Geier-, Vogel- und Schlangenkult dienten, aufgesucht haben.

Die aufgelisteten Tiere sind als die Götter und Göttinnen des alten Europa bezeichnet worden – vielfältige Manifestationen eines einzigen Prinzips, das Namen trägt wie die große Göttin, die große Mutter, die Muttergöttin. Diese Gesellschaft legte größten Wert auf die Fruchtbarkeit und das rhythmische Übereinstimmen mit der Natur, das der Ackerbau erforderlich macht. James

Mellaart, der erste, der in Çatal Höyük Ausgrabungen vornahm, berichtet, daß Männer und Frauen in dort zwar etwa gleichberechtigt waren, daß aber anscheinend die Frauen die religiösen und künstlerischen Belange des Lebens in der Hand hatten, während die Männer sich den materiellen Angelegenheiten widmeten. Obwohl es an den neolithischen Stätten noch eine Menge auszugraben gibt, bevor man genauere Aussagen machen kann, läßt sich doch so viel feststellen, daß diese die Mutter verehrenden Agrargesellschaften wohl bemerkenswert friedlich waren.

Doris Stockmann, eine zeitgenössische deutsche Wissenschaftlerin, nimmt an, daß das, was sich an den heiligen Orten von Çatal Höyük abspielte, audiovisuelle Tanzrituale waren, bei denen »jeder einzelne erlebte das Ereignis mit all seinen Sinnen und spürte es körperlich«. Schlaginstrumente waren die treibende musikalische Kraft dieser Rituale. An den Wänden von Çatal Höyük befinden sich Bilder von Trommelstöcken und Klappern, Schwirrhölzern und Flöten. Außerdem wurden zahlreiche runde Steinzylinder mit ausgehöhlten Enden gefunden, was Doris Stockmann zu Spekulationen darüber veranlaßt, daß es sich dabei vielleicht um Trommeln gehandelt haben könnte, deren Fellbespannung sich über die Jahrtausende aufgelöst hat.

Nach Marija Gimbutas, einer führenden Archäologin und der Autorin von *The Language of the Goddess*, die versucht, das Bewußtsein im Europa des Neolithikums zu rekonstruieren, existierte »eine enge Beziehung zwischen der Trommel und der Göttin«. Der Charakter dieser »engen Beziehung« ist uns im einzelnen verschlossen und Spekulationen unterworfen, aber wir haben einige interessante Anhaltspunkte, besonders eine Reihe kleiner Ritualobjekte aus Ton, die in Bulgarien ausgegraben wurden, und die auf die Zeit um 4500 vor Christus datiert werden. Marija Gimbutas vermutet, daß diese Miniaturen, unter denen sich verschiedene Altarständer, Schalen, Figurinen und Trommeln befinden, Nachbildungen der Gegenstände sind, die bei den Kulthandlungen für die Vogelgöttin, die Göttin der Musik, verwendet wurden. Die drei zylinderförmigen Trommeln, die ebenfalls dazugehören, sehen genau wie *Congas*, die klassischen Holztrommeln, aus. Im Neolithikum gab es aber auch sanduhrförmige Trommeln, und zwar einerseits die *Damaru* Südasiens und andererseits die sprechende Trommel Westafrikas.

Der Beginn der abendländischen Zivilisation wird normalerweise ein paar Jahrtausende nach der Zeit der Vogelgöttin in Çatal Höyük angesetzt. Im allgemeinen gilt das dritte Jahrtausend vor Christus als der Ursprung der modernen zivilisierten Welt. Es ist die Zeit der ersten aus Ziegelsteinen gebauten Stadtstaaten im Zweistromland zwischen Euphrat und Tigris und im ägyptischen Nildelta.

Unser Sinn für das Heilige hat sich in den Himmel verschoben. Während der »Großen Jagd« sahen wir das Heilige noch in den Rhythmen der Herdenwanderungen (der Weg der animalischen Kräfte), mit Aufkommen des Ackerbaus verlagerte es sich auf die bestellte Erde und ihre Vegetationszyklen – Wachstum und Sterben. Und nun, seit der sogenannten Morgendämmerung der Zivilisation, manifestiert sich das Heilige in den Rhythmen der Sterne und Planetenkörper – in den männlichen Himmelsgöttern. Die neuen Tempelstädte waren noch größer als Çatal Höyük. Im fruchtbaren Halbmond zwischen

Euphrat und Tigris blühten die Städte Ur, Kisch und Uruk der sogenannten Sumer-Kultur. Unter sakralem Gesichtspunkt bildet Sumer den kulturellen Schnittpunkt zwischen der im Niedergang befindlichen Muttergöttin-Religion des Neolithikums und dem Aufkommen der männlichen Himmelsgötter, welche die heiligsten Symbole ihrer Vorgängerin – die Schlange, den Stier, den nackten weiblichen Körper – nun mit Angst besetzen.

Die heiligen Gesänge wurden täglich in den Tempeln gesungen – ein Ereignis von solcher Bedeutung, daß die größeren Tempel eigene Musikschulen unterhielten. Dies waren vielleicht die ältesten höheren Bildungsanstalten, von denen wir Kenntnis haben. Aber hier wurde nicht nur Gesang gelehrt, sondern auch in wachsendem Maß das Spielen von Instrumenten. Seit dem Neolithikum hatte nämlich eine Revolution in der Instrumentierung stattgefunden: Zu dem Orchester aus Klappern, Rasseln, Flöten und Trommeln gesellten sich Harfen und die ersten einfachen Hörner aus Holz hinzu.

Heiliger Lärm machte heiliger Musik Platz. Das Ergebnis war die explosionsartige Entfaltung des Gesangs. Eines der interessantesten Dinge, die Archäologen ausgegraben haben, ist eine Art sumerische Hitparade mit verschiedenen Liedtypen: religiöse Lieder, Arbeits-, Sieges- und Heldenlieder, Lieder zu Ehren der königlichen Familie und Liebeslieder. Dies war die singende Welt des Alten Testaments. In diesem Land gab es nur vereinzelt Dörfer, die Hügel der Umgebung waren von Bauern, Hirten und Nomaden bevölkert, und durch die Täler zogen sich die Spuren der Karawanen, die, über die Grenzen der bekannten Welt hinaus, nach Ägypten, Indien und Afrika wiesen. Ab und zu stößt man nun auf Städte – summende Bienenkörbe, reich und mächtig, sowohl in spiritueller als auch in weltlicher Hinsicht. Auch damals gab es schon deutlich wahrnehmbare Unterschiede zwischen den sehr reichen – ganz zu schweigen von den Königshäusern – und den normalen Menschen wie du und ich. Zu der Zeit, als Abraham, der in Ur geborene Patriarch der Juden, in Hebron lebte, hatte er dreihundertachtzehn Bedienstete. Und ein paar von diesen Bediensteten waren gewiß Trommler – bei Tag im Tempel und des Nachts auf der Straße – mit riesigen sumerischen Rahmentrommeln.

Die ersten Bilder von Trommeln stammen etwa aus der Zeit um 2200 vor Christus; im wesentlichen sind es runde oder quadratische Rahmentrommeln. Ich habe diese Abbildungen wohl Hunderte von Malen betrachtet, bis ich schließlich bemerkte, wie viele von den Trommlern der alten Zeit Frauen waren – bestimmt die Hälfte, wenn nicht sogar mehr. Die bekannteste Darstellung einer Rahmentrommel, auf die man immer wieder stößt, zeigt trommelnde Bacchantinnen, wilde griechische Tänzerinnen, deren Haar bei ihrem Tanz herumwirbelte. Ich entdeckte auch, daß der erste Trommler, der uns namentlich bekannt ist, eine Frau war, die Enkelin des sumerischen Königs. Sie lebte 2280 vor Christus in Ur und spielte die *Balag-di* im Tempel des Mondes, eines der stärksten Symbole der Göttin.

In gewisser Weise stammen alle abendländischen Schlagzeuger von dieser Frau ab, eine Ironie, wie ich meine, denn allmählich entdeckte ich, daß die Trommel Jahrhunderte, wenn nicht Jahrtausende lang ein militant männliches Instrument war. Frauen trommelten einfach nicht; meine Mutter war die seltene Ausnahme.

Ich war so fasziniert von diesen frühen Darstellungen der sumerischen Rahmentrommel, daß ich lange Zeit nicht bemerkte, was da eigentlich ablief: Indem heilige Musik heiligen Lärm ersetzte, geriet die Trommel, bei ihrem Weg durch die Geschichte auf mich zu, ins Abseits und büßte mehr und mehr ihre Vorrangstellung ein.

Trompete, Harfe, Lyra und Schalmei – die engelsgleichen Laute dieser Instrumente erlebten ihre Blütezeit in dieser neuen zivilisierten Welt, aber nicht die Trommel. Ein Blick auf die Basreliefs der Assyrer macht deutlich, daß sie Saiteninstrumente bevorzugten. Die beliebtesten Instrumente des jüdischen Volkes waren die Trompete und die Harfe. Eine der wenigen Stellen, an denen im Alten Testament die Trommel zur Sprache kommt, ist nach dem Durchzug durch das Rote Meer: »Die Prophetin Mirjam, die Schwester Aarons, nahm die Pauke in die Hand, und alle Frauen zogen mit Paukenschlag und Tanz hinter ihr her.« Mit der Übernahme des christlichen Glaubens durch das Römische Reich, schrieb Blades, wurde perkussive Musik als »verderblich« und »zügellos« verbannt; insbesondere Trommeln und Becken wurden als Beweis für »des Teufels Aufgeblasenheit« ausgesondert.

Obwohl man auf alten Fresken gelegentlich eine Kesselpauke oder eine Kelchtrommel dargestellt findet und auch Rasseln weiterhin benutzt wurden, waren die neolithischen Congas und die afrikanisch aussehenden sanduhrförmigen Trommeln anscheinend verschwunden. Es blieb die Rahmentrommel als die dominierende Trommel der Alten Welt. (Man muß nur eine dünne elastische Holzleiste zu einem Reifen biegen und auf der einen Seite dieses Rings eine Tierhaut befestigen – schon hat man die klassische Trommel der westlichen Perkussionstradition. Sie tauchte unter den verschiedensten Bezeichnungen auf: *Duff*, *Toff*, Tamburin, Handtrommel, *Dampha*, *Bendair*, *Tambattam*, *Tumbuttu*, *Tar*.)

In gewisser Hinsicht kann man sagen, daß wir in der westlichen Welt mit dem Jahr eins nach Christus einen Nullpunkt in der niedergeschriebenen Geschichte und Archäologie der Trommel erreichen. Und es sollte danach 1800 Jahre dauern, bis die Trommel langsam aus der

Vergessenheit auftaucht – im wesentlichen durch die Initiative nichtwestlicher Kulturen.

Nachdem sie aus dem Tempel verstoßen worden war, fand die Trommel ihren Platz auf dem Schlachtfeld. Die Geschichte der europäischen Trommel ist im wesentlichen die Geschichte der Kriegstrommel, denn weil sie aus Lärm Rhythmus erstehen lassen konnte, wurde sie nun nicht mehr wegen ihrer magischen Macht, sondern wegen ihrer kriegerischen Kraft geschätzt. Trommeln besorgten die Kriegsmusik. Als Kriegstrommel besonders beliebt war die Kesselpauke, deren entsetzlich tiefes Dröhnen kilometerweit hörbar war. Die Kesselpauken waren oft riesig groß und wurden auf Pferden und Kamelen festgebunden oder auf Karren in die Schlacht gezogen. Im alten Indien, in der Entstehungszeit des *Mahabharata*, gab es Kesselpauken mit einem Durchmesser von anderthalb Metern und einem Gewicht von fast zweihundert Kilogramm. Um sie zu transportieren, benötigte man einen Elefanten. »Und es erhob sich ein stürmischer Aufschrei – das Schmettern der Trompeten und das Dröhnen der Trommeln, das Blasen der Tritonshörner«, heißt es im *Mahabharata*. »Selbst der Himmel wurde vom Rhythmus der Trommeln zerrissen.«

Trommeln waren die treibende Kraft hinter dem perkussiven Lärm, der die alte Kriegskunst durchdrang. Der Sinn des Spiels bestand darin, die eigenen Truppen zu stärken und die Feinde mit dem bombastischen Krach in Angst und Schrecken zu versetzen. Die Ägypter konzentrierten ihre Trommler im Zentrum der Schlacht. Während Trompeten für die Kommunikation zwischen den

Truppeneinheiten benutzt wurden, dienten Trommeln einzig und allein dem Zweck, den Adrenalinausstoß zu verursachen.

Aber selbst der Gebrauch der Kriegstrommel wurde in der abendländischen Tradition immer seltener. Die europäischen Heere des Mittelalters gaben auf dem Schlachtfeld der Flöte den Vorzug. Es dauerte fast tausend Jahre, bis das christliche Abendland wieder den aus der Antike bekannten Schlachtenlärm zu hören bekam –, und die Angst, die er hervorrief, schmolz den Kämpfern geradezu ihre Rüstungen vom Leib! So geschehen während des Ersten Kreuzzuges, als die christlichen Ritter in Palästina zum ersten Mal mit den Sarazenen zusammenstießen. Was ihnen den größten Schock versetzte – weitaus mehr als die Schwerter der Sarazenen –, war der Lärm, den diese Moslems mit Trompeten, Trommeln, Becken und Pfeifen veranstalteten, wenn sie in die Schlacht ritten. »Sie taten dies«, schrieb ein Chronist, »um ihren Geist und ihren Mut zu wecken, denn je gewaltiger der Krach wurde, desto kühner warfen sie sich nach vorne.« So lange die Trommeln dröhnten, kämpften die Sarazenen voller Ungestüm. Sobald aber die Trommeln verstummten, wußten sie, daß die Trommeln in Feindeshand gefallen waren, und ihr Kampfeswille erlahmte. Dies entsprach auf christlicher Seite dem Verlust der Fahne.

Kaum hatten die Christen den Schock überwunden, den die Musik der »Heiden« bei ihnen ausgelöst hatte, übernahmen sie auch schon deren Instrumente, insbesondere die Kesselpauke. In den nun folgenden Jahrhunderten förderten kriegerische Auseinandersetzungen mit dem Osmanischen Reich eine Wiederbelebung der Schlaginstrumente in Europa. Von Blades lernte ich die Fakten: Die Faßtrommel tauchte im zwölften Jahrhundert auf, zwei Jahrhunderte später folgte ihr die kleine Wirbeltrommel, bisweilen mit Schnarrsaiten versehen, und wiederum ein paar Jahrhunderte später die Große Trommel. Fast unmittelbar nach ihrem ersten Erscheinen im achtzehnten Jahrhundert begannen Komponisten wie Gluck, Mozart und Beethoven mit den orchestralen Möglichkeiten der Großen Trommel zu experimentieren, wobei sie sie häufig zur Unterstützung musikalischer Höhepunkte heranzogen.

Es war nicht leicht für die Trommel, ihren Platz in der abendländischen Musik zurückzuerobern. Blades zitiert einen Membraninstrumentegegner des sechzehnten Jahrhunderts, der über das Wiederauftauchen der großen, lauten Trommeln gar nicht erfreut war: »Sie bringen nur Unruhe für die frommen, alten Menschen auf dieser Welt, für die Kranken und Schwachen, die Betenden in den Klöstern, für jene, die belesen sind, die studiert und gebetet haben. Ich glaube wirklich, der Teufel hat ihre Herstellung und Verbreitung zu verantworten, denn an ihnen kann man sich nicht als an etwas Gutem erfreuen. Wenn das Hämmern und Lärmmachen Musik sein soll, dann sind Böttcher und Faßmacher Musiker.«

Das Militär pflegte die Kunst des Lärms und erweckte damit die Bruderschaft der Trommler auch in unserer Kultur wieder zum Leben. In der Renaissance entwickelten die europäischen Armeen bereits differenziertere musikalische Ausdrucksweisen, mit denen sie während der Schlacht Truppenbefehle ausgaben. Die Trompete wurde die Stimme der Kavallerie, während die Trommel zur Infanterie gehörte. Die Ohren des Kavalleristen waren auf eine ganze Anzahl von verschiedenen Signalen eingestimmt – satteln, aufsteigen, ausreiten, marschieren, Warnung, angreifen –, während die Infanteristen auf den Wechsel im Rhythmus der Trommeln lauschten, der bedeuten konnte: marschieren, Warnung, anrücken, Überfall, Schlacht, Rückzug, Gefecht. Die Trommler hatten auf dem Schlachtfeld eine privilegierte Stellung inne. Es galt als unehrenhaft, einen Trommler zu schlagen oder zu verwunden, obwohl die Eroberung einer feindlichen Trommel doch Ruhm mit sich brachte. Ja, sie war für viele Regimenter die einzige Möglichkeit, in den Besitz einer wertvolleren Kriegstrommel zu gelangen. In England durften nur die Royal Irish Dragoons und die King's Dragoons Kesselpauken haben, und auch nur jeweils eine einzige. In deutschen Landen war die Kesselpauke den Regimentern vorbehalten, die von Adligen angeführt wurden.

Wenn es um Militärmusik ging, galten die Deutschen im allgemeinen als Vorreiter. Sie rekrutierten ihre Musiker aus einer alten Gilde, den königlichen Trompetern und den Kesselpaukenspielern des Heeres. Außerhalb des Kriegsrechts stehend und im Besitz einer eigenen Gerichtsbarkeit zur Verurteilung von Missetätern, waren diese Musiker höchst gefragt. Der russische Zar Peter der Große hatte eine private Regimentskapelle, die nur aus Deutschen bestand, ebenso der König von Portugal.

Trommler wurden fürstlich entlohnt, fünf Schilling bekamen sie pro Tag, und als Gegenleistung erwartete man von ihnen, daß sie überdurchschnittlich besser waren als die normalen Rekruten. Laut Gros' *Military Antiquities* (veröffentlicht 1801) hatten Trommler »zuverlässig, verschwiegen und einfallsreich zu sein; Persönlichkeiten, die sowohl ihre Instrumente als auch verschiedene Sprachen beherrschen. Denn oftmals werden sie ausgeschickt, um mit dem Feind zu verhandeln, die Bewohner seiner Festungen oder Städte zu versammeln, Gefangene zurückzukaufen und zu begleiten oder irgendwelche anderen Botschaften zu verbreiten, die unbedingt die Beherrschung der Sprache verlangen. Wenn sie mit ihren Trommeln und Querpfeifen in Feindeshand fallen sollten, darf kein Geschenk noch sonst irgendeine Macht sie veranlassen, ihnen anvertraute Geheimnisse preiszugeben«.

In der Mitte des achtzehnten Jahrhunderts waren die europäischen Königshäuser, insbesondere das österreichisch-ungarische, wieder mit einer im Osten sich erhebenden Macht konfrontiert – dem Osmanischen Reich. Seit dem fünfzehnten Jahrhundert hatten die Türken ihr Territorium mit Hilfe des ersten Berufsheeres, der Janitscharen, immer mehr ausgeweitet. Und diese Janitscharen marschierten und kämpften zu einem Takt, an dem Schalmeien, Querpfeifen, Kesselpauken, Tenortrommeln und eine Große Trommel beteiligt waren. Und um ein wenig Klangfarbe einzubringen, hatte man ein paar Becken und Triangeln hinzugefügt. Der Lärm war unwiderstehlich; innerhalb weniger Jahrzehnte marschierten sämtliche europäischen Armeen, mit Ausnahme der englischen, zu den Klängen der türkischen Schlaginstrumente.

Als 1775 in Amerika die Revolution ausbrach, übernahmen die Trommler der nordamerikanischen Armee zunächst die Trommelsignale der gegnerischen Briten. Erst allmählich entwickelten sie jenen ausgeprägten Stil, der immer weiter geformt und systematisiert wurde, bis in diesem Jahrhundert die sechsundzwanzig Rudiments entstanden, die ich in meiner Jugendzeit zu lernen versuchte.

Kapitel sechs

Porträt des Schlagzeugers als Kalter Krieger

Der Kalte Krieg war auf dem Höhepunkt, als ich zur Air Force ging. Kennedy und Chruschtschow waren auf Konfrontationskurs, und es schien leicht möglich, daß das Ende der Welt bevorstand. Und wenn jemand eine Kesselpauke von der Größe eines Fußballfeldes hätte bauen können – gegen den ohrenbetäubenden Lärm der neuen Düsenjets, die jetzt über die Startbahnen jagten, hätte so ein Monstrum noch nicht einmal im Ansatz eine Chance gehabt. Aber trotzdem waren Trommler beim Militär immer noch gefragt. Jeden Abend schnallte ich mir mein Instrument um, trommelte zum Zapfenstreich und führte dann einige hundert Mann im Eilmarsch ein paar Meilen durch die Wüste. Ich war nach der Grundausbildung zur March Air Force Base nach Riverside im Süden Kaliforniens versetzt worden.

An meinem ersten freien Wochenende mietete ich mir einen Wagen und fuhr nach Los Angeles, um im Norden Hollywoods nach der Niederlassung von Remo Weatherking Drumheads zu suchen. Remo Belli war auf dem Perkussionssektor eine legendäre Gestalt. Er hatte das synthetische Trommelfell erfunden, das den Schlagzeuger erstmals von den Eigenheiten natürlicher Felle unabhängig machte und es ihm ermöglichte, bei jedem Wetter und jederzeit zu spielen. Ich erinnere mich noch genau, wie er durch die Fabrikhalle, in der Abertausende seiner Felle lagerten, auf mich zukam – ein kleiner, aber sehr imposanter Mann –, mir die Hand schüttelte und sagte: »Michael, ich habe dich nicht mehr gesehen, seit du ein Baby warst.«

Für eine Sekunde drehte sich alles in meinem Kopf. Dieser Mann hatte mich als Baby gesehen? Das legte nahe, daß mein Vater nach meiner Geburt nicht sofort verschwunden war. Von einer Sekunde auf die andere ging es plötzlich nicht mehr um das, was mich eigentlich hergeführt hatte – das konnte warten –, sondern darum, daß Remo mir zu meiner völligen Überraschung den größten Wunsch meines Lebens erfüllen konnte: Nach Jahren ohne Kontakt mit Lenny Hart hatte er ihn jetzt zufällig wiedergetroffen! Mein Vater, erzählte er, sei leitender Angestellter in einer Spar- und Kreditbank im Central Valley. *Mein Vater, ein Banker?*

Ich vermute, Remo hatte ihn angerufen. Jedenfalls war Lenny nicht überrascht, als seine Sekretärin ihm mitteilte, daß ein gewisser Mickey Hart ihn sprechen wollte. Als ich sein Büro betrat, stand er vor seinem glänzenden Bankiersschreibtisch auf, kam mir entgegen und schüttelte mir die Hand. Rein äußerlich war er das exakte Gegenteil von mir: über einsachtzig groß, blond und sehr muskulös – er spielte viel Handball. Der Eindruck, den er machte, ließ einen Menschen vermuten, der alles, was ihm begegnete, mit Freude und Würde zu nehmen wußte.

Ich weiß nicht, was Lenny wohl meinte, was ich tun würde, aber er dachte bestimmt nicht daran, daß ich seine alten Schlagzeugstöcke aus Schlangenholz, die er vor so vielen Jahren gewonnen hatte, mitbringen und ihm in die Hand drücken würde. Mein ganzes bisheriges Leben lang hatte ich immer wieder von dem berühmten langen Wirbel meines Vaters gehört, den er im traditionellen Militärstil von hundertzehn Schlägen pro Minute spielte. Diese Technik war nach dem Zweiten Weltkrieg ausgestorben; Lenny war einer der letzten Meistertrommler, der die Rudiments in diesem Tempo spielen konnte.

Ich bat ihn, etwas in diesem traditionellen Tempo zu spielen. Er nahm die Stöcke und begann, sehr langsam und elegant, eines der berühmten Rudimental Solos, »The Downfall of Paris«, zu trommeln. Und zehn Minuten später warfen wir uns die Mäntel über und rannten los zum nächsten Musikgeschäft, um ein zweites Paar Stöcke zu kaufen. Den restlichen Nachmittag verbrachten wir in seinem Büro damit, auf Schreibtischen, Telefonbüchern und Stühlen herumzutrommeln. Endlich hatte ich den Trommelgott gefunden, und er war auch noch ein toller Kerl, der Spaß verstand, großherzig und gescheit war – und obwohl er seit Jahren nicht mehr gespielt hatte, war er immer noch hervorragend!

Wir versprachen einander, auch dann in Verbindung zu bleiben, wenn ich an meinem nächsten Stationierungsort, einem strategischen Luftwaffenstützpunkt bei Madrid, sein würde. Aber ein paar Monate, nachdem ich in Spanien angekommen war, verschwand Lenny wieder von der Bildfläche. Sein Telefon war stillgelegt, Briefe kamen zurück mit dem Vermerk »unbekannt verzogen«.

Meine musikalischen Pflichten in Spanien waren vielfältiger als in Riverside. Die ersten Monate verbrachte ich eine Menge Zeit in einem alten Bus, zusammengepfercht mit fünfunddreißig anderen Musikern. Unsere Instrumente waren auf das Dach gebunden, und so fuhren wir im Schneckentempo über endlos sich dahinschlängelnde kleine Straßen, um in den idyllischen alten Städtchen, durch die wir kamen, amerikanisches Kulturgut bekanntzumachen.

Immer wieder war es das gleiche: Die Spanier kamen morgens in die Stadt, und wir waren schon da – die beste Militärkapelle, die man sich nach siebzehn Stunden

Fahrt in einem klapprigen, alten Bus vorstellen konnte, schmetterte ihnen voller Schwung die Schlachtlieder der größten Militärmacht der Erde entgegen. In den ersten Minuten waren unsere Zuhörer immer etwas verdutzt, aber dann faßten sie sich.

»Estan los GIs norteamericanos!«

Abends verwandelten wir uns in eine andere Art von Botschafter, in eine sechzehn Mann starke Jazz Big Band, und spielten Stücke von Duke Ellington, Glenn Miller und Count Basie. Da kamen sie dann alle, der Bürgermeister, die ganze Stadtjugend, sogar Bauern und Schäfer aus den umliegenden Bergen, die einen halben Tag bis zur Stadt laufen mußten. Es war ein richtiges Fest. Nach dem Spielen streunten wir durch den Ort, tranken Wein und ließen es uns gutgehen – doch immer mit einem Gedanken im Hinterkopf:

»Sie sind Gast in einem fremden Land – einem Land, das nicht Teil der freien Welt ist.«

Spanien faszinierte uns so sehr, daß wir uns ab und zu daran erinnern mußten, daß es auch ein faschistischer Staat war, der von einer Gestapo mit sehr komischen Hüten kontrolliert wurde. Die Guardia Civil war Francisco Francos Privatarmee. Wer ihr in die Hände fiel, mußte mit Folter, ja sogar mit dem Tod rechnen – jedenfalls wollte das Pentagon uns das glauben machen. Die amerikanischen Befehlshaber waren so besorgt, daß es zwischen den beiden bewaffneten Gruppen zu »Zwischenfällen« kommen könnte, daß in allen Bars und ähnlichen Etablissements, wo sich GIs herumtrieben, spezielle Telefone aufgestellt worden waren. Wenn eine Rauferei ausbrach, mußte der Barkeeper nur den Hörer abnehmen, und sofort war die amerikanische Militärpolizei zur Stelle.

Pogo lernte ich schon an meinem ersten Tag in Spanien kennen. Ich war noch keine zwei Stunden im Land und gerade rechtzeitig zum Mittagessen angekommen. Da ich neu war, wurde ich von jedem am Tisch ausgefragt. »Hast du eine Freundin, Hart? Welchen Sport treibst du, Hart?« Ich antwortete, ich würde Judo machen, was nicht ganz gelogen war; auf dem Stützpunkt in Kalifornien hatte ich mich ein bißchen darin versucht. Aber ich log, als einer mich fragte, was für einen Gürtel ich hätte, und ich ihm sagte: »Den braunen.« Und als derselbe Typ auch noch wissen wollte, was mein bevorzugter Wurf sei, erfand ich einfach irgendeinen. Ich war so aufgeregt, weil ich aus Amerika heraus und hier in Europa war, eine Uniform trug und mit all diesen Jungs zusammen war, daß ich mir über meine kleinen Unwahrheiten keine Gedanken machte.

Als ich mich zum Gehen anschickte, gab mir einer einen Zettel in die Hand und sagte beiläufig: »Pogo wollte sichergehen, daß du das bekommst.«

Auf dem Zettel stand: »Halte dich morgen um vier Uhr bereit, deinen Gürtel zu verteidigen. Wenn du nicht kommst, bist du ein toter Mann.«

Wie sich herausstellte, war Pogo der kräftig gebaute Kerl am Ende des Tischs, und er war es auch gewesen, der mich nach meinem Gürtel gefragt hatte. Er war Judolehrer auf dem Stützpunkt, Armee-Europameister in der Zweiundsiebzig-Kilo-Gewichtsklasse und – ein Verrückter. Wie verrückt er wirklich war, das sollte ich noch am selben Abend erfahren. Als die Nachricht von meiner mißlichen Lage die Runde machte, kam eine ganze Menge Leute zu mir, und alle erzählten sie die schrecklichsten Geschichten über Pogo. Jeder hatte fürchterlichen Respekt, ja Angst vor ihm, und alle waren sich einig in dem Punkt, daß ich den zweiten Satz seiner Zettelbotschaft absolut wörtlich nehmen sollte.

So wie ich die Sache sah, hatte ich zwei Möglichkeiten. Ich konnte das Treffen ausfallen lassen und versuchen, für den Rest meiner Tage auf dem Stützpunkt einen Bogen um Pogo zu machen, was aber mit ziemlicher Sicherheit nicht gelingen konnte. Oder ich konnte die Verabredung einhalten und mich demütig seiner – nach den Verlautbarungen meiner Kameraden nicht existenten – Barmherzigkeit unterwerfen. Ich entschied mich dafür, die Verabredung einzuhalten und auf mein nettes Wesen und meine Unterwürfigkeit zu setzen.

Den ganzen Vormittag hatte ich Durchfall. Ich habe noch heute das klägliche Quietschen der Tür im Ohr, als ich den Judoraum betrat. Sportkleidung hatte ich erst gar nicht angezogen, weil ich dachte, es könne unnötig provokativ wirken. Statt dessen kam ich im Arbeitsanzug. Und Pogo ebenfalls. Er lehnte an einem Spind und sah aus wie ein zu stark geratener Baumstumpf mit einem scheinbar harmlosen Babygesicht. Als er mich erblickte, begann er zu grinsen.

»Also, mit dem braunen Gürtel habe ich natürlich nur angegeben vor den Jungs«, fing ich an. »Das war dumm von mir, ich weiß. Du kannst mich jetzt entweder halb zu Tode prügeln – das habe ich wohl verdient –, oder du kannst mir Judo beibringen und mein Lehrer werden. Das ist das, was ich eigentlich möchte. Mich fertigzumachen, wäre wahrscheinlich sowieso kein Spaß für dich – dazu bin ich doch viel zu blöd.«

Pogos Stimme war sanft und ruhig. »Halt den Mund«, entgegnete er. »Gehen wir in den Dojo und sehen wir, was du kannst.«

Es kam mir vor wie fünf oder sechs Stunden, obwohl es wahrscheinlich nur zehn Minuten dauerte. Die meiste Zeit lag ich auf dem Boden. Pogo schleifte mich umher wie eine Stoffpuppe. Nicht böswillig – er knallte mich nicht mit voller Wucht auf die Matte oder ähnliches. Vielmehr brachte er mich eher sanft zu Boden, aber er schien es nur deshalb so zu machen, damit ich bei Bewußtsein blieb und er mich länger werfen konnte.

»Du fällst wirklich gut«, meinte er.

Als er endlich aufhörte, blieb ich keuchend auf der Matte liegen. In meinem Kopf drehte sich alles, überall hatte ich Schürfwunden und blaue Flecke.

»Komm morgen um zwei, wenn du nicht zu lädiert bist«, bedeutete er mir trocken.

Wie ich bald erfuhr, hatte Pogo sich eingehend mit dem Schwäche-Stärke-Kontinuum beschäftigt. Er hatte eine ganz persönliche Philosophie daraus entwickelt. Ich erfuhr auch, daß Pogo davon träumte, die europäischen Armee-Judomeisterschaften in allen Klassen zu gewinnen. Er betreute bereits die Meister im Superschwergewicht und im Schwergewicht, und er selbst war Meister im Mittelgewicht. Jetzt brauchte er nur noch jemanden in der Klasse bis sechzig Kilogramm – mich. Die spanischen und marokkanischen Meisterschaften fanden in neun Monaten statt, und nach der dritten oder vierten Trainingsstunde sagte er zu mir: »Du hast das Zeug zum Meister. Das ist dir noch nicht ganz klar, aber du kannst in einem Jahr Europameister sein. Ich mache dich zum Sieger. Ich weiß, was dazu notwendig ist, und ich weiß, daß du das bringen kannst. Das einzige, was dich daran hindern könnte, ist deine eigene Schwäche.«

Meister! Welchem achtzehnjährigen Kerl würde dieses Wort nicht auf der Zunge zergehen?!

In jeder freien Minute war ich beim Training, beim Gewichtheben oder im Sparring. Jedesmal, wenn er beschloß, daß ich zuviel Zeit mit Musik verbrachte, bestimmte er mich wieder zu seinem persönlichen Assistenten. Für mich war das eine Erleichterung, denn es bedeutete, daß ich nicht mehr bei diesen dämlichen Überlandfahrten der Band mitmachen mußte. Ich konnte diesen überheblichen Captain, der für sie verantwortlich war, nicht ausstehen. Pogo befreite mich von diesem Unsinn. Er wurde mein erster spiritueller Lehrer. Zum ersten Mal in meinem Leben ließ ich mich vollständig von einem anderen Menschen leiten. Ich war wie ein Hund an der Leine. Aber das machte mir überhaupt nichts aus, weil Pogo mir so unglaubliche Dinge beibrachte. Doch dafür gehörte ich jetzt ihm.

Ich wurde zum Versuchskaninchen für all die Techniken, die er sich jahrelang erträumt, aber nie zu testen gewagt hatte. Immer wieder, stundenlang, warf er mich zu Boden; er befahl mir, ihm genau in die Augen zu sehen und sagte dann: »Beobachte immer die Augen deines Gegners. Das ist die schnellste Methode, um herauszufinden, wer er ist und was er als nächstes tun wird.« Dann verband er mir die Augen und fing wieder von vorne an. Als nächstes begann er mich, der ich die Binde über meinen Augen hatte, anzugreifen, damit ich lernte, im Fallen das Gleichgewicht zu behalten. »Versuch meine Gedanken zu fühlen«, verlangte er, »lerne, mit deinem Körper zu begreifen, nicht nur mit dem Verstand. Lerne, aus der Bewegung der Luft die Bewegung des Körpers deines Gegners herauszulesen.«

Nicht einmal wenn ich schlief, ließ Pogo von mir ab. »Wenn du Meister werden willst«, so sagte er mir, »dann kannst du es dir nicht leisten, jede Nacht acht Stunden zu schlafen und deinen Träumen nachzuhängen. Von jetzt an werde ich dasein, und jedesmal, wenn du träumst, werde ich dich angreifen.« Und so war es. Kaum lag mein Kopf auf dem Kissen, da fingen seine Angriffe auch schon an und hörten die ganze Nacht nicht mehr auf.

Pogo brachte mir bei, mich in einen Zustand totaler Konzentration zu versetzen – ein Raum in meinem Kopf, den ich allein betreten konnte. Vor dem Kampf ging ich dort hinein, wartete auf den Beginn und sammelte meine

Energie. Wenn ich dann auf die Matte ging, war es, als würde etwas hörbar in mir explodieren, doch ich war absolut ruhig und konzentriert.

Hast du jemals in das Auge eines Tigers geblickt? Was dich sofort packt, ist, wie der Tiger unmittelbar vor dir steht – die gesamte Masse von zweihundert Kilo mit höchster Konzentration auf dich gerichtet. Keine Ablenkung, kein Zögern, nur Ruhe und Kraft. Seit nunmehr dreißig Jahren ist diese Konzentrationstechnik, »das Auge des Tigers«, grundlegender Bestandteil meiner Einstellung zum Leben. Sie gibt mir Schnelligkeit und Konzentration, sie hilft mir, meine Angriffslinie zu finden.

Pogo verwandelte mich in ein Wettkampftier, einem Windhund oder einem Kampfhahn gleich. Er hatte mich vollständig darauf programmiert, jeden niederzumachen, sobald ich loslegte. »Sie glauben alle, du bist verrückt«, sagte er zu mir. »Du kämpfst dermaßen konzentriert, daß sie alle Angst bekommen. Und diese Angst ist eine mächtige Waffe für dich. Lerne, sie zu gebrauchen.«

Bei den ersten Kämpfen hatte ich nur eine Rolle zu spielen: Pogos psychotischen Killer mit dem weißen Gürtel. Mein erster Gegner in einem offiziellen Wettbewerbskampf trug einen braunen Gürtel ersten Grades. Die ganze Zeit vor dem Beginn des Kampfes starrte ich ihn nur an und wiederholte dabei unaufhörlich mein Tiger-Mantra: »Dich kriege ich.« Jedesmal, wenn er zu mir herübersah, ruhte mein Blick bereits auf ihm; ich verfolgte jede seiner kleinsten Bewegungen. Bis wir uns auf der Matte trafen, war er schon so nervös geworden, daß ich ihn gleich zu Beginn bei einem flüchtigen Fehler ertappte und den ersten Punkt machte. Die Halle tobte; ich spürte zum ersten Mal das wohltuende Gefühl, einen lautstarken Applaus zu bekommen, der nur mir galt. Nach den ersten Siegen veränderte ich mich; ich wurde ein desinteressierter Zen-Krieger. Mit gekreuzten Beinen pflegte ich neben der Matte zu sitzen und für meine Umgebung und die Kämpfe vor meinen Augen keinerlei Interesse aufzubringen.

Pogo beherrschte mich achtzehn Monate lang. Es war die längste und intensivste Ausbildungszeit und die eigentümlichste Erfahrung meines Lebens. Wie er vorausgesagt hatte, gewann ich die Europameisterschaft in meiner Gewichtsklasse, doch dann war plötzlich alles vorbei. Pogos Zeit im Ausland war abgelaufen, und er wurde nach Amerika zurückbeordert. Das letzte, was ich ein paar Monate später noch von ihm hörte, war, daß er angeblich seinen neuen befehlshabenden Offizier zusammengeschlagen hatte und dafür eine lange Zeit absitzen mußte oder daß er unehrenhaft entlassen wurde - oder sogar beides. Ich habe ihn jedenfalls nie wiedergesehen.

Es war, als sei ein Zauber gebrochen, als hätte ich achtzehn Monate lang in einer Traumwelt gelebt – die aber so unwirklich doch nicht gewesen sein konnte, denn als ich erwachte, stellte ich fest, daß ich einen ganz anderen Körper und auch ein verändertes Bewußtsein hatte: Ich besaß jetzt das Auge des Tigers, und dafür bin ich Pogo ewig dankbar. Für mich beinhaltet dieser Prozeß den ständigen bewußten Versuch, die Energieströme des eigenen Körpers zu beherrschen – die körperliche, die geistige und die höhere, spirituelle Energie. Das – selten erreichte – Ideal dabei ist, ein perfektes Gleichgewicht zu erlangen, das es ermöglicht, Aufmerksamkeit und Energie genau dort zu konzentrieren, wo man will.

Nachdem Pogo weg war, zog ich nach Madrid und teilte mir eine Wohnung mit einem kleinen Playboy aus Venezuela. Er hieß Raphael Baez und war einer der Verkäufer in dem Geschäft, in dem ich mir kurz zuvor einen gebrauchten Alfa Romeo gekauft hatte. Raphael war einer der angenehmsten Menschen, die ich je kennengelernt habe. Außerdem entpuppte er sich als perfekter Gastgeber, und seine Leidenschaft waren Partys für den jungen Jet-set von Madrid. Er kannte mehr schöne Frauen, als ich auch nur zu träumen gewagt hatte, und ich selbst paßte in diese illustre Gesellschaft als eine seiner Extravaganzen.

Unmittelbar bevor ich zur Armee gegangen war, hatte ich die Musik des großartigen nigerianischen Trommlers Babatunde Olatunji entdeckt, der in New York lebt. Das war meine erste Begegnung mit den Mutterrhythmen Westafrikas gewesen, jenen Rhythmen, aus denen sich in meiner Kultur der Rock'n'Roll entwickelt hatte. Aber alles, was ich damals wußte, war nur, daß sich jedesmal, wenn ich auf Raphaels Partys diese Platte auflegte, der ganze Raum veränderte: als würde der Rhythmus der Trommel in diesen schicken, großstädtischen Körpern etwas wachrufen, das ansonsten in Schlaf versunken war. Diese Musik hatte eine Kraft, die man nicht einfach ignorieren konnte. Und sie war es, die mich zur Trommel zurückrief. Wenn ich an meine Zeit in Spanien zurückdenke, dann sind es hauptsächlich Erinnerungen an Raphaels Freunde, die wie besessen zu Olatunjis Musik tanzen, die in mir wach werden; rückblickend scheinen sie ein wichtigerer Teil der ganzen Geschichte zu sein, als ich damals glaubte.

Während eines Urlaubs fuhr ich nach Nordafrika. In Marokko kam ich zufällig in ein Dorf, in dem gerade die Haschisch-Ernte gefeiert wurde. Die Trommler spielten schon seit Tagen, begleitet von großen, lauten Doppelrohrblattblasinstrumenten. Alle rauchten Haschisch. Auf dem Dorfplatz tanzten sich Derwische in Trance und stachen sich dann dünne, rasiermesserscharfe Dolche durch die Wangen. Jemand erklärte mir, wenn die Tänzer voll in Trance seien, würden sie keinen Schmerz spüren.

Ich verließ Spanien und die Armee 1965. Zurück in New York, machte ich mich daran, mich als professioneller Schlagzeuger zu etablieren, was bedeutete, erst einmal mit der Musikergewerkschaft klarzukommen.

Die New York Musician's Union war keine übliche Gewerkschaft. Sie glich eher einer Agentur, welche die Angebote für Auftrittsmöglichkeiten nur an registrierte Mitglieder vermittelte.

Wenn man für das Wochenende etwas zum Spielen haben wollte, mußte man am Donnerstag zum Vermittlungsbüro gehen. Es war im Keller des Roseland, dem berühmten Tanzsaal in den West Fifties. Hunderte von Leuten kamen dorthin, und wer einen Musiker haben wollte, ging ans Mikrofon und sagte beispielsweise: »Ich brauche einen Schlagzeuger für einen Tanzabend am Valentinstag in einer Schule in Hoboken.« Wenn du den Job haben wolltest, dann notiertest du dir das in einem Buch. Hunderte von besorgten Musikern, die voller Unruhe unablässig auf und ab rannten und ihre Existenzängste hinter allen möglichen und unmöglichen Ideen zu verbergen suchten – was hatte das mit Musik zu tun? Zum ersten Mal stellte ich meine Hingabe an die Trommel ernsthaft in Frage. Das sollte das Leben sein, das ich mir ausgesucht hatte?

Mein erster und einziger Job von der Musikergewerkschaft war, aushilfsweise in einer Tanzband zu spielen, die regelmäßig in dem Lokal eines Senioren-Clubs auftrat. Jede Menge Klarinetten und Besenarbeit. Wenn ich in diesem Engagement erfolgreich gewesen wäre, dann hätte ich noch ein paar Wochen dort spielen können, und das wäre wahrscheinlich ein guter Einstieg in eine Gewerkschaftskarriere gewesen, aber unglücklicherweise wurde ich nach dem ersten Wochenende gefeuert. Ich war einfach zu jung, zu laut und zu stürmisch. Ich konnte mich nicht anpassen – ich wollte einfach rocken!

Aus heiterem Himmel kam ein Brief von meinem Vater an. Ohne zu sagen, was er die letzten Jahre getrieben hatte, teilte er mir mit, daß er in San Carlos, in der Nähe von San Francisco, ein Musikgeschäft eröffnen wolle. Ob ich nicht Lust hätte, in das Geschäft mit einzusteigen? Ich packte meine Sachen und zog an die Westküste.

Alles, was Lenny an Waren anbot, waren ein paar Trommeln und eine ganze Menge billiger japanischer Gitarren. »Dad«, sagte ich, »das ist ein Gitarrenladen. Wir sollten einen Schlagzeugladen haben.« Mein Wunschtraum war, aus diesem Geschäft den besten Schlagzeugshop in ganz Nordkalifornien zu machen – Trommeln von einer Wand zur anderen, Trommeln von der Decke hängend; die Leute sollten an Dutzenden von Trommeln vorbeigehen, bevor sie überhaupt zur Verkaufstheke kamen. Innerhalb weniger Wochen hatten wir unsere Firma von »Hart Music« in »Drum City« umbenannt.

Der Zeitpunkt, um ein solches Geschäft zu starten, war sehr günstig, denn der Backbeat hatte über den Rock'n'Roll einen triumphalen Einzug in die Öffentlichkeit gehalten. Aus Garagen und Übungskellern trugen Tausende junger, neuer Bands den Backbeat in die Welt hinaus. Unsere billigsten Schlagzeuge waren auch für Normalverdiener, deren Söhne Ringo Starr nacheifern wollten, noch erschwinglich. Wir verkauften Hunderte davon.

Der Musikladen bescherte uns ein schönes Leben. Morgens war für gewöhnlich nichts los. Ich richtete mir im hinteren Teil des Geschäfts eine kleine Werkstatt ein und lernte, alte Trommeln wieder in Schuß zu bringen. Meistens arbeitete ich morgens dort und verbrachte anschließend ein paar Stunden damit, auf dem Pad die alten Solos zu üben, die mein Vater gespielt hatte. Mit Hilfe von Büchern, die er mir geliehen hatte, brachte ich sie mir selbst bei. Mehr tat ich zwei Jahre lang nicht.

Die Beziehung zwischen Lenny und mir war kompliziert und doch zugleich irgendwie sehr einfach. Ich war zwar sein Sohn, aber es wäre wohl aufrichtiger zu sagen, daß ich mehr mit einem jüngerer Geschäftspartner und leitender Angestellter gemein hatte. Zu einer echten persönlichen Beziehung zwischen uns kam es immer nur dann, wenn Lenny zum Meister und ich zum Schüler wurde und er mir die alten Techniken zeigte, die er beherrschte. Bei jeder Gelegenheit drängte ich ihn, mit mir zu trommeln. Abends stellten wir uns oft vor den gläsernen Verkaufstisch und spielten stundenlang auf unseren Pads perfekt zusammen, und oft hatten wir dabei eine ganze Menge Zuhörer.

Lenny dachte gern an die alten Tage zurück. Er erzählte mir, wie sie früher in den Trommelkorps in Räumen vor dem Spiegel auf ihren Pads geübt hatten, um jede Armbewegung synchron ausführen zu können. Nach der Arbeit und an den Wochenenden übten sie Hunderte von Stunden auf diese Weise. Es entwickelte sich zu einem männlichen Ritual; viele, die mitmachten, wurden davon richtig aufgesogen. Manche gaben ihre Jobs auf und spielten nur noch, den ganzen Tag. »Drum bums«, trommelnde Herumtreiber, nannte Lenny sie. Er schilderte die damaligen Trommelkorps wie Straßenbanden, die sich mit Trommeln, Becken und Ventilhörnern bekriegten anstatt mit Messern und Pistolen.

Das einzige Thema, das wir sorgfältig mieden, war die

Frage, warum er fortgegangen war. Aus dem Wenigen, das ich erfuhr, läßt sich schließen, daß Lenny in den vierziger Jahren, nachdem er New York den Rücken gekehrt hatte, in Los Angeles am Entstehen der Horn- und Trommelkorps-Szene an der Westküste mitgewirkt hatte. Seine Stärke war, sich komplizierte »Feldmanöver« mit Wimpeln und buntgekleideter Mannschaft auszudenken, die er schwierige Schrittfolgen einstudieren ließ – acht Schritte nach links, zehn nach vorn, dann fünfzehn nach rechts und so weiter. Er verbrachte den ganzen Tag damit, solche Pläne zu entwickeln und aufzuzeichnen.

Einmal pro Woche flog Lenny nach Los Angeles, um Mädchen in einer der Maryknoll-Highschools zu unterrichten, und nach einiger Zeit nahm er mich dorthin mit, um ihm beim Unterricht zu assistieren. Drei Jahre hintereinander hatten diese japanisch-amerikanischen Mädchen die kalifornische Landesmeisterschaft in ihrer Klasse gewonnen. Es waren achtzig oder neunzig, allesamt Teenager, und an manchen Tagen war ihre Begeisterung so groß, daß sie sich buchstäblich in ein achtzigköpfiges Ungeheuer aus Rhythmus und Lärm verwandelten. Bei der Landesmeisterschaft 1965 kamen einige von ihnen auf Lenny und mich zu. »Oh, Mr. Hart«, kicherten sie, »wir haben Sie und Ihren Sohn für die Rudimental-Solomeisterschaften angemeldet!« Mir rutschte das Herz in die Hose. Gegen meinen Vater, den Weltmeister, anzutreten, war wirklich das Allerletzte, was ich wollte. Er war so viel besser als ich, seine Technik so viel ausgefeilter.

Die Wettbewerbe laufen tagsüber, und an den Abenden finden dann die ewig dauernden Preisverleihungen und Feiern statt. Ich erinnere mich noch, wie der letzte, dann der dritte und der zweite Platz angesagt wurden. »Hart«, schallte es durch den Saal – ich wollte nach vorn gehen – »Leonard.« Ich blieb stehen und sah hinüber zu Lenny, der auf der anderen Seite unseres Korps stand. Er blickte mit versteinertem Gesicht zu mir herüber. Dann lächelte er und ging nach vorne, um seine Trophäe abzuholen.

»Hart, Michael.«

Ich glaube, es veränderte sich bei mir etwas an jenem Tag – oder war es bei ihm? Lenny war zwar immer noch derselbe charmante, auch etwas spitzbübische Typ, aber von diesem Tag an schlich sich etwas bisher nie Dagewesenes ein.

Wenn wir bekannte Schlagzeuger dafür gewinnen konnten, boten wir in unserem Laden Schlagzeugkurse an. Der bekannteste, den wir hatten, war Sonny Payne, der Schlagzeuger von Count Basie. Sonny hatte eine perfekte Technik, und er gab der Basie Band eine sanfte, leicht fließende und trotzdem äußerst kraftvolle Energie, die man nicht erlernen kann – man bringt sie mit auf die Welt, sie ist Veranlagung. Wir wurden Freunde, und immer, wenn Basie in San Francisco spielte, trafen wir uns.

Eines Abends war ich bei einer von Sonnys Shows im Fillmore. Dort machte mich ein Freund mit einem anderen Schlagzeuger bekannt, der in einer Rockband mit dem Namen Grateful Dead spielte, die meistens in Haight-Ashbury auftrat. Der Name dieses Schlagzeugers war Billy Kreutzmann. Ich mochte ihn auf Anhieb, und so blieben wir nach der Show noch zusammen, redeten und trommelten auf den in der Straße geparkten Autos herum. Er schlug vor, noch in einen Club mit dem Namen »Matrix« zu gehen, wo Freunde von ihm spielten: eine Band, die sich »Big Brother and the Holding Company« nannte. Ich ließ Sonny Bescheid sagen, daß er uns dort treffen sollte.

Ich wußte nicht, was ich zu erwarten hatte, aber auf das, was dort auf mich zukam, war ich in keiner Weise vorbereitet. Das Matrix sah aus wie ein riesiger Korridor, den ein verrückter Unternehmer in eine Musikkneipe umgewandelt hatte. An einem Ende des Raums stand ein ungefähr fünfzehn Zentimeter hohes Sperrholzgestell – die Bühne. Es war voll, und ich stand am anderen Ende und beobachtete auf einem Stuhl stehend diesen ausgeflippten Gitarristen, der sich benahm, als wollte er's mit seinem Verstärker treiben.

Der Name des Typen, so erfuhr ich später, war James Gurley. Er rieb seine Gitarre an der Anlage, daß sie wie wahnsinnig rückkoppelte und Laute von sich gab, die ich nicht für möglich gehalten hätte – riesige Lärmspiralen, die sich wanden wie eine Schlange, die sich in den Schwanz beißt. Dann jaulte die ganze Band im gemeinsamen Feedback auf. Die Lautstärke war unglaublich. Und gerade, als der Lärm unerträglich wurde, trat diese Sängerin ans Mikrofon und spaltete mit einem ungeheuren Schrei meinen Kopf in zwei Teile. Das war Janis Joplin.

Mir war, als sei ich durch einen Zeittunnel in ein anderes Universum gefallen. Diese unglaubliche Musik wurde nur ein paar Meilen weit von mir entfernt gespielt, und ich hatte nichts davon mitgekriegt! Ich konnte nicht mehr aufhören zu grinsen, bis sich meine Kiefer verkrampften. Als Sonny kam, war ich immer noch wie betäubt. Er hörte ein paar Minuten zu, und dann schrie er mir ins Ohr: »Das ist ja grauenvoll! Ich bekomme Kopfschmerzen!«

Es folgte ein Moment der Verlegenheit, als Sonny sich zum Gehen anschickte und dann bemerkte, daß ich mich vor Faszination nicht von der Stelle gerührt hatte.

»Ich bleibe noch. Ich finde, das Zeug, das die spielen, ist irre.«

Kapitel sieben

Bei den Ethnologen

Joseph Campbell sagte, wenn man dorthin geht, wo man glaubt, sein Glück zu finden, dann öffnen sich die Türen, und Führer tauchen auf, wenn auch vermutlich nicht die, die man erwartet. Das entsprach genau der Erfahrung, die ich bei meiner Suche nach der Trommel machte. Für mich waren meine Führer wie Tanzpartner.

Der erste dieser Partner war Betsy Cohen. Eines Tages schaute ich auf, und da stand sie und blickte mißbilligend auf meine »Zeitschnur«. Wenig später kritisierte sie, die in Stanford den Dr. phil. gemacht hatte und auf den Bereich Psychoakustik spezialisiert war, meinen Charakter und wies auf die offensichtlichen Lücken in meiner Arbeit hin. Nach Betsys Auftauchen wurde alles lauter und schneller. Plötzlich läutete mein Telefon zu jeder Tages- und Nachtzeit. Ich platzte auf einmal vor Energie – Betsy war wie ein Pferd, das den ganzen Winter lang eingesperrt gewesen war und jetzt im Galopp lossprengte. Und was noch besser war: Sie wußte, in welche Richtung.

Betsy war eine nüchtern denkende Wissenschaftlerin, die Details liebte. Das erste, was sie mir beibrachte, war ein strenges Qualitätsbewußtsein. Wir sollten nicht einfach den Mythen folgen, erklärte Betsy in ihrer übervernünftigen Art, wir sollten die frühesten schriftlichen Zeugnisse dieser Mythen suchen. Zurück zu den Ursprüngen! Nichts als die Fakten! Das zweite, was sie zu dem Projekt beisteuerte, war die Kybernetik. Sie führte uns in die Welt des Computers ein. Eines Tages sagte sie zu mir: »Wir haben das bisher ganz falsch gemacht. Wir sollten alle Daten ins Hauptnetz im Karma einspeichern. Ich sag's nicht gern, Mickey, aber mit den Notizzettelchen ist es jetzt aus.«

Wir zerlegten die »Zeitschnur«, packten ihre Einzelteile in Schachteln und fuhren nach Süden in das Stanford Center for Computer Research in Music and Acoustics (Zentrum für Computerforschung im Bereich Musik und Akustik). CCRMA – alle nannten es nur »Karma« – war in einem alten Gebäudekomplex untergebracht, mitten im hügelig-welligen Ackerland bei Stanford. Dort befand sich früher das Labor für künstliche Intelligenz, und es war nichts Ungewöhnliches, auf dem Parkgelände auf einen Roboter zu stoßen, dem ein paar Computerfreaks hinterherliefen.

Mir war nie ganz klar, welche Geschichte Betsy den Behörden in Stanford auftischte, um unser plötzliches und nicht gerade feinfühliges Auftauchen im Karma zu erklären. Sie war natürlich eine hervorragende Wissenschaftlerin, und als Mitglied der Gruppe Grateful Dead war ich nicht ohne einen gewissen exotischen Touch. Wie auch immer man es erklären wollte – keiner schien sich je durch die Tatsache belästigt zu fühlen, daß wir zwei- bis dreimal die Woche das Hauptnetz in Beschlag nahmen und oft alle verfügbaren Arbeitsplätze mit Leuten besetzten, die für eine bescheidene Entlohnung meine mit Notizen bekritzelten Zettelchen und Exzerpte aus Büchern in Bits und Bytes umsetzten.

Wir trafen uns immer so gegen zehn Uhr abends, wenn das Gebäude nahezu leer war, und arbeiteten bis in den Morgen. Ich ging von einem Arbeitsplatz zum anderen, wählte aus, sah zu, tippte, las über die Schulter mit, welche Informationen in den Computer eingegeben wurden:

Als der Ethnologe John Roscoe nach Banzanhole kam, entdeckte er in geringer Entfernung vom königlichen Kral einen Bezirk, in dem die Hütte der königlichen Trommeln lag. Die Hütte war kuppelartig geformt, ohne Spitze oder Giebel; drinnen stand ein Bett, auf dem zwei Trommeln lagen. An der rückwärtigen Wand der Hütte, hinter dem Bett, befanden sich die Utensilien zum Reparieren der Trommeln; sie mußten sorgsam bewacht werden, da sie für keinen anderen Zweck benutzt werden durften.

Vor dem Bett oder dem Gestell stand eine Reihe von Töpfen, die zu den Trommeln gehörten und in die das tägliche Milchopfer gegossen wurde. Die wichtigsten Trommeln waren die beiden, die auf dem Bett langen. Über jede war eine weiße Tierhaut mit einer schwarzen Markierung gebreitet; im Halbdunkel sah das aus wie ein großes Augenpaar. Eine heilige Kuhherde erbrachte die Menge an Milch, die diesen Trommeln täglich in den Töpfen, die vor ihnen standen, dargeboten wurde.

Die Milch wurde am Morgen in die Töpfe gegossen und blieb bis neun oder zehn Uhr abends stehen, bis die Geister der Trommeln sich satt getrunken hatten. Den Rest durften dann die Wächter der Trommeln für sich nehmen. Außer den Wächtern der Trommeln gab es noch eine Frau, die sogenannte »Ehefrau« der Trommeln, deren Aufgabe es war, für die Milch zu sorgen und sich der richtige Anordnung der Trommeln auf dem Bett anzunehmen. Eine weitere Frau kümmerte sich um das Feuer im Trommelhaus, das immerfort brennen mußte, damit es die Trommeln warm hatten.

Wenn den Häuptlingen ein Sohn geboren wurde, wenn sie in ein höheres Amt befördert worden waren oder vom König Lob empfangen hatten, wurde den Trommeln Bier und Rinder als Opfergaben gereicht. Auch der König brachte einmal im Jahr den Trommeln Kühe als Opfer dar, so daß sie eine große Kuhherde besaßen. Die Kühe, die der ersten Trommel dargebracht wurden, mußten braun oder weiß sein, die Opfertiere für die zweite Trommel mußten schwarz sein. Diese Kühe waren heilig; ihre Milch war ausschließlich für die Trommeln bestimmt. Nur der König konnte befehlen, eine dieser Kühe zu töten, und nur die Wächter der Trommeln durften das Fleisch der getöteten Kuh essen. Das Fell diente zum Reparieren der Trommeln.

Unser Plan war es, alle Daten, die wir gesammelt hatten, im Computer zu speichern und sie dann so effizient wie möglich zu ordnen. Insgeheim hoffte ich, es würde sich von allein ein sinnvoller Zusammenhang ergeben, aber wenn das auch nicht der Fall sein sollte, meinte ich doch, verglichen mit dem Karteikartensystem, das viele Wissenschaftler noch immer benutzten, einen großen Fortschritt gemacht zu haben.

Ich weiß nicht mehr, wann mir klarwurde, daß der Computer meine »Zeitschnur« verschlungen und in etwas wundersam Fremdartiges verwandelt hatte. Aber allmählich begann ich zu spüren, daß da etwas beinahe Organisches im Entstehen war, eine ganz neue Art von Wirklichkeit, im kybernetischen Raum und hervorgegangen aus Information. Aus der Anakonda war ein lebendig pulsierender Datenbaum geworden, in dem ich gern herumkletterte und nach neuem Wachstum suchte.

An meinem ersten Tag im Karma hatte Betsy eine Überrraschung für mich. Sie wollte mich einem der Musikmaulwürfe dort vorstellen.

Du!?!

Es war der Typ, der im Stall meine *Damaru* aus dem Regal genommen hatte.

Andy Schloss war ein wirklicher Fachmann auf seinem Gebiet – soweit ich das nach der kurzen Zeit meiner Bekanntschaft mit ihm sagen konnte. Er hatte Mathematik und Musikethnologie studiert und war im Begriff, einen höheren akademischen Grad zu erwerben. Er mußte nur noch all das vollständig niederschreiben, was er über die menschliche Wahrnehmung des Rhythmus in den letzten paar Jahren hier im Karma herausgefunden hatte. Soweit ich es verstand, war seine Arbeit zu diesem Thema so ziemlich abgeschlossen; er mußte sie nur noch tippen. Das verschob er aber andauernd, weil er immer wieder für ein paar Wochen verschwand, um in Kuba für Folkways Records, Moe Aschs Schallplattenlabel, Tonbandaufnahmen zum Beispiel von Straßenfestivals zu machen.

Das interessierte mich, weil Außenaufnahmen auch eine meiner Leidenschaften sind. Schon seit den frühen sechziger Jahren nahm ich mit meiner Nagra (einem professionellen tragbaren Aufnahmegerät) alles auf, was an »Weltmusik« in der Bay Area zu hören war. In Gedanken spielte ich sogar schon mit der Idee, einen richtigen Stab von Leuten an der Hand zu haben, die auf einen schnellen Wink hin losliefen und alles aufnahmen, was irgendwie wert war, erhalten zu bleiben. Und als ich Schloss zuhörte, wie er über seine Arbeit sprach, wurde mir klar, daß es einen solchen Stab von Leuten, der überall auf der Welt solche Aufnahmen machte, bereits gab. Die Ethnologen!

Wenn sich jemand mit Damarus *auskennt, Mickey, dann ein Musikethnologe.*

Andy war einer der ersten, der sich unseren nächtlichen Zusammenkünften im Karma anschloß. Er war am Computer so schnell wie niemand sonst; außerdem war er Drummer, und damit stellte er eine dreifache Bedrohung dar: Er kannte sich mit Computern aus, er war Musikethnologe, und er war Drummer!

Wo immer sich eine Gelegenheit ergab, bat ich Andy, mir Geschichten von den Ethnologen zu erzählen; er tat mir den Gefallen und erklärte mir, daß Musikethnologie ein Abkömmling der Ethnologie und der Musikwissenschaft war, und daß keiner der beiden Elternteile sich über die Geburt des Kindes besonders erfreut gezeigt hatte. Alles hatte damit begonnen, daß im späten neunzehnten Jahrhundert das Interesse an Völkerkunde plötzlich sprunghaft anstieg. Hinzu kam die Tatsache, daß Edisons Phonograph zu jener Zeit eines der wenigen Geräte zur Aufzeichnung nichtmaterieller Kulturgüter war, das die ersten Völkerkundler bei ihren Feldforschungen zur Verfügung hatten. Um die Jahrhundertwende gab es in den meisten geistigen Zentren des Westens schon die ersten Archive für »primitive« Musik: in Paris, Wien, Berlin. Aber diese Archive suchte kaum jemand anderer auf als Leute mit einem Interesse an Völkerkunde, und die betrachteten diese Bestände als totes Material, als Artefakte, die man zusammengetragen hatte, so wie man Körbe oder Kriegskanus sammelt.

Nur wenige Menschen maßen diesen Aufnahmen einen musikalischen Wert bei; Musikwissenschaftler betrachteten sie fast ausnahmslos als wertlos oder irrelevant, sofern sie überhaupt wußten, daß es sie gab. Das einzige, was den Namen »Musik« überhaupt verdiente, war nach einer weitverbreiteten Meinung westliche Kunstmusik: Bach, Beethoven, Mozart. Alles, was nach »volkstümlicher« Musik oder Musik der »Wilden« roch, gehörte in den Bereich der Völkerkunde, nicht in den der Musikwissenschaft.

Die ersten, die mit dieser Einstellung brachen, waren ein paar abtrünnige Wissenschaftler wie die Deutschen Curt Sachs, Erich von Hornbostel und Carl Stumpf. Sie erhoben nicht zu Unrecht den Einwand, daß es unmöglich sei, die Entwicklung der Musik als Kunst zu verstehen, ganz zu schweigen von den Ursprüngen der Orchesterinstrumente, ohne das verblüffende Informationsmaterial miteinzubeziehen, das in den Ethnographien der Völkerkundler enthalten ist.

Dank solcher Pioniere, zu denen auch der amerikanische Musikwissenschaftler Charles Seeger gehörte, vollzog sich ein Wandel in der wissenschaftlichen Welt, in dessen Folge die »komparative Musikwissenschaft« entstand – eine Unterabteilung dessen, was selbst schon wieder eine Unterabteilung der Musik war. Komparative Musikwissenschaft gab es in geringem Umfang bis 1950. In diesem Jahr veröffentlichte der niederländische Musikwissenschaftler Jaap Kunst ein Buch mit dem Titel *Musicologica: A Study of the Nature of Ethno-Musicology, Its Problems, Methods and Representative Personalities*. Dieses eine Wort – *Musik-Ethnologie* – fand offenbar so starke Resonanz bei den komparativen Musikwissenschaftlern überall auf der Welt, daß es als Bezeichnung für die ganze komparative Musikwissenschaft geläufig wurde. Nachfolgende Ausgaben von Kunsts Buch wurden einfach *Musikethnologie* genannt, ohne den Bindestrich. Fünf Jahre später wurde die Society for Ethnomusicology gegründet.

Als Schloss und ich uns zum ersten Mal über die Ethnologen unterhielten, hatte ich die Vorstellung, sie seien eine höchst obskure Gruppe von Jägern und Sammlern, die auf ihre eigene »Große Jagd« konzentriert waren, den Erdball durchstreiften und einmal im Jahr aus den Regenwäldern und Wüsten hervorkamen, um ihre Gruppenrituale in von der Außenwelt abgeschlossenen Versammlungshallen abzuhalten. Sie faszinierten mich, und eines Tages fragte ich Schloss: »Also, Andy, wenn ich mit den Häuptlingen deines Stammes sprechen möchte, wie soll ich das anstellen, wo kann ich sie finden, wer sind sie?«

Andy gab mir den Rat, mich an einen seiner ehemaligen Professoren zu wenden, der jetzt an der University of California in Santa Cruz lehrt und einer der Herausgeber der »Stammeszeitschrift« *Musikethnologie* war. Jedoch sprach nicht ich mit ihm, sondern Betsy, und sie kam mit einer Liste von Namen und Telefonnummern zurück, mit Adressen von Orten, wie der Smithsonian Institution und dem American Museum of Natural History. Ein paar Wochen später sollte die Gruppe Grateful Dead zu einer ihrer regelmäßig stattfindenden Tourneen nach der Ostküste starten. Das schien der geeignete Anlaß, um diese weisen Männer in ihrem »Sommerlager« aufzusuchen.

Fritz Kuttner entpuppte sich als ein gelehrter alter Herr nahe achtzig. Es stellte sich heraus, daß er am Tag vor unserem Besuch gerade von einem Krankenhausaufenthalt zurückgekehrt war. Trotzdem war er ganz versessen darauf, mit uns zu plaudern. Gleich, nachdem wir seine Wohnung in der New Yorker Upper West Side betreten hatten, führte ihn seine Frau in die Bibliothek, machte ihm die Couch zurecht und brachte uns Tee.

»Na«, sagte er, während Betsy und ich dasaßen und unsere Teetassen im Schoß hielten, »was wißt ihr denn über Gongs?«

Betsy fing sofort an, ihm von ihrem China-Aufenthalt zu erzählen. Sie hatte ein Stipendium erhalten, um die akustischen Eigenschaften von Gongs zu untersuchen. Ich hörte ihr zu und dachte dabei an meine eigene Geschichte über Gongs:

DIE GESCHICHTE DES GONGS

Die Grateful Dead waren in Boston auf einer ihrer ersten Tourneen und spielte in einer Bowlinghalle, die in einen Nachtclub umfunktioniert worden war. Ich nutzte die Gelegenheit, um der Zildjian-Fabrik, die außerhalb der Stadt lag, einen Besuch abzustatten. Die Zildjians sind weltweit die besten Beckenhersteller. Schon mindestens fünfhundert Jahre lang betreiben sie dieses Geschäft, und das Erfolgsrezept dieses Familienunternehmens liegt in einer geheimen Formel für die Metalllegierungen, aus denen die feinsten Metallophone auf fast alchimistische Art und Weise gegossen werden. Angeblich hatten Wissenschaftler vom Massachusetts Institute of Technology schon versucht, hinter die Formel zu kommen, allerdings ohne Erfolg.

Geheimnisvolle Dinge wie dieses haben auf mich schon immer eine starke Faszination ausgeübt. Als der Tourneeplan der Grateful Dead uns nach Boston führte, verabredeten Ram Rod und ich deshalb ein Treffen und fuhren hinaus zur Zildjian-Fabrik, um uns ihre Becken anzusehen. Sie waren in einem riesigen Kellergewölbe in Regalen gelagert. Ich erinnere mich daran, daß hinter uns die schweren Stahltüren geschlossen wurden und wir uns einen ganzen Nachmittag lang ernsthaft diesem Metall-Garten widmeten. Ich holte tief Luft, sah mich um, und da entdeckte ich hoch oben an der Decke ein paar außergewöhnlich große Metallscheiben. »Was ist denn das?« fragte ich. »Gongs«, erhielt ich zur

Antwort. Die Zildjians wollten einmal eine Serie bestimmter chinesischer Gongs importieren, und einige hatten sie sogar selbst hergestellt, aber niemand zeigte dafür Interesse. Schon jahrelang hingen sie dort oben. Eine Leiter wurde herbeigeschafft, und ein Arbeiter ließ vorsichtig eine der riesigen Scheiben herunter; sie hatte einen Durchmesser von mindestens anderthalb Metern. Der Gong wurde mit Seilen gehalten und an den Aufbauten aufgehängt, welche die Becken trugen. Ich bekam einen Schlägel in die Hand gedrückt. Den Gong zu schlagen – das war ein Gefühl, als schösse ich mit einem kräftigen Bogen Pfeile aus Klang in die Luft.

Die Zildjians gaben mir alle Gongs, die da waren. Das Familienoberhaupt, Avedis Zildjian, war hocherfreut darüber, daß endlich jemand seine Gongs würdigte. Er bestand darauf, daß ich sie alle mitnehmen und auf ihnen spielen sollte; es hatte ihm fast das Herz gebrochen, daß sie hier so lange unbeachtet herumgestanden waren.

Während dieser Tournee spielte ich die Gongs im Konzert, und als ich in den Stall zurückkam, merkte ich, daß ich schon richtig süchtig nach ihnen war. Sie versetzten mich in einen Zustand tiefer Trance, in dem ich lebhafte Halluzinationen hatte. Ich bat meinen Freund, den Psychologen Stanley Krippner, herzukommen und sich die Gongs anzuhören. Krippner führte später Tests durch, in denen er untersuchte, wie schnell und tief man unter Zuhilfenahme von Gongs den Zustand der Hypnose herbeiführen kann. Er gelangte zu der Überzeugung, daß Gongs die schnellsten »Hypnotiseure« seien, die er jemals kennengelernt hatte.

Fritz Kuttner besaß, wie man uns sagte, den Schlüssel zu den Geheimnissen der Gongs. Sein Wissenschaftsgebiet war die chinesische Musik. Er sammelte schon fünfzig Jahre lang Material (erst Anfang 1990 publizierte er sein großes Buch), um seine These zu beweisen, daß die Gongbauer im alten China Techniken für die Herstellung von Metallophonen besaßen, die allem, was im Westen – selbst mit den Mitteln der heutigen Technologie – entwickelt worden ist, weit überlegen sind. An jenem Nachmittag skizzierte er für uns ein anschauliches Bild, indem er schilderte, wie die Geheimnisse des Gongbauens innerhalb von Gilden über zweitausend Jahre lang von Familie zu Familie, von Generation zu Generation weitergegeben worden waren, bis sie schließlich irgendwie verlorengingen. Jetzt gab es nur noch die Gongs selbst, allerdings meist nur in privaten Sammlungen. Zuweilen jedoch trat ein solches Meisterwerk ans Licht der Öffentlichkeit. Vor vielen Jahren hatte ein reicher Sammler einen dieser Gongs ins Metropolitan Museum of Art gebracht, einen wunderbaren Tam-Tam-Gong. Einer der Museumsleute erprobte ihn und verfaßte danach den folgenden Bericht über die einzigartigen Kräfte dieses Gongs:

> Ein einziger leichter Schlag mit einem weichen gepolsterten Schlägel auf den Rand des Beckens erzeugt das folgende Hörphänomen: Einem sanften Summen, das etwa zehn Sekunden andauert, folgt ein allmähliches Crescendo, das sich in den nächsten zwanzig Sekunden aufbaut und nach dreißig bis fünfunddreißig Sekunden unwahrscheinlich an Klangfülle zunimmt. Nach etwa sechzig Sekunden wird ein bombastisches dreifaches Fortissimo erreicht, das wirklich angst macht und kaum zu ertragen ist; Besucher, die sich zufällig in der großen Eingangshalle des Museums befanden und Zeugen

dieses Klangereignisses wurden, hielten sich bei diesem betäubenden Lärm die Ohren zu und wären am liebsten weggelaufen.

Kuttner hatte sich mit dem Museumsangestellten getroffen, lange nachdem der Gong wieder an seinen rechtmäßigen Besitzer zurückgegeben worden war. Aber an dessen Namen konnte sich der Museumsmann nicht mehr erinnern. Also bat Kuttner das Metropolitan Museum, in den alten Akten nachzusehen, aber er erhielt nur die Antwort, daß sich diese in einem solch schlechten Zustand befänden, daß es nur Zeitverschwendung sei, sie alle durchzuarbeiten. Und als er die ganze Sache dringlicher machte, behandelte man ihn wie einen Quälgeist und nicht wie einen Wissenschaftler.

Erst später erinnerte sich der Museumsangestellte an eine weitere Einzelheit: Der Besitzer war eine Frau, die eine eigene Tanztruppe leitete, und der Gong diente als ihr unverkennbares Bühnenrequisit. So weit war Kuttner der Geschichte nachgegangen. Nicht, daß er nicht darauf gebrannt hätte, diesen Gong zu hören, aber in seinem Alter und bei all der wichtigen Arbeit, der er nachging – jetzt kam auch noch die Krankheit hinzu –, hatte er keine Zeit, Sherlock Holmes zu spielen. Aber irgendwo war dieser Gong vorhanden, vielleicht in einem Kellergeschoß, wo er an der Wand hing und immer noch von der Tanztruppe benutzt wurde.

An der einen Wand von Tom Vennums Büro hing eine große Weltkarte, auf der eine Menge farbiger Fähnchen befestigt waren. Ich kam mir vor wie in einem James-Bond-Film:

Dieser rote im Südpazifik? Das ist Sonneborn, unser Mann für das Schwirrholz. Und der blaue da, direkt neben Ihrem Gesicht, das ist ...

Tom Vennum war der dienstälteste Musikethnologe am Office for American Folklife Programs an der Smithsonian Institution. Diese Abteilung war das A und O für Musikethnologie in den USA. Schon als wir am Abend vorher sein Reihenhaus in Washington betraten, wußte ich, daß wir uns verstehen würden. Der ganze Raum war angefüllt mit Trommeln und Kunstwerken und Masken und seltsamen Möbelstücken, wie zum Beispiel den Hockern, auf denen wir Platz nahmen. Und dann fing er an, uns Geschichten über seine Expeditionen nach Haiti zu erzählen, wo er sich mit Voodoo beschäftigt hatte. Zu jeder Anekdote spielte er uns eine passende Musik vor. Vennum hatte Hunderte von Kassetten, und die ganze Zeit, während er erzählte, sprang er ständig zwischen dem Kassettenrekorder und seinem Stuhl hin und her, legte neue Kassetten ein, spulte vor und zurück, setzte sich wieder hin und fuhr fort:

Wo war ich stehengeblieben? Ach ja, ich kenne da eine tolle Geschichte über einen Zombie ...

In den vergangenen paar Jahren hatte Vennum einen der letzten traditionellen Trommelbauer der Ojibwa im nördlichen Wisconsin beobachtet und mit ihm gearbeitet. Als wir uns von ihm verabschiedeten, schenkte er uns ein paar Exemplare der Monographie, die er gerade über diesen Mann geschrieben hatte: *The Ojibwa Dance Drum*. Für den nächsten Tag lud er uns in sein Büro ein und versprach uns eine Führung durch die unterirdischen Räume der Smithsonian Institution.

Das Smithsonian ist wie ein riesiger Eisberg: Neun Zehntel davon sind für die Öffentlichkeit unzugänglich, verborgen in Lagerräumen, die sich unter der National Mall in Washington ausbreiten. Raum für Raum ist angefüllt mit großen metallenen Lagerkisten voller Artefakte wie Kriegskanus der Maori, Kwakiutl-Masken und Unmengen von Skeletten.

Der Geruch in diesen Räumen war stark, zumindest empfand ich es so. Es war nicht so sehr ein Geruch nach Tod, Staub und Alter, sondern eher ein psychologisches Phänomen: der Geruch nach entweihten Geistern. Ich haßte es, die Trommeln hier einfach so kaputtgehen zu sehen, ungespielt, mit langsam ersterbenden Stimmen; und mit ihnen verrottete das unbezahlbare Erbe des Rhythmus. Mir fiel wieder der Gong ein, dem Fritz Kuttner auf der Spur war. Wie viele Tam-Tams lagen in kalten Kellerräumen wie diesen und warteten auf jemanden, der sie erlöste und ihre geheimnisvollen Kräfte wiederentdeckte?

Vielleicht war damit Vennums Begeisterung für meine Nachforschungen nach den Trommeln zu erklären. Während ich dasaß und die Weltkarte mit den vielen bunten Fähnchen anschaute, stand Vennum am Telefon und rief Museen und Archive in Städten an, in denen die Grateful Dead spielen würden. Er fand für mich bereitwillige Helfer, meist Dr. phils. oder Postgraduierte, die mich durch Museen und Bibliotheken führten. Besonders interessierten mich Fotos, und nachmittagelang brütete ich über Tausenden von Negativen in schlecht beheizten Museumsspeichern.

Tanzpartner. Viele von ihnen wurden in der kurzen Zeit, die wir gemeinsam auf der Jagd waren, so angespornt, daß sie nun auf eigene Faust regelmäßig die Archive stürmten und die Jagd selbständig fortsetzten. Alle paar Monate kam ein weiteres kleines Datenpaket von ihnen bei mir an. Es war der Ruf der Trommel, andere hörten ihn so gut wie ich.

Wer ist der hier?«

Vennum folgte meinem Finger, der auf den Südpazifik deutete, wo ein gelbes Fähnchen mitten in Papua-Neuguinea steckte.

»Ach, das ist Steven Feld. Ein ausgezeichneter junger Wissenschaftler. Der Kaluli. Er sieht aus wie Dustin Hoffman.«

Wenn er sich nicht an seinem Standort im Regenwald von Papua-Neuguinea aufhielt, war Steven Feld in der Fakultät der Annenberg School of Communications an der University of Pennsylvania in Philadelphia. Am Morgen nach einem Konzert besuchte ich ihn zu Hause. Seine Wohnung war richtig »ethnologisch« eingerichtet: gleich am Eingang stand eine riesige Schweinemaske aus Rattan. Als ich sie betrachtete und dann Feld, der tatsächlich wie Dustin Hoffman aussah, begriff ich zum ersten Mal, wie ungewöhnlich das Leben dieses Typs war verglichen mit meinem, und wie sehr ich ihn um seinen Bezug zum Fremden beneidete. Feld war einer der ersten Feldforscher, die ich kennenlernte. Sechs Monate im Jahr lebte er wirklich an der *Schwelle*. Das letzte Mal, als er in Papua-Neuguinea gewesen war, hatte er die meiste Zeit damit verbracht, mit einem Parabolmikrofon auf einem Baum zu sitzen. Er nahm den kompletten Geräuschzyklus des Dschungels von Papua-Neuguinea auf, vierundzwanzig Stunden lang Originalton Regenwald – den er dann auf dreiundvierzig Minuten komprimierte. Die Stimmen des Waldes.

Feld erzählte mir auch eine wunderbare Geschichte darüber, wie der Stamm, bei dem er lebte, die Kaluli, ihre Trommeln herstellten:

DIE GESCHICHTE
DES JUNGEN ETHNOLOGEN

Die Kaluli, von denen es nur noch zwölfhundert gibt, leben nördlich der Hänge des Mount Bosavi auf dem Großen Papua-Plateau in den südlichen Hochebenen von Papua-Neuguinea. Sie wohnen in sogenannten Langhaus-Gemeinschaften, die voneinander durch eine Wegstunde über Waldpfade getrennt sind. Etwa fünfzehn Familien, oder, grob gerechnet sechzig Personen, leben in jeder Gemeinschaft.

Eigentlich sind die Kaluli Pflanzer. Ihr Hauptgericht ist Sago, ein Wurzelgemüse, jedoch bewirtschaften sie auch große Gärten und jagen kleine Tiere, Wildschweine und Vögel.

Ihre Musik ist in erster Linie Vokalmusik, und die wichtigsten Begleitinstrumente sind Rasseln, die sie aus Muscheln, Krebsscheren oder aus Samenschoten herstellen. Jedoch haben die Kaluli auch eine einfellige, konisch geformte Trommel von etwa einem Meter Länge. Sie nennen diese Trommel *Ilib*. Das ist auch ihr Wort für »Baumloch« und »Brustkasten«, also für den oberen Teil des Körpers. Alle Details der Trommel sind nach den Körperteilen des Menschen benannt. Um einen Klang hervorzubringen, muß der Kopf (das Fell) der Trommel schwingen, ihr Brustkasten muß mitschwingen, und ihre Stimme muß durch eine Mundöffnung sprechen.

Die Kaluli-Trommel hat einen unverkennbaren, pochenden Klang. Der Rhythmus ist regelmäßig, etwa hundertfünfunddreißig Schläge pro Minute, und mit achtzig Dezibel produziert sie einen der lautesten Klänge, die ein Kaluli in seiner natürlichen Umgebung hören kann.

Die Kaluli leben nicht mit derselben Arbeitskontinuität wie wir, aber wenn man die Zeit überschlägt, brauchen sie ungefähr sechs Tage, um eine dieser Trommeln zu bauen. Als erstes fällen sie eine Art Magnolienbaum, *Dona* genannt; auch anderes Holz wird manchmal benutzt, der *Dona* wird jedoch wegen seines geringen Gewichts und seiner Resonanzeigenschaften bevorzugt. Wenn der Baum geschlagen ist, wird ein knapp anderthalb Meter langes Stück abgeschnitten und zur Vorbereitung auf das Aushöhlen in Wasser eingeweicht.

Am zweiten Tag wird das Stück Holz aus dem Wasser genommen und durch Brennen, Auskratzen mit Bambus und Abschmirgeln mit rauhen Blättern an einem Ende etwa sechzig Zentimeter tief ausgehöhlt. Ebenso wird mit dem anderen Ende des Holzblocks verfahren, bis nur noch eine dünne Verbindung, eine Brücke, zwischen den beiden ausgehöhlten Teilen übrigbleibt, das etwa fünf Zentimeter dick ist. Anschließend wird er noch einmal zum Aufweichen ins Wasser gelegt.

Am dritten Tag wird nicht an der Trommel gearbeitet. Statt dessen wird eine Jagd veranstaltet, um einen *Tibodai*-Vogel zu fangen, dessen Pfeifen den Geist eines toten Kindes darstellt. Die Pirsch kann auch mehrere Tage dauern. Wenn der Vogel gefangen ist, werden seine Federn gerupft und in die Trommel gelegt. Danach – und das ist der dramatischste Teil des ganzen Prozesses – werden Kehle und Zunge des *Tibodai* auf die hölzerne Brücke zwischen die beiden ausgehöhlten Enden gelegt. Dieses Teilstück wird dann herausgeschnitten, wobei der Trommelbauer einen magischen Spruch rezitiert, den ich nicht verraten darf.

Das Fell der Trommel wird meist aus der Haut eines *Yobo*, einer Eidechsenart, hergestellt, doch kommt auch die Haut von Schlangen oder anderen Echsen manchmal zur Anwendung. Die Haut wird mit einem klebrigen Saft, den man aus Baumrinde gewinnt, an den Rand der Trommel geklebt, mit Schilfrohr festgebunden und in der Sonne oder über einem kleinen Feuer getrocknet.

Wenn das Trommelfell getrocknet ist, legen die Kaluli vier Klumpen Bienenwachs darauf und sprechen wieder leise einen magischen Spruch dazu, um sicherzustellen, daß diese Klumpen jetzt wie das Herz eines Waldhunds schlagen.

Getrommelt wird gewöhnlich vier oder fünf Stunden lang. Es begann am späten Nachmittag als Vorbereitung auf eine große Zeremonie, welche die ganze Nacht lang dauert. Ein bis fünf Trommler, in kunstvoll gearbeitete Federkostüme gekleidet, stellen sich, im Rhythmus ihres Spiels tanzend, an den beiden Seiten des Langhauses auf. Wenn die rhythmischen Schläge der Trommeln miteinander verschmelzen, vollzieht sich eine Verwandlung. Statt des klopfenden *Tibo-tibo-tibo* des *Tibodai*-Vogels fangen die Trommeln jetzt an, so sagen die Kaluli, *Dowo-dowo-dowo*, das ist das Wort für »Vater«, zu rufen. Es sind nach ihrer Vorstellung die Geister der toten Kinder, die nach ihren Vätern rufen, und sobald sie dieses Geräusch hören, fangen sie alle heftig zu weinen an.

Kennen Sie die alte chinesische Geschichte«, fragte mich Professor Lieberman bei unserem ersten Treffen, »über den Schüler, der bei einem berühmten Meister, einem Einsiedler, ein Musikinstrument – nämlich Zither — lernen wollte? Jeden Tag spielte ihm der Meister vor, und der Schüler hörte einfach nur zu. Eines Tages fragte ihn der Lehrer: ›Warum versuchst du's nicht mal, damit ich hören kann, was du gelernt hast?‹ Und der Schüler sagte: ›Solange ich den Geist der Musik nicht in meinem Herzen habe, hat es keinen Sinn, sie auf den Saiten zu spielen.‹ Das ging ein paar Jahre so weiter. Dann setzte sich der Schüler eines Tages hin und spielte, und man merkte sofort, daß er selbst ein Meister werden würde. Das ist eines der besten Gleichnisse, die ich über die Bedeutung des Geistes und die Bedeutungslosigkeit der Technik kenne.«

Fredric Lieberman war der Mentor von Schloss, ein kleiner Mann mit beginnender Glatze und einer Brille mit starken Gläsern. Sein Haus glich einer Bibliothek mit einem Bett darin. Man konnte ihn, so fand ich jedenfalls nach meinem ersten Eindruck, als lebenden Archetypus bezeichnen. Lieberman war ein wandelndes Lexikon für Ethnologie. Nicht nur kannte er fast alle Musikethnologen, er wußte auch, was die einzelnen Wissenschaftler publiziert hatten, und auch, was deren Lehrer geschrieben hatten, und oft sogar, was die Lehrer ihrer Lehrer veröffentlicht hatten. Und er wußte, wann es publiziert worden war. Zu jedem Thema, das ich anschnitt, hatte er acht bis zehn Artikel im Kopf, dazu ein paar Bücher oder zumindest die Telefonnummer des jeweiligen Fachspezialisten, den man dazu anrufen konnte.

Als ich den Professor näher kennenlernte, mußte ich meinen Eindruck vom sanften Wissenschaftler revidieren. Wenn er Material sammelte, war er ein kaltblütiger Jäger. Fred liebte die Herausforderung der Jagd, und er bedauerte es oft, daß man in dieser Kultur nicht einfach als eine Art Privatgelehrter existieren kann, eine Art »Sam Spade des Informationszeitalters«, der in einem büroähnlichen Raum sitzt, ein Glas Bourbon neben sich auf dem Schreibtisch, daneben eine 357er Magnum und ein Modem und einfach darauf wartet, daß eine blonde Witwe mit verweinten Augen zur Tür hereinkommt und ihn nach dem Zusammenhang zwischen einem Sistrum und dem Isiskult fragt.

Ich war vielleicht nicht die trauernde Blondine, nach der er sich in seinen Träumen gesehnt hatte, aber die Idee, den Spuren der Trommel zu folgen, faszinierte ihn. Er wußte sofort, daß es wichtig war, die Geschichte der Trommel zu erzählen. Unsere erste gemeinsame Exkursion machten wir in die Bibliothek von Berkeley. Lieberman hatte sein Leben lang die Bücherregale durchstöbert, und so schlängelte er sich äußerst gekonnt durch das Gedränge der Studenten. Die Bibliothek war eben sein Zuhause.

Was mich am meisten beeindruckte und wovon ich wirklich etwas lernen konnte, war Freds Umgehen mit Büchern, die er anschauen wollte. Er behandelte sie sehr behutsam. Er knallte sie nicht auf den Tisch oder blätterte achtlos die Seiten um. Die Art und Weise, wie er die Bücher in der Hand hielt, hatte etwas Liebevolles.

Vom Temperament her waren wir beide wie der Hase und der Igel. Ich erinnere mich daran, daß ich am vierten Samstag dasaß und den Stapel von Büchern betrachtete, über die Fred in äußerster Konzentration gebeugt war, und plötzlich dachte, daß ich alles ganz falsch machte. Der Professor war ein Mann des Kopfes, nicht der Beine. Ich entschloß mich, für ihn ein paar Hilfskräfte zu organisieren, die all das suchen sollten, was im Augenblick anstand, und ihm einfach Zeit zu lassen für seine Nachforschungen zum jeweiligen Thema.

Wir stellten ein Forschungsteam auf und trafen uns jeden Samstag. Aufgaben wurden verteilt (»Tragen wir doch alle Namen zusammen, die auf der Welt für das Schwirrholz verwendet werden«), die Daten der jeweils vorigen Woche gesammelt und nach Stanford gebracht, wo sie im Großrechner gespeichert wurden. Im Karma saß ich für gewöhnlich an einem Computer und stellte endlose Listen zusammen:

- *Übernatürliche Kräfte der Trommeln*
- *Trommelweihe*
- *Urzeitlicher Schleim? Ursuppe?*
- *Instrumente, die mit Kosmologien, mit Schöpfungsmythen in Zusammenhang stehen*
- *Gebrauch der Trommel als Katalysator in der Metamorphose*
- *Ausgestorbene Instrumente; Mythen, welche die Erschaffung von Instrumenten erzählen*
- *Bader – der Gebrauch von Trommeln durch Bader im mittelalterlichen Europa – dazu weiteres Material sammeln!!*
- *Probleme des Pulsschlags*
- *Perkussion und Übergang*

»Perkussion und Übergang.« Bei unserem ersten Gespräch hatte ich Fred von meiner Überzeugung erzählt, daß Trommeln eng verknüpft sind mit Bewußtseinsveränderung, und er hatte geantwortet: »Perkussion und Übergang.« Das war, wie sich herausstellte, die Bezeichnung für einen kleinen Streit, der in den Sozialwissenschaften schon seit den späten sechziger Jahren ausgetragen wird, seit nämlich der britische Ethnologe Rodney Needham einen kleinen Aufsatz mit diesem Titel in der Zeitschrift *Man* veröffentlicht hatte. Darin hatte er auf die Tatsache aufmerksam gemacht, daß Perkussion fast überall auf der Welt bei Übergangsritualen verwendet wurde, bei denen man die Geisterwelt als Helfer und

Führer anrief: bei der Geburt, dem Eintritt in die Pubertät, bei Heirat und Tod.

Needham hatte gefragt: »Warum wird Lärm, durch Schlagen oder Schütteln erzeugt, so oft benutzt, um mit der anderen Welt in Verbindung zu treten?« Fred und ich trafen Needham bei einem unserer Gänge in die Bibliothek. Was mich faszinierte, war die Art und Weise, wie die Wissenschaftler ihre Forschungsmeinungen austauschten. Needham hatte nicht vorgegeben, die Antwort zu wissen, sondern nur eine Frage gestellt. Die folgende Ausgabe von *Man* war voll mit Entgegnungen auf Needhams Aufsatz. Einige lenkten seine Aufmerksamkeit auf einen Artikel, der ein paar Jahre vorher im Bereich der Akustik veröffentlicht worden war. Er trug den Titel »A Physiological Explanation of Unusual Behavior in Ceremonies Involving Drums« und stammte von einem Psychologen namens Andrew Neher. Dieser hatte die Wirkung des Trommelns in einer Reihe von Laborexperimenten untersucht und herausgefunden, daß er die Gehirnwellen seiner Versuchspersonen »steuern« oder sie »einpendeln« konnte auf den »Grenzbereich zwischen Alpha und Theta«. Dieser Begriff bezeichnet die Tatsache, daß die meisten Ströme im Gehirn der Versuchspersonen in einem Bereich zwischen sechs und acht Hertz in Schwingung waren.

Im Wachzustand befindet sich das Gehirn hauptsächlich im Alpha- und Beta-Bereich, das heißt, die Gehirnströme fließen mit elf bis dreißig Hertz. Theta bezeichnet die elektrische Aktivität des Gehirns unmittelbar vor dem Einschlafen und Delta die zwischen zwei und vier Hertz im Schlaf – mit einem Aktivitätshöhepunkt etwa alle neunzig Minuten während der Traumphasen. Theta ist die Phase unmittelbar vor dem Einschlafen, in der alle möglichen Gedanken und Erinnerungen das Bewußtsein durchfluten und in der wir uns sowohl an Einzelheiten des Alltags (zum Beispiel daran, wo man seinen Hut verloren hat) erinnern können, wie wir auch dazu in der Lage sind, das Geheimnis des Todes zu enträtseln.

Neher stellte die Theorie auf, daß Perkussion, besonders von Trommeln, die Rolle des Antriebsmechanismus spielt, weil Trommeln einen Klang hervorbringen, der so dicht, so unharmonisch und schnell verklingend ist und in einem solch breitgestreuten Frequenzbereich liegt, daß er den Hörmechanismus überlastet. Und diese Überlastung trägt, so Neher, hauptsächlich dazu bei, den Zustand der Trance herbeizuführen.

Ein paar Monate lang war Neher für mich maßgeblich. Bei ihm glaubte ich die Antwort auf meine Frage nach dem Zusammenhang zwischen Trommeln und Trance gefunden zu haben – die Beeinflussung mittels des Gehörs –, die Tatsache, daß perkussiver Klang in idealer Weise dazu geeignet ist, das Trommelfell des Ohrs zu überlasten. Aber dann stieß ich auf Kritiken an Nehers Theorie, die dessen experimentelles Konzept in Frage stellten. In seinem Buch *Music and Trance* spottete Gilbert Rouget, »wenn Neher recht hätte, dann müßte halb Afrika jahraus, jahrein in Trance liegen«. Nach Rouget war Trance Trance und Musik Musik, und es gab keine Möglichkeit zu beweisen, daß das eine die Ursache des anderen war; allenfalls könne man sagen, daß manchmal Musik den Zustand der Trance begleite; ebensooft jedoch sei das nicht der Fall.

Ich rief Neher an, der unweit von Santa Cruz lebte, und eines Nachmittags statteten Fred und ich ihm einen Besuch ab. Neher hatte in den fünfundzwanzig Jahren nach Erscheinen seiner Arbeit über Trommeln und deren Beeinflussung des Gehörs kaum mehr einen Gedanken daran verschwendet; nun war er mehr als erstaunt, daß er plötzlich im Mittelpunkt einer Debatte stand, von der er nicht die geringste Ahnung hatte. Wir zeigten ihm Rougets Kritik, und ein paar Monate danach schickte er uns eine Abschrift seines Briefs an Rouget, in dem er ihm Punkt für Punkt widersprach. Auf der ersten Seite betonte Neher, daß die Frage, inwieweit perkussiver Klang auf die Gehirnwellen einwirke, noch gänzlich unbeantwortet sei – aus dem einfachen Grund, weil noch niemand Experimente dazu durchgeführt habe.

Eine weitere Antwort auf Needhams Artikel kam von John Blacking von der Queen's University in Belfast, und sie war in einem arroganten und lakonischen Ton geschrieben. »Es steht außer Zweifel, daß es einen Zusammenhang zwischen dem Phänomen des Übergangs in die Trance und rhythmisch strukturiertem Lärm gibt, denn diese Hypothese enthält den Keim der Wahrheit, die Musiker auf der ganzen Welt kennen.« Aber meine größte Aufmerksamkeit erregte die Tatsache, daß Blacking als einziger die Möglichkeit in Betracht zog, daß vielleicht ein Musiker ein erhellendes Licht auf dieses schwierige Problem werfen könnte.

Das wahre Wissen liegt im Spiel.

Kurze Zeit, nachdem ich seinen Namen zum ersten Mal gehört hatte, erfuhr ich, daß ebendieser John Blacking einen Vortrag in Berkeley halten sollte. Fred und ich gingen hin. Blacking war groß, schlank und wohl ein bekannter Wissenschaftler, doch er sprach in einem sehr ausgeprägten Akzent, mit dem mein Gehirn absolut nicht zurechtkam; ich verstand buchstäblich kein Wort von dem, was er sagte. Ich konnte ihn zwar gut hören, nur was das Verstehen betraf, waren wir weit voneinander entfernt: Ich lebte – um es bildhaft auszudrücken – in einer Lehmhütte im Tal, John Blacking hingegen schwebte in höheren Sphären und sprach mit den Göttern.

Fred verstand ihn. Er kannte Blacking, er hatte ihn schon mehrmals bei einschlägigen ethnologischen Fachkongressen getroffen. Blacking vertrat die These, so erzählte mir Fred, daß der Schlüssel zu unserer schnellen

Evolution in unserer Beherrschung äußerer Rhythmen liege, angefangen bei der Herstellung einfachster Steinwerkzeuge bis hin zu Tanz, Sprache und Musik. Ein paar Tage nach jenem Vortrag verabredete Fred ein Treffen mit Professor Blacking. Er begrüßte uns herzlich und hörte höflich zu, als wir unser Trommelprojekt erläuterten. Wir malten ihm ein schillerndes Bild, zählten alles auf, was uns interessierte, aber nichts davon schien ihn besonders zu begeistern. Als wir erwähnten, daß wir auch nach den Mythen über die Ursprünge der Trommeln suchten, sagte er nur: »Laßt die Mythen, verschwendet eure Zeit nicht damit. Das ist Vergangenheit. Untersucht, was die Trommel mit dem Körper macht.

Untersucht den Rhythmus.«

Kapitel acht

Die große Uhr

Darin liegt das Geheimnis: Du spürst es augenblicklich, wenn der Rhythmus stimmt, wenn dir eine perfekte Verbindung zwischen deiner inneren Stimmung und der Trommelmembran gelingt. *Ahhhh,* sagst du, das stimmt mit meinem Körperrhythmus überein, mit dem, wie ich mich heute fühle, was ich denke, mit dem Tempo meines Herzschlags, mit dem Gefühl in meinen Händen.

Wenn der Rhythmus stimmt, spürst du das mit allen deinen Sinnen; er ist sowohl in deinem Kopf als auch in deinem Körper. Die Trommelmembran schwingt, sobald die Stöcke sie treffen. Und fast unmittelbar stellt sich das körperliche Feedback ein, es läuft durch deine Arme, erfüllt deine Ohren. Eine Art Vertrauen breitet sich in dir aus, wenn du dich dem Rhythmus überläßt. Du bekämpfst ihn nicht, vielmehr läßt du zu, daß du von diesem eindringlichen, aber freundlichen Gefühl getragen wirst. Jedes Gespür für den gegenwärtigen Augenblick verschwindet, die normalen Kategorien der Zeit werden bedeutungslos.

Dein Verstand ist ausgeschaltet, du urteilst nur noch emotional. Deine Gefühle strömen durch deine Arme und Beine und aus der Trommel hinaus; du fühlst dich leicht, schwerelos, deine Arme sind wie Federn. Du fliegst wie ein Vogel. Wenn der Rhythmus stimmt.

Das ist das Geheimnis, und ich glaube nicht, daß es gelüftet werden kann, jedenfalls nicht mit Worten oder Zahlen.

»Findet heraus, was der Rhythmus mit dem Körper

macht«, hatte Blacking gesagt, und ich hatte das Gefühl, als ob sich ein Nebel lichten würde. *Rhythmus ist der Schlüssel, nicht das Trommeln, auch nicht der Lärm. Der Mann hat recht. Finde heraus, was es mit dem Rhythmus auf sich hat!* Und ich versuchte es. Ich sammelte Dokumente, Daten; ich sprach mit sämtlichen gelehrten Männern und Frauen, derer ich habhaft werden konnte. Und ich entdeckte dabei, daß der Rhythmus etwas Paradoxes ist, etwas, das man nur mit Schwierigkeiten gedanklich in den Griff bekommt – sobald man anfängt, das Geheimnis des Rhythmus zu erforschen, ist man gezwungen, sich mit dem noch tieferen Geheimnis der Zeit auseinanderzusetzen.

Es ist unmöglich, über den Rhythmus zu sprechen, ohne die Zeit einzubeziehen. Rhythmus ist das, was die Zeit *macht*, ganz egal, ob wir ihm in Form der Jahreszeiten begegnen oder in Gestalt des Zifferblatts einer Rolex-Uhr. Oder besser ausgedrückt, Rhythmus ist das, was wir aus der Zeit machen. Wir zerstückeln die Zeit, geben ihr eine Struktur, entlocken ihr eine Ordnung und verwechseln diese dann mit der Zeit selbst, obwohl die Ordnung, nach der sich ein New Yorker richtet, eine vollkommen andere ist als etwa die eines Trobriander Insulaners.

Rhythmus und Zeit – als Schlagzeuger lebe ich davon, in einem musikalischen Ensemble den Takt zu halten, die Zeit zu verwalten. Und das tue ich, indem ich mittels Perkussion Lärm in Rhythmus verwandle.

Platon definierte Rhythmus als »Ordnung in der Bewegung«. Und über die Zeit heißt es bei ihm, sie sei »das sich bewegende Abbild der Ewigkeit«.

Zitate wie diese hatte ich an vielen Stellen meiner »Zeitschnur«. Sprichwörter. Tiefsinnigkeiten. Eine ganze Anzahl davon verstand ich gar nicht. Wie zum Beispiel das folgende von dem Biologen und Schriftsteller Lewis Thomas: »Musik ist die Anstrengung, die wir unternehmen, um zu verstehen, wie unser Geist funktioniert ... Wenn du ein Experiment machen und hören willst, wie der ganze Geist arbeitet, wenn du alles auf einmal hören willst, dann leg die Matthäus-Passion auf und dreh die Lautstärke voll auf. Dann hast du den Klang des gesamten menschlichen zentralen Nervensystems auf einen Schlag.«

Oder dieses hier, von Professor Blacking höchstpersönlich: »Die Musik wurde uns einzig und allein zu dem Zweck geschenkt, den Dingen eine Ordnung zu geben, insbesondere dient sie *der Harmonisierung von Mensch und Zeit*.« Oder von dem griechischen Mystiker und Mathematiker Pythagoras: »Ein Stein ist gefrorene Musik.«

Vor ein paar Jahren veröffentlichte der deutsche Jazz-Historiker Joachim-Ernst Berendt ein Buch mit dem Titel *Nada Brahma: Die Welt ist Klang*, in dem er folgende Behauptungen aufstellt: (a) Das, was wir mit Sicherheit über die Materie aussagen können, ist, daß sie schwingt. (b) Alle Schwingungen sind theoretisch betrachtet Klang. (c) Daher ist es nicht unvernünftig, davon auszugehen, daß das Universum Musik ist und auch als solche wahrgenommen werden sollte. Einen Stein als gefrorene Musik zu betrachten, wäre also vollkommen angemessen. Mir gefällt Berendts Bild zu sehr, als daß ich es in Einzelheiten zerlegen möchte. Aber ich würde noch etwas hinzufügen: Da Schwingungen ebenfalls Rhythmen sind, ist alles Rhythmus; auch das Universum.

Wir sind zu langsam, um die Mikrorhythmen des Universums – den Tanz der Atome und Moleküle – bewußt zu registrieren, genauso wie wir zu schnell sind, um die

Makrorhythmen zu erkennen, in denen wir uns bewegen. Je länger ein Rhythmus ist, desto schwieriger ist es, ihn zu untersuchen. Die Astronomen würden gern den Tanz unseres Sonnensystems durch die Milchstraße nachzeichnen, aber wir brauchen 240 Millionen Jahre für einen einzigen Kreislauf.

Eines der wichtigsten Gesetze des Rhythmus ist die Wiederholung – ein Zyklus ist etwas, was immer wieder passiert oder sich wiederholt. Ohne Wiederholung gibt es keinen Rhythmus. Erst wenn man genügend Wiederholungen beobachtet hat, kann man von einem Muster sprechen, und wir haben gelernt, nach Mustern zu suchen. *Schlag mit einem Stock auf eine Membran, und Lärm dringt an das Ohr – ein unmelodischer, unharmonischer Klang. Schlag ein zweites und ein drittes Mal darauf und schon hast du einen Rhythmus.*

Was hat uns die Wissenschaft im letzten Jahrhundert anderes gegeben als ein immer reichhaltigeres Wissen von den Rhythmen, denen wir auf diesem Planeten unterworfen sind? Im Laufe der Evolution hat sich Rhythmus auf Rhythmus gehäuft, schon der einfachste Einzeller schwingt auf der atomaren, molekularen, subzellulären und zellulären Ebene. Ganz zu schweigen von der Digitalität der Neutronen im Gehirn, dem Schmetterlingsrhythmus des Herzens und dem geheimnisvollen Rhythmus, der den Zug der Schwalben lenkt. Wir sind eingebettet in ein Universum von Rhythmen, und das bedeutet, wir sind eingebettet in ein Universum der Zeit.

Wir leben auf einem Planeten, der alle dreihundertfünfundsechzig Tage die Sonne ein Mal umkreist, dessen Mond achtundzwanzig Tage für seine Umlaufbahn braucht und der sich alle vierundzwanzig Stunden einmal um die eigene Achse dreht. Die meisten von uns haben allerdings nur geringe Kenntnis darüber, wie sehr unser Tanz durch die Zeit diesen Rhythmen folgt. Es gibt einen direkten Zusammenhang zwischen den kosmischen Zyklen und unseren Körperzyklen, am deutlichsten wird dies im zirkadianen Tanz von Tag und Nacht.

Dieser Zyklus von Licht und Dunkelheit bildet die Grundlage für alle biologischen Vorgänge auf unserem Planeten. Alles organische Leben teilt seine zirkadiane Zeit in Perioden der Aktivität und der Ruhe auf. Hunde und Menschen, zum Beispiel, sind am Tag aktiv und ruhig in der Nacht. Bei Katzen und Eulen ist genau das Gegenteil der Fall. Aber die Aufeinanderfolge von Aktivität und Ruhe stellt nur das offensichtlichste Beispiel dar. Körpertemperatur, Blutdruck, Atmung, Puls, Blutzucker, Hämoglobinspiegel, Aminosäurespiegel, Appetit – all das steht unter dem Einfluß des täglichen Kreislaufs des Planeten.

Im Körper selbst wird der Hauptrhythmus durch das kardiovaskuläre System, das Herz und die Lungen, bestimmt. Das Herz schlägt sechzig bis achtzig Mal pro Minute, und die Lunge füllt und leert sich mit etwa einem Viertel dieser Geschwindigkeit. Aber auch dies sind wieder nur die offensichtlichsten Körperrhythmen. Von den Schwingungen einzelner Zellen bis hin zu der langsamen Peristaltik unserer Eingeweide bewegt sich unsere gesamte innere Maschinerie in einem komplexen Tanz, dessen Choreographie vom zentralen Nervensystem sorgfältig überwacht wird. Und dieses erstattet dann dem Mittelhirn Bericht über den Zustand unserer inneren Rhythmen. Außer nach harter Arbeit, bei der Menstruation oder bei einer Krankheit sind wir uns kaum unserer inneren Rhythmen bewußt. Und wie unser Körper auf die größeren Rhythmen des Planeten, des Sonnensystems, des Universums reagiert, darüber sind wir uns nahezu nie im klaren.

Von einem bedeutenden Faktor in Sachen Rhythmus jedoch hat die Wissenschaft sehr wohl Kenntnis – und zwar vom sogenannten Gesetz des Einpendelns. Dieses Gesetz, welches fundamentale Bedeutung für das Universum hat, wurde erstmals im Jahre 1665 von dem holländischen Wissenschaftler Christiaan Huygens entdeckt.

Er stellte fest, daß zwei nebeneinanderstehende oder -liegende Uhren innerhalb kürzester Zeit in vollkommener Übereinstimmung laufen. *Einpendeln*. Wenn die Quellen zweier, einander ähnlicher Rhythmen sich in unmittelbarer räumlicher Nähe zueinander befinden, werden sie sich immer aufeinander einpendeln. Warum? Die beste Theorie hierzu ist die, daß die Natur nach Kriterien der Effektivität funktioniert und es weniger Energie kostet, im Einklang zu pulsieren als in gegenläufigem Rhythmus.

Man kann die Verbindung zwischen jenen universellen und planetarischen Rhythmen und den individuellen Rhythmen unserer Körper so interpretieren, daß wir eingependelt sind auf diese größeren Muster, daß wir synchron mit ihnen schwingen, weil die Natur effektiv arbeitet und wir ein Teil der Natur sind.

Auch dies ist ein nicht zu verstehendes Geheimnis: Wir bestehen aus Rhythmen, wir sind von ihnen umgeben, und dennoch kommen wir als ein Wesen zur Welt, das nicht einmal die elementarsten Rhythmen wie das Öffnen und Schließen der Hände beherrscht.

Ein Fohlen steht ein paar Minuten nach der Geburt schon auf den Beinen und springt herum. Wir dagegen brauchen Monate, bis wir herausfinden, wie wir unsere Beine richtig bewegen – nämlich so, daß das eine den Körper trägt, während das andere nach vorne schwingt, auftritt und sich darauf vorbereitet, nun seinerseits den Körper zu übernehmen, indem das andere nach vorne schwingt und so fort.

Unsere erste rhythmische Körperbewegung ist eine instinktive Saugbewegung des Mundes. Im Alter von etwa zweieinhalb Monaten lernen wir zu strampeln, wann wir es wollen. Mit sechs Monaten können wir aufrecht sitzen und unseren Körper seitwärts, vor und zurück, auf und ab pendeln lassen. Nach acht Monaten krabbeln wir auf Händen und Knien herum und schaukeln immer noch hin und her, und erst mit einem Jahr machen wir unsere ersten Schritte.

Obwohl schon im Alter von ungefähr zwei Monaten ein Gespür für äußere Rhythmen vorhanden ist, können wir erst ab dem vierten Lebensjahr bewußt einen Takt einhalten, der uns etwa von einem Metronom oder einer Uhr vorgegeben wird.

Der Schlüssel zu der Fähigkeit, einen Rhythmus zu reproduzieren, liegt in unserem Vermögen, den Zeitraum zwischen den einzelnen Schlägen abzuschätzen. In der Sprache der Musik heißt das: den Takt halten. Fast jeder Mensch kann mit einem Rhythmus mithalten, wenn die Zeit zwischen den einzelnen Schlägen vierhundert bis achthundert Millisekunden beträgt. Gibt man aber einen Takt vor, der schneller oder langsamer ist, dann kommen die meisten nicht mehr zurecht. Und es ist praktisch ganz aus, wenn man jemanden auffordert, diesen Beat selbst zu reproduzieren.

Wenn man den Durchschnitt aus diesen beiden Zahlen nimmt, kommt man auf die Idealzeit von sechshundert Millisekunden, also ein bißchen mehr als ein Schlag jede halbe Sekunde. Alle sechshundert Millisekunden ein Schlag – das ist ziemlich genau die Zahl, die mit der Geschwindigkeit des durchschnittlichen Herzschlags, unserem Gehtempo und mit der höchsten Geschwindigkeit jener ersten Saugbewegungen korrespondiert. Es ist fast ein idealer menschlicher Rhythmus, wie Wissenschaftler herausfinden konnten.

Da wir innerhalb einer Gemeinschaft durch die Zeit tanzen, müssen wir lernen, unsere individuellen Rhythmen mit denen der anderen Geschöpfe in Einklang zu bringen. Dies erreichen wir, indem wir uns »soziale Uhren« zulegen, die es uns ermöglichen, einen gemeinsamen Takt einzuhalten. Und damit sie auch gut funktionieren, müssen diese sozialen Uhren sowohl die Rhythmen der Natur als auch die biologischen Rhythmen, in die wir eingebettet sind, berücksichtigen.

Die Jäger und Sammler »bauen« ihre Uhren nach dem natürlichen Rhythmus der Pflanzen und Tiere, welche die Grundlage ihrer Ernährung darstellen. Agrargesellschaften richten sich nach dem Zyklus des Pflanzens, Reifens und Erntens. Die wichtigste Uhr der Andamanen zum Beispiel stellt der Blütezyklus ihrer Dschungelwelt dar: Aufgrund des jeweiligen Geruchs im Dschungel wissen sie, in welcher Zeit sie sich befinden. Die San in Südafrika verwenden eine Banane als Uhr. Wenn die Jäger sich zu einer langen Reise aufmachen, nehmen sie eine unreife Banane mit. Ist sie reif, wissen sie, daß die Zeit gekommen ist, nach Hause zurückzukehren. Wir dagegen stammen von Kulturen ab, die im Rhythmus der Sterne ihre Uhr fanden. In den letzten vierhundert Jahren haben wir allerdings einen zunehmend linearen Zeitbegriff entwickelt.

Unser Wort »Religion« kommt aus dem Lateinischen und bedeutet »zusammenbinden«. Eine lebendige Religion vermag also die vielen Rhythmen zu vereinen, die uns beeinflussen, und zwar, indem sie Techniken – Rituale – entwickelt, durch welche die drei Tänze – der individuelle, der kulturelle und der kosmische – miteinander in Übereinstimmung gebracht werden sollen. Und wenn diese Technik funktioniert, entsteht daraus eine neue Dimension von Rhythmus und Zeit – das Heilige, das Heile, das Ganze.

Ich erinnere mich noch, wie ich mit Fred in John Blackings Büro in Berkeley saß und dachte, daß dieser Mann zumindest wußte, worum es ging. Ob er allerdings auch eine Antwort auf meine Frage hatte, konnte ich nicht sagen, da der größte Teil des Gesprächs in diesem speziellen Jargon geführt wurde, den Akademiker unter sich benutzen.

Blacking hielt die Fähigkeit, Rhythmen wahrzunehmen, für eine der fundamentalsten Eigenschaften des menschlichen Gehirns. Er nahm an, daß es einen unmittelbaren Zusammenhang gebe zwischen der schnellen Evolution der Menschheit und unserer Fähigkeit, Rhythmen zu erkennen, zu externalisieren und zu kontrollieren – die vokalen Rhythmen, die sich zur Sprache weiterentwickelten, die körperlichen Rhythmen, die uns unsere erste fortgeschrittene Technik ermöglichten, und die größeren Rhythmen der Natur, wie zum Beispiel den Mondzyklus, die wir zuerst auf kleinen steinernen Stäben festhielten. Die Dokumente in Form von Werkzeugen – all jene abgebrochenen Pfeilspitzen und Schaber – waren für Blacking schlichtweg eine wunderbare materielle Illustration unserer dramatischen Begegnung mit dem Rhythmus.

Genauso war es mit der Musik. Das rhythmische Klicken der Schlagstöcke und die menschliche Stimme halfen uns zu entdecken, daß wir nicht nur den Steinen, die wir in Werkzeuge verwandelten, oder dem Körper, der unsere Tänze tanzte, Strukturen geben konnten, sondern auch dieser unsichtbaren und geheimnisvollen Welt des Klangs. Und wir konnten diese Klangwelt nicht nur mit unserem eigenen Körper hervorbringen, sondern buchstäblich mit allem, was uns umgab.

Grab ein Loch in den Boden, leg ein Brett darüber, stampf darauf – das ist eine Stampfbrett. Nimm zwei Muscheln, schlag sie in den Handflächen zusammen. Heb den Kieferknochen eines Bisons auf und reib daran mit einem Oberschenkelknochen.

Aber Blacking glaubte, daß es sich bei der Musik um einen Sonderfall handle. Seiner Meinung nach war die Musik nicht nur ein weiteres Beispiel für die menschliche Fähigkeit, den Rhythmus zu beherrschen; sie ist – auf einer mikrokosmischen Ebene – das Geheimnis des Rhythmus selbst. Nach Blacking ist die Musik ein Spiegel, der die fundamentalsten sozialen und biologischen Rhythmen einer Kultur abbildet – die Offenlegung der unter dem alltäglichen Geschehen verborgenen Pulsschläge. Im musikalischen Schaffen zeigt sich seiner Ansicht nach das Mysterium selbst.

Ein Musiker muß lernen, seine biologischen Rhythmen – den Herzschlag, den Atem – zu kontrollieren, indem er den Körper darauf konzentriert, mit der Stimme oder mit einem Instrument jene Schwingungen zu produzieren, die in die Welt des Klangs hinausfließen. Aber das ist erst der erste Schritt. Um in einer Gruppe Musik zu machen, muß jeder Musiker lernen, sich auf einen gemeinsamen größeren Rhythmus einzupendeln.

Wenn der Rhythmus stimmt, spürst du das mit allen deinen Sinnen; er ist sowohl in deinem Kopf als auch in deinem Körper, in beidem.

Laß eine Gruppe von Musikern harmonisch zusammenschwingen, und du hast eines der kraftvollsten emotionalen Erlebnisse auf diesem Planeten, eines, das nicht möglich wäre, wenn wir nicht die Fähigkeit entwickelt hätten, uns bewußt rhythmisch aufeinander einzupendeln.

Blacking meint, daß ein großer Teil der Energie und der Freude, die Musik vermittelt, von ihrer Fähigkeit herrührt, den Spieler und den Zuhörer wieder mit den tieferen Rhythmen zu verbinden, die in ihrem Unbewußten schwingen. Das geschieht, indem die Musik uns aus der tickenden Welt der normalen Zeit hinausführt in eine besondere Zeit, die Blacking die »virtuelle« oder »erlebte Zeit« nannte.

Für mich begann das Geheimnis mit den Rudiments. Jenes kontinuierliche rechts-rechts-links-rechts-links-rechts-links-links war meine erste Einführung in den Rhythmus. Es war ein vollkommen visuelles Erlebnis. Jedes Rudiment war, sobald es gespielt wurde, eine Art Steinchen, welches ein größeres rhythmisches Puzzle vervollständigte. Ein guter Rudimental Drummer kann beide Spielerparts gleichzeitig spielen und das kleine Muster fließend in das größere einweben.

Und dann kam Krupa. Meine Mutter spielte oft Gene Krupa, die Carnegie-Hall-Stücke, Big-Band-Musik mit dem soliden Backbeat des Schlagzeugs. Sie besaß außerdem eine Reihe von Folkways-Records-Alben – frühe Ethnomusikaufnahmen, wie ich heute weiß – mit Aufnahmen von Trommeln aus der Karibik und Mississippi-Blues, die ich viel häufiger spielte als sie. Beim Hören dieser Aufnahmen wurde mir klar, daß es viele verschiedene Rhythmusarten gibt, und daß jede Musik für sich einen eigenen Rhythmus entwickelt, mit dem sie sich durch die Zeit bewegt.

Gerade im Teenageralter, bekam ich mit, wie die Latin-Rhythmen aus Kuba in New York eindrangen und alle anderen Rhythmen wegspülten. Bands wie die von Tito Puente und Machito waren gigantische Rhythmusmaschinen. Sie spielten einen Musikstil, der weniger melodisch, dafür aber um so rhythmusbetonter war. Es wurde die ganze Nacht ohne Pause gespielt. Fünf oder sechs Bands lösten einander fast unmerklich ab bis zum Morgengrauen. Applaus gab es keinen, die Leute hörten nicht mal richtig zu. Dabei waren diese Rhythmen so grandios, daß sie einen vom Hocker rissen und auf die Beine stellten. Man *mußte* einfach tanzen.

Ich hatte gerade ein paar Monate die High School hinter mir, als ich die Musik des nigerianischen Trommlers Olatunji entdeckte, und ein paar Jahre danach ergatterte ich meinen jetzigen Job als Schlagzeuger bei Grateful Dead. Wiederum ein paar Monate später begegnete ich einem richtigen Rhythmiker, der mir beibrachte, daß Rhythmus einfach Zeit ist, und daß man die Zeit zerteilen kann, wie immer man will, wenngleich bestimmte Arten der Aufteilung interessanter sind als andere – eine Lektion, an der ich immer noch arbeite.

Alles ist Rhythmus und Zeit. Der Wind, der durch einen Baum raschelt – er schafft einen Rhythmus; wenn du dir nur genug Zeit nimmst, wirst du es hören. Versetze dich in einen Zustand der Ruhe, dann wirst du allmählich die Rhythmen der Natur vernehmen. Oder sie fühlen. Versetze dich in einen Zustand der Ruhe und blicke nach innen, und du wirst allmählich deine eigenen Biorhythmen spüren, die einer der Philosophen von meiner »Zeitschnur« »das stille Orchester« nannte.

Alles hat eine Zeit, aber wenn man die Spuren all der verschiedenen Zeiten verfolgte, würde man verrückt. Alles hat eine Uhr – das Wachsen der Bäume, der Flug der Vögel, das Rascheln der Mäuse in der Dämmerung zwischen den Mauern der Häuser, die Autos draußen auf der Straße zur Küste. Die Straße vor meinem Haus hat einen kräftigen Rhythmus, genauso wie die Überlandkabel, die daneben herlaufen. In den letzten hundert Jahren ist ein Netz von elektrischen Kabeln um den Planeten gesponnen worden – es gibt fast keinen Ort mehr, der nicht in Energie eingetaucht ist, die mit fünfzig oder sechzig Hertz pro Sekunde pulsiert. Funktioniert das Gesetz des Einpendelns auch auf dieser Ebene? Werden wir rhythmisch eingependelt durch die elektrische Energie um uns herum?

Neun Monate lang leben wir im Uterus und lauschen dem Orchester unserer Mutter, auf ihren Rhythmus eingependelt. Dann werden wir geboren, und das erste, was auf uns zukommt, ist eine massive Dosis Rhythmus. Unsere Lungen fangen an zu pumpen, unser Herzschlag nimmt einen regelmäßigen Rhythmus an, unsere Sinne beginnen zu sondieren; Schwingungen stürmen in unsere Augen und Ohren, durch die Nase in den Mund und pulsieren gegen die neugeborene Haut.

Es muß der größte Schock im Leben sein, dieser Ansturm von Rhythmen, die uns auf die Tanzfläche ziehen wollen, damit wir uns nach ihnen bewegen.

Es gibt ein altes arabisches Sprichwort: »Wer einen Fehler macht, ist trotzdem noch unser Freund; wer einer Melodie etwas hinzufügt oder wegnimmt, ist immer noch unser Freund; wer aber einen Rhythmus zerstört, ohne es zu merken, kann nicht mehr unser Freund sein.« Es war Ishaq ibn Ibrahim, der im neunten Jahrhundert diese Worte sprach. Er wollte sagen: Wenn du es wenigstens hörst, wenn du dir bewußt bist, daß du den Rhythmus verletzt, dann weißt du, daß du aufhören und prüfen mußt, wo du dich befindest. Wenn du aber den Rhythmus unwissentlich verletzt, zerstörst du alles, weil du nicht aufhörst, und es ist für die anderen, die noch im Takt sind, schwierig, wenn nicht sogar unmöglich, weiterzuspielen.

Darin liegt das Geheimnis, und der beste Rat, den ich dir geben kann, ist, dir deinen eigenen Rhythmus zu erschaffen und dich auf ihn einzuschwingen. Für mich führt der beste Weg zum einen Rhythmus über den Lärm.

Die Membran der Trommel gerät in Schwingungen, wenn der Stock darauf schlägt. Das körperliche Feedback tritt fast augenblicklich ein, strömt durch deine Arme und dringt an dein Ohr.

Rhythmus und Lärm.

Kapitel neun

Porträt des Schlagzeugers an der Schwelle zum Lärm

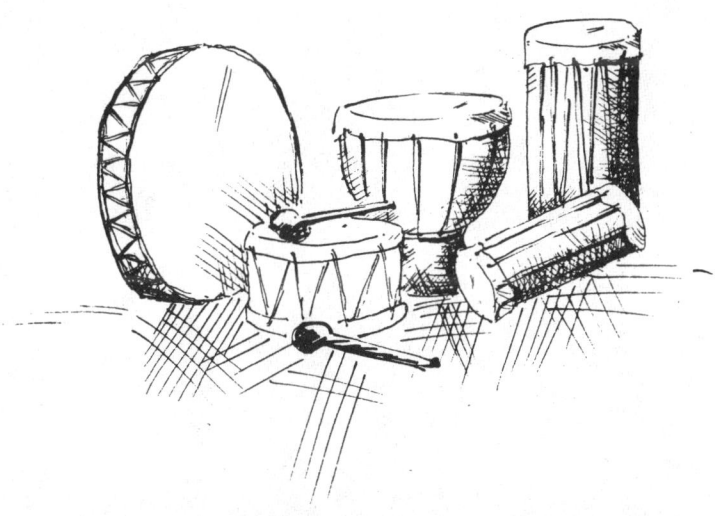

Lärm hat mich schon immer angezogen. Als Kind versuchte ich jedes Mal, wenn ich eine Parade die Straße hinuntermarschieren sah, so nahe wie möglich an die Trommeln heranzukommen, und lief dann die ganze Zeit neben ihnen her. Die Haare in meinem Nacken stellten sich vor Erregung auf, wenn die Kleinen Trommeln in perfekter Synchronizität ihre Botschaft in die Welt brüllten. Die Große Trommel empfand ich wie einen Schlag in die Magengrube, der mir den Atem raubte – meine besonderen Augenblicke. In vielerlei Hinsicht war Lärm für mich das, was ein Musikethnologe als die Lautlandschaft bezeichnen würde, in die man hineingeboren wird. Meine Beeinflussung und Prägung durch die urbane und industrielle Welt meiner Kindheit in Brooklyn war ebenso stark wie die eines Kaluli durch die Dschungellaute seiner Heimat Papua-Neuguinea.

Ein paar Meter vom Haus meines Großvaters entfernt verursachte eine Straßenbahn ein sich ständig wiederholendes, schepperndes, rhythmisches Geräusch. Es war ein Taktgeber mit einem Impuls alle zwanzig bis dreißig Minuten, der nie lauter oder leiser wurde, sondern ewig konstant blieb – bei jedem Wetter, bei jeder Tages- und Jahreszeit. Das andere Ende der Geräuschskala bildete das unaufhörlich summende, atonal-melodische Wogen des Verkehrs auf der Nostrand Avenue, die an dieser Stelle in die breite Quentin Road einmündete. Und dazwischen lag das obertonreiche, übersprudelnde, manchmal ärgerliche Geplärr und Gequäke von Fernsehern und

Radios, das sich mit dem Kreischen und Lärmen herumtobender Kinderhorden vermischte. Ein lauter, perkussiver, großstädtischer Klangteppich.

Ich habe schon immer eine Vorliebe für ungezähmte Laute gehabt, und wenn noch Überraschendes, Unerwartetes hinzukam – um so besser. Sie mußten nicht unbedingt aggressiv sein – sie konnten so sanft sein wie ein Regentropfen oder scharf und rauh wie Hundegebell. Wichtig war nur, daß sie mit einer geradezu schmerzenden Erregung an mir zerrten.

Ich hatte ein ganzes Register von Zitaten in meiner Anakonda, meinem Computerinformationsbaum, die sich auf Lärm bezogen.

Aus dem Film *Die Buddy Holly Story:*

Mrs. Holly: »*Was ist denn das für ein Lärm?*«
Buddy: »*Ach, das ist nur Rock'n'Roll.*«

Von meinem Bandkollegen Jerry Garcia:

Meine musikalische Herkunft ist die Folk-Musik, und deshalb ist für mich der Gedanke, Lärm als Musik zu betrachten, ein wenig fremd. Aber ich erinnere mich noch, wie Pigpen und Phil und Weir und ich einmal nach Los Trancos hinauffuhren, oben in den Hügeln bei Palo Alto. Damals nannten wir uns noch The Warlocks, und wir spielten hauptsächlich in Bars mit einem etwas älteren Publikum. Wir sind also oben auf diesem Hügel, und da kommt ein Flugzeug, ein Riesenjet, im Landeanflug genau über unsere Köpfe hinweg, und der Sound von diesem Ding – der Sog seiner Motoren – spaltete das Weltall. Wir standen da, und es war, wie wenn jemand daherkommt und einfach alles total wegputzt! Weißt du, dieses Geräusch nahm einfach alles mit, es fegte die Geschichte weg. Es war wie eine erdgeschichtliche Katastrophe – ein riesiger

Lärm. Für mich war das ein Augenblick, in dem alles – alle Klänge, alle Musik und alles, alles mit eingeschlossen – neu geboren wurde. In diesem Moment erhielt das Wort »Lärm« auch in meinem musikalischen Vokabular einen festen Platz. Ich arbeitete dann lange daran, meine Gitarre wie einen Düsenjet klingen zu lassen.

Aus dem *Oxford English Dictionary*:

»Noise«: *(1) Lauter Aufschrei, Lärm oder Geschrei; ohrenbetäubender Krach oder Aufruhr, hervorgerufen von einer oder mehreren Personen. (2) Öffentliche Meinung, Gerücht; auch böse Nachrede, Verleumdung, Klatsch. (3) Lautes oder grelles Geräusch jeder Art, Krach. (4) Anhaltendes Geräusch, oft im Hintergrund, von unbedeutender Lautstärke. (5) Angenehmer oder melodiöser Klang – in dieser Bedeutung selten angewendet.*

Von mir selbst:

Musiker müssen sich mit der Tatsache auseinandersetzen, daß sie auch Lärm machen. Lehnt denn ein Maler manche Farben kurzerhand ab, nur weil sie nicht schön sind? Sollte also ein Musiker manche Klänge von vornherein ausschließen?

Von Andy Schloss:

Du kannst jeden beliebigen Klang nehmen – wenn du ihn kurz genug machst, wird daraus ein Geräusch: Lärm.

Von Luigi Russolo, aus seinem futuristischen Manifest *The Art of Noises*, veröffentlicht 1913:

Bis zum neunzehnten Jahrhundert, bis zum Zeitalter der Maschinen, existierte Lärm eigentlich nicht. *Heute beherrscht er unumschränkt die menschliche Sensibilität. Viele Jahrhunderte lang lief das Leben leise oder gedämpft ab. Die lautesten Geräusche waren weder sehr intensiv, noch sehr lang andauernd, noch besonders verschiedenartig. Tatsächlich ist die Natur für gewöhnlich still, abgesehen von Gewittern, Stürmen, Lawinen, Wasserfällen und Erdbeben. Deshalb war der Mensch über die ersten Klänge aus einem mit Löchern versehenen Rohr oder über die Töne einer gespannten Saite erstaunt.*

Russolos Theorie gefiel mir so gut, daß ich mir das Recht erwarb, sein Manifest neu drucken zu lassen. Mir schwebt immer noch vor, es als billiges Taschenbuch herauszugeben, quasi um damit die Vorstellungen einiger Leute bezüglich Lärm zu korrigieren.

Noch einmal Russolo:

Die Musik hat sich zu einer Suche nach größerer Mannigfaltigkeit der instrumentalen Ton- und Farbgebung, zu einer Suche nach den komplexesten Reihen dissonanter Akkorde entwickelt, und auf diese Weise hat sie das Terrain für musikalischen Lärm bereitet.

Bisher haben wir uns am Wohlklang und an der Harmonik der großen Meister erfreut. Jetzt aber haben wir genug davon. Und deshalb macht uns heute das Gemisch von Straßenbahn- und Autogeräuschen, der Lärm von Menschenmassen unendlich viel mehr Vergnügen als die heroischen oder idyllischen Symphonien.

Jeder Ausdruck des Lebens ist von Lärm begleitet, und darum ist Lärm uns von Anfang an vertraut. Lärm hat auch die Kraft, uns ins Leben zurückzu-

bringen. Musik dagegen ist etwas dem Leben eigentlich Fremdes, und deshalb erregt sie bei uns nicht mehr Aufsehen als ein oberflächlich bekanntes Gesicht in der Menge. Lärm ergießt sich ohne Ordnung, chaotisch und unregelmäßig aus dem Leben; wir können ihn nie vollständig erfassen, und deshalb überrascht er uns immer wieder aufs neue. Indem wir die verschiedenen Arten von Lärm ordnen und koordinieren, bereichern wir die Menschheit mit einer unerwarteten Sinneslust.

Lärm hat mich schon immer angezogen, aber erst mit dreiundzwanzig Jahren gab ich dieser Anziehungskraft nach. Die präzisen und bis ins Detail reglementierten Rudiments waren von ihrem Wesen her genau das Gegenteil von Lärm, und meine Big-Band-Phantasien à la Sonny Payne ebenfalls. Heute geniere ich mich fast, weil meine ersten Träume von musikalischem Erfolg so brav waren. Sie sind ein gutes Beispiel dafür, wie sehr die Vorstellungskraft eines Menschen von seiner Umwelt eingeschränkt wird, beziehungsweise wie schwer es ist, wirklich bis an die *Schwelle* vorzustoßen, sofern man nicht das Glück hat, über einen Lehrer zu stolpern. Für mich war das Billy Kreutzmann, der mich damals ins Matrix mitnahm, wo Janis Joplin, James Gurley und die anderen von Big Brother and the Holding Company meine kleinen, einfachen und bequemen Vorstellungen von Musik aufbrachen und mir nichts anderes übrigblieb, als mich meiner Erregung und Hilflosigkeit einfach hinzugeben.

Kreutzmann und ich wurden nach diesem Abend im Matrix gute Freunde. Wir gingen oft zusammen weg und klapperten mit seinem Wagen ganz Haight-Ashbury ab, doch vor allem begannen wir, miteinander zu trommeln. Haight-Ashbury bot wahrscheinlich das Optimum an

Lärm, das man im Amerika der mittsechziger Jahre finden konnte, weil sich wohl damals in Sachen Bewußtsein dort mehr tat als irgendwo sonst auf diesem Planeten. Über Haight-Ashbury zu sprechen ist unmöglich, ohne dabei die verändernde Wirkung von LSD zu erwähnen. Die Leute waren die ganze Zeit *high* von Drogen. Leonard Wolf, ein Professor an einem der Colleges dort und einer der ersten, der diese Vorgänge genau beobachtete, verglich es mit »einem Ameisenhügel, in dem die Ameisen alle betrunken, aber sehr geschäftig sind und irgendwie, wenn der ganze Tumult zum Erliegen kommt, auch etwas erreichen«. LSD drehte die Lautstärke auf, und all jene Dinge, die der Verstand normalerweise als unnützen Lärm ausscheidet – spirituelle göttliche Erscheinungen, paranoide Phantasien, imaginäre Gedankensprünge und Zusammenhänge –, kamen plötzlich laut und deutlich zum Vorschein.

Was mir zu Haight am stärksten in Erinnerung geblieben ist, war dieses unbeschreibliche Gefühl von Kreativität. Jeder Mensch war ein Künstler, ganz egal, ob er etwas konnte, was in unserer Kultur als »Kunst« anerkannt war, oder nicht. Jeder war *high* vom Abenteuer des Forschens, jeder war damit beschäftigt, sich zu verändern und neu zu werden.

Billy lud mich zu Proben seiner Band ein. Ein paar Mal verließ ich den Musikladen früher, um hinzugehen, aber ich schaffte es nie, das Lagerhaus zu finden, in dem sie jeweils gerade probten. Schließlich sah ich sie am 29. September 1967 in einem kleinen Club namens »Straight Theater« zum ersten Mal spielen.

Das einzige, was ich über diese Band gehört hatte, war, daß ihr Leadsänger aussah wie ein Hell's Angel. Ich erinnere mich noch, daß die Gruppe eine Art Blues spielte, wobei die Tempi auf ungewöhnliche Weise, aber irgendwie sehr geschickt, zu- oder abnahmen, so daß die

Musik sehr lebendig wirkte, ja fast zu atmen schien. Und es war LAUT!

Nach einem Set von zwei Stunden trafen Billy und ich uns in der Pause. Ich war ungeheuer aufgeregt und redete begeistert davon, wieviel Energie seine Band hatte und wie laut sie war, doch er sagte nur: »Machen wir uns einen Spaß. Laß uns noch ein Schlagzeug auftreiben, und dann spielst du den zweiten Set einfach mit.« Wir rannten los, stiegen in seinen Lastwagen und fuhren zu einem Freund. Dort luden wir ein Schlagzeug auf, fuhren zurück zum Straight, bauten es in Windeseile auf und legten sofort mit dem nächsten Set los. Er begann mit einem Stück, an dem sie schon länger herumexperimentierten und das sie mit »Alligator/Caution« betitelt hatten. Alles war so hektisch und schnell gegangen, daß mir erst in dem Moment, als der Song schneller wurde, der Gedanke kam, daß ich ja überhaupt keine Ahnung hatte, was ich eigentlich spielen sollte. Und dieser Sänger, Pigpen, stand nun vor mir und röhrte wie ein Wilder: »Alligator creeping round my doooorrrr!«

Neben ihm hatte Jerry Garcia, der Leadgitarrist, seine Anlage aufgebaut. Seine Finger rasten nur so über die Bünde seines Instruments, und es klang sehr seltsam – verstehen konnte ich das erst viel später, als er mir erzählte, daß er ursprünglich Banjo gespielt hatte und in letzter Zeit öfter versuchte, auch die Gitarre wie ein Banjo zu spielen.

Unmittelbar neben Garcia stand Phil Lesh, der Bassist, und zog seinen langen, dünnen Körper zusammen und dann wieder auseinander, genau wie die Baßlinien, die er spielte – wie ein Wal, der zur Wasseroberfläche auftaucht, dann wieder in die Tiefe sinkt, wieder hochkommt und so fort.

Als nächster kam Bobby Weir, der mit seiner Rhythmusgitarre nur so herumfuchtelte. Dieser ansonsten sanfte, wirklich angenehme Typ – der Jüngste in der Band – spielte wie ein Berserker, knallte sein Instrument immer wieder mit voller Wucht gegen die Anlage.

Zum Glück war gleich neben mir einer, den ich kannte: Billy, der, ohne sich groß anzustrengen, an seinen Trommeln herumtanzte und dabei einen erdigen, pulsierenden Rock hinlegte. Ich war sehr beeindruckt davon, wie ernst jeder bei der Sache war – voll und ganz auf sein Instrument konzentriert –, doch ohne daß dieser Ernst etwas Bedrückendes hatte. Die Grundidee des Ganzen war einfach nur, Spaß zu haben und womöglich auch musikalisches Neuland zu erkunden.

Billy, wenn er über seine Band sprach, hatte immer wieder hervorgehoben, daß beim Spielen Unerwartetes durchaus willkommen war und sogar gesucht wurde. Also warf ich meine Vorsicht über Bord und legte einfach los. Bald hatte ich ein Gefühl, als würde ich in den Sog einer Düse hineingepeitscht, aber ich war so sehr mit Spielen beschäftigt, daß ich keine Zeit zum Nachdenken hatte, bis »Alligator/Caution« ungefähr zwei Stunden später zum Ende kam. Es hatte den ganzen Set über gedauert. Danach fühlte ich mich so ruhig, so *clean*, als hätte ich ein langes, dampfend-heißes Duschbad genommen.

Du übst jahrelang, bis du technisch so perfekt bist, daß dein Instrument ein Teil deines Körpers wird. Dann brauchst du nicht mehr über Dinge wie Fingersatz nachzudenken oder Taktschläge zu zählen; dein Geist ist frei für höhere Dinge, von denen die meisten dazu dienen, deinen persönlichen Stil zu finden und zu vervollkommnen. Das ist in zweifacher Hinsicht ein schwieriges Stadium, denn durch dein Training bist du ja darauf getrimmt, die großen Vorbilder deines musikalischen Genres nachzuahmen: beim Schlagzeug also die Krupas, die Riches, die Paynes. Du arbeitest darauf hin, so wie sie, will sagen, so *gut* wie sie zu werden, dir ihre technische

Brillanz anzueignen, und doch kommt eines Tages ein Augenblick wie der, den ich damals im Straight Theater erlebte – so völlig unerwartet, daß ich mich oft gefragt habe, was wohl passiert wäre, wenn ich Billy Kreutzmann nicht getroffen hätte. Hätte ich dann immer noch ein Schlagzeuggeschäft irgendwo und würde am Wochenende auf irgendwelchen Wettbewerben Rudiments spielen und vielleicht mit Lenny Trommelkorps unterrichten?

Am Ende des Sets umarmten wir uns alle wortlos. Später erzählte mir Garcia, jeder von ihnen hätte gespürt, als ich schließlich in das Stück hineinfand. Und plötzlich hatten sie auch bemerkt, daß die Band mit zwei Schlagzeugern einen so gewaltigen Groove würde spielen können, daß das Publikum einfach nicht mehr widerstehen konnte. Es schien außer Frage, daß wir dieses Abenteuer gemeinsam erforschen würden.

Ich war dabei – einfach nur so.

Über meine Kollegen von Grateful Dead ist schon vieles geschrieben worden, deshalb beschränke ich mich auf ein paar erste Eindrücke. Ich glaube, das Wichtigste war, daß wir alle von Lärm fasziniert und in ihn verliebt waren, jeder auf seine eigene Art.

Pigpen spielte den Blues, und sein Lärm, seine Lautstärke war der Ausdruck des großen psychischen Schmerzes, der aus der afrikanisch-amerikanischen Erfahrung der Sklaverei und Unterdrückung herrührt. Er war der Sohn eines Rhythm'n'Blues-Diskjockeys, und er schien zu seinem Schmerz einen direkten Draht zu haben. Der Blues stellte Pigpens Wahrheit dar, und darauf stützte er sich voll und ganz. Seine Droge fand er im Alkohol, an dem er mit siebenundzwanzig Jahren starb. Hinter seinem unangenehmen Äußeren verbarg sich ein liebenswerter und freundlicher Mensch.

Phil Lesh war der Intellektuelle in der Band; er hatte Musik studiert. Für ihn war Lärm Dissonanz. Er wußte Bescheid über die atonalen Experimente der westlichen Kunstmusik – Schönberg, Webern und so weiter – und setzte diese orchestralen Techniken in seinem Baßspiel ein. Phil machte den Baß zu einem neuen Instrument. Er spielte nicht nur die traditionellen Rock'n'Roll-Baßlinien, sondern entlockte ihm dichte, donnernde Akkorde, die nicht nur hörbar, sondern auch spürbar waren und im wahrsten Sinne des Wortes durch Mark und Bein gingen. Er sah in allen Dingen musikalische Möglichkeiten.

Bobby Weirs Beziehung zum Lärm erhielt seine Prägung hauptsächlich durch sein soziales Umfeld. Er war in einer einengenden, großbürgerlichen Umgebung aufgewachsen, in der es sehr zahm und manierlich zuging. Er floh zum Lärm und zur Freiheit des Rock'n'Roll wie ein Verfolgter, der über die Mauer springt.

Jerry Garcia kam aus der Folk-Szene, und deshalb betrachtete er sich eigentlich nicht als einen, der Lärm macht, aber laut war er trotzdem. Das Banjo ist ein verdammt lautes Instrument, wenn man es sich richtig überlegt; außerdem ist es sehr rhythmisch. Die fünfte Saite ist eine Bordunsaite, und es hat sogar eine Membran wie eine Trommel. In meinem Innern hatte ich schon immer den Verdacht, daß Garcia eigentlich gern Schlagzeuger geworden wäre. Er war sehr empfänglich für Lärm, und als er auf die E-Gitarre umstieg, ging er sofort ins Extrem und spielte so laut, daß seine Töne brüllten und jaulten wie der Jet, dem er damals nacheifern wollte.

Kreutzmann war sozusagen die Ausnahme, die die Regel bestätigt. Er lärmte nicht; vielmehr hatte er die Gabe, in jedem Lautgeschehen und jedem Lärm den Beat zu finden und herauszuarbeiten. Er hatte ein natürliches Taktgefühl, und deshalb spielte er sehr fließend und geschmeidig. Das machte ihn unersetzbar. Billy war das Zentrum, von dem aus wir anderen unsere musikalischen und lärmenden Erkundungen bis hin an die *Schwelle* machen konnten. Aber das funktionierte natürlich nur, weil er seinerseits die Energie und den Lärm, den wir gemeinsam produzierten, brauchte.

Jeder wollte immer noch lauter werden. Jede Band, die ich kannte, wollte unbedingt noch mehr Verstärker. Gruppen, für die vor kurzem ein VW-Bus noch groß genug gewesen war, brauchten jetzt schon einen Kleinlaster. Wir dehnten die Lärmgrenzen immer weiter nach oben aus und riefen dabei unwissentlich bei uns allen Adrenalinausschüttungen hervor, die ihrerseits für die fast atemberaubende Spannung verantwortlich waren, die wir angesichts dieser lauten Musik spürten – als würden wir nicht auf der Bühne des Fillmore stehen, sondern in einer Achterbahn Loopings fahren. Die Musik hatte eine Körperlichkeit, die mir zuvor nie aufgefallen war. Nach einem sehr lauten Set konnten die Leute nicht mehr richtig gehen und sprechen; sie redeten undeutlich. Und manchmal besserten sich sogar starke Erkältungen mit Kopfschmerzen oder verschwanden ganz.

Ein unmittelbares Problem für Kreutzmann und mich ergab sich aus der Frage, wie wir mit den immer lauter werdenden Gitarristen mithalten konnten. Die Hinzunahme eines zweiten Schlagzeugs war für sie ein willkommener Anlaß, ihre Verstärker noch mehr aufzudrehen. Wir Schlagzeuger befanden uns in der schwierigen Lage, daß wir inmitten einer elektronischen Revolution akustische Instrumente spielten. Eine Zeitlang spielten wir einfach lauter, mit mehr Krafteinsatz. Jeder Auftritt glich für uns einem Sechs-Stunden-Marathon, kombiniert mit fünfzehn Runden im Boxring. Billy und ich schwitzten und keuchten, während die Gitarrenhelden lässig um uns herumschlenderten und hin und wieder zu ihren Anlagen nach hinten spazierten, um sie noch ein Stückchen aufzudrehen.

Rückkopplungen liebten sie ebenso. Einer fing für gewöhnlich damit an, und bald darauf verschwand in der Regel jeder Song unter Wogen von Feedback-Gejaule und elektronischem Lärm. Es war, wie wenn man einem Schwarm Piranhas ein frisch geschlachtetes Hühnchen vorwirft. Phil bekam fast Schaum vor den Mund, wenn er seinen Baß gegen die Anlage knallte. Und Jerry ließ alles stehen und liegen und rannte auf seinen Verstärker los, als könne er es nicht erwarten, mit dem Feedback anzufangen. Mein Gott, es war so aufregend. Für einige Zeit warst du an der *Schwelle* zum Wahnsinn mit dieser Anlage, die überall um dich herum nur noch brüllte und röhrte wie ein riesenhaftes Ungeheuer. Doch irgendwann erinnerte sich für gewöhnlich wieder jemand an das Stück oder fing einfach ein neues an, und die Gefahr löste sich in nichts auf.

Ich glaube, in den Anfangstagen lief es fast jedesmal so ab. Pigpen mochte das überhaupt nicht. Das war nicht der Blues. Er versteckte sich dann immer hinter seiner Orgel, bis wir nach ihm riefen und ihn aufforderten weiterzuspielen. Ich kann ihm deswegen eigentlich nicht böse sein, denn wenn es um Lärm ging, waren wir wirklich wie Kinder, die gerade laufen lernen. Tatsächlich waren das damals die ersten Gehversuche auf einem Gebiet, das sich zu einer lebenslänglichen Obsession entwickeln sollte: die vollkommene Ausgewogenheit zwischen klarem, sauberem Sound und Lautstärke zu finden.

Kreutzmann und ich arbeiteten hart daran, daß unser Schlagzeugspiel genau synchron wurde. Manchmal spielten wir stundenlang quasi Arm in Arm, wobei er einen Stock in der Hand hatte und ich den anderen. Eines unserer intensivsten Trommelexperimente hatten wir, als wir in Los Angeles das Album *Anthem of the Sun* einspielten. Die Band hatte dazu das Schloß eines ehemaligen Filmstars in den Hollywood Hills gemietet, ein riesiges, gespenstisches Gebäude mit feuchten Mauern und Wendeltreppen. Billy und ich zogen uns mit unseren Übungspads in ein leeres Zimmer zurück, das wir tagelang nicht mehr verließen. Ich habe einmal starke Hypnosetechniken erlernt, und mit diesen versuchten wir jetzt, auf einer möglichst tiefen und intensiven Ebene zueinanderzufinden. Wir spielten stundenlang: Ich brachte Billy bei, was ich über die Rudiments wußte, und er zeigte mir, wie man rockt.

Ich hatte natürlich schon von diesem rhythmischen Aufeinandereinpendeln gehört, das Rock- und Jazzmusiker »den Groove« nennen. Beiläufig hatte ich das auch schon selbst erlebt, aber Billy lehrte mich, dem Groove zu vertrauen und mich von ihm führen zu lassen wie von einem Leitstrahl.

In diesen Wochen in Los Angeles geschah etwas, das schon fast in den körperlichen Bereich überging. Es war, als hätten Kreutzmann und ich gelernt, unseren Herzschlag, diesen elementarsten physiologischen Beat, zu synchronisieren, so daß uns trotz der großen Verschiedenheit unserer Stile ein gemeinsamer Rhythmus verband, wenn wir spielten.

Das erste Haus von Grateful Dead war in der 710 Ashbury. Aber zu der Zeit, als ich in die Band einstieg, hatten Kreutzmann und Lesh schon das Erdgeschoß in einem Gebäude in der Belvedere Street, ein paar Blocks weiter, gemietet. Dort gab es einen kleinen Wandschrank, der kaum benutzt wurde, weil er um eine Wendeltreppe herumgebaut war, über die man früher ins obere Stockwerk gelangen konnte. Das wurde mein Zimmer. Es war gerade groß genug für eine Matratze und eine Kerze, und dort verkroch ich mich oft stundenlang mit meinem Übungspad und spielte zur Musik von Platten, die ich immer und immer wieder auf meiner kleinen tragbaren Stereoanlage abnudelte.

Eines Tages gab mir Phil eine Platte mit der Bemerkung: »Ich denke, das solltest du dir mal anhören.« Sie war von einem *Tabla*-Spieler mit dem Namen Alla Rakha und hatte den Titel *Drums of North and South India*. Mit *Tablas* hatte ich schon ein bißchen herumgespielt, ohne mir ernsthaft Gedanken dabei zu machen, und deshalb war ich ziemlich gespannt, als ich die Platte auf den Teller legte und meine *Tablas* hervorholte, um gleich mitzuspielen.

Ich berührte die Felle der *Tablas* vielleicht zwei oder drei Mal zu Beginn der Platte, doch dann mußte ich aufhören. Ich saß nur noch da, völlig sprachlos und mit einem Gefühl, als hätte jemand sämtliche Lichter ausgedreht – was Rhythmus anbelangt natürlich. Das hörte sich an, als würden fünf oder sechs Leute sehr präzise, kraftvolle Rhythmen zusammen spielen, die sich aber permanent veränderten. Jedesmal, wenn ich dachte, ich hätte den Beat erkannt, löste er sich in nichts auf, um etwas später in einem völlig neuen Rhythmus wieder aufzutauchen – wie wenn man einen Fisch mit der Hand fangen will. Ich sah auf dem Plattencover nach; das konnte einfach nicht nur »*ein* Inder mittleren Alters« sein! Aber genau das sagte der Text.

Ich öffnete die Tür und rief nach Phil. »Tu mir einen Gefallen«, sagte ich zu ihm, »lies, was auf diesem Plattencover steht, und sag mir dann, daß das nicht nur einer ist, der da spielt.« Phil versicherte mir, daß nur *ein* Perkussionist auf diesem Album spielte.

Alla Rakha war ein Meister des Rhythmus – der erste für mich. Er war ein Mozart meines Instruments, ein Einstein des Rhythmus, doch die Musik der Welt ist in ein derart rigides System von Kasten gezwängt, daß ich von diesem Mann noch nie etwas gehört hatte. Ebensowenig war mir bekannt, daß in Indien Trommler die Kunst des Rhythmus zu einer solch hohen Komplexität verfeinert hatten, daß es sogar für jemanden, der sich sein ganzes Leben lang schon mit Rhythmus befaßte, wie Zauberei klang.

Ein paar Wochen später waren Grateful Dead in New York und spielten in Bill Grahams Fillmore East. Am ersten Abend befanden sich hinter der Bühne fast mehr Leute als im Publikum, darunter auch eine Bekannte namens Jean Mayo, die sich in New York aufhielt, weil sie die erste US-Tournee einer Gruppe klassischer indischer Musiker betreute, zu der auch der Sitarspieler Ravi Shankar und der Perkussionist Alla Rakha gehörten. Sie spielten an einem Abend, an dem ich freihatte, in Mineola auf Long Island.

Alla Rakha spielen zu sehen, war für mich wie die göttliche Erfüllung eines Wunsches. Das ganze Konzert hindurch war mein Blick wie gebannt nur auf seine Hände gerichtet. Ich bekam nicht einmal richtig mit, wie er aussah, bis Jean uns nach dem Konzert hinter der Bühne miteinander bekannt machte.

Als Alla Rakha erfuhr, daß ich Schlagzeuger sei, lud er mich gleich in sein Hotelzimmer zum Tee ein. Ich nahm mein Übungspad und ein Paar Stöcke mit, und zufälligerweise hatte ich auch ein Trinom in der Tasche. Das ist ein elektronisches Metronom, das drei Rhythmen gleichzeitig wiedergeben kann. Jeder Rhythmus hat einen eigenen Klang. Man kann es so einstellen, daß sich diese drei

Beats in endlosen Schleifen ständig ineinander verweben und wieder auseinandergehen, und jedes Mal, wenn sich die Schleifen überschneiden, gibt es einen Klingelton, der die Eins anzeigt.

Die Eins – das Alpha und Omega, der Anfang und das Ende jedes rhythmischen Zyklus.

Alla Rakha fand das Trinom ganz lustig, doch dann nahm er mein Übungspad und zeigte mir ein Rhythmusspiel. Er schlug einen Zehnertakt und sagte dann eine Zahl, und ich sollte versuchen, genau diese Anzahl von Schlägen in seinem Zehnertakt unterzubringen. Wenn er beispielsweise »zwölf« rief, sollte ich zwölf Schläge so zu seinen zehn dazuspielen, daß sein und mein letzter Schlag sich trafen – auf der Eins.

Mit diesem einfachen Spielchen zerstörte Alla Rakha alle meine bisherigen Überzeugungen bezüglich Rhythmus. *Rhythmus ist nichts als Zeit, und die Zeit kann auf alle möglichen Arten aufgeteilt werden.* Wir spielten einen Elfer- und einen Neunertakt zusammen oder einen Zwölfer und einen Achter oder einen Fünfzehner und einen Dreizehner. Er veranschaulichte mir die simple Tatsache, daß zwölf Takte mit elf Schlägen das gleiche ist wie elf Takte mit zwölf Schlägen.

Alla Rakha hielt meine Hand, wenn ich spielte, damit ich spüren konnte, daß die Zeit unendlich dehnbar ist. Er brachte mir das Gefühl dafür bei, wie man einen Vierertakt mit der linken und gleichzeitig einen Fünfertakt mit der rechten Hand spielt.

Ich konnte es sogar dann spüren, wenn ich nur mit den Fingern auf meinem Übungspad spielte. Jedesmal bei der Eins fühlte ich einen kleinen Energieschub – *pop!* – wie ein Adrenalinstoß, nur in meinem Kopf. Ich verließ dieses Hotel mit einem Gefühl, als hätte ich den Stein der Weisen gesehen.

Als wir wieder in San Francisco waren, begann die

ganze Band, Alla Rakhas Rhythmusspiele zu üben. Monatelang spielten wir jeden Tag, außer wenn wir Auftrittstermine hatten, nichts anderes als Siebener- und Fünfer- oder Elfer- und Neunertakte übereinander und so weiter. Unser Stück *The Eleven*, das einen Elfertakt hatte, entstand in jenen Tagen.

Wir spürten, daß wir kurz vor einem Durchbruch standen; daß in diesen Rhythmusspielen der Schlüssel zu einer neuen Art von Musik verborgen lag: polyrhythmischer Rock'n'Roll. In dieser Phase des Experimentierens hörten wir auf, eine reine Bluesband zu sein, und begannen, uns dahin zu entwickeln, wo wir heute sind.

Viele dieser Rhythmen waren mit dem Backbeat nicht in Einklang zu bringen, aber bei einigen ging es ganz gut; und wenn der Wettkampf der Rhythmen nichts mehr brachte, dann gab es immer noch die Eins. Jedesmal, wenn wir uns auf der Eins wiedertrafen, steigerte sich der Groove bei allen, und das Zusammenspiel wurde intensiver. Manchmal hatte ich das Gefühl, daß wir zu einem großen, lauten Tier zusammenwuchsen, das Musik macht, indem es atmet.

Wir wurden auch immer noch lauter. Das war eine andere unserer Missionen: die Grenzen des Sounds zu erforschen. Wir haben schließlich Millionen ausgegeben für den permanenten Versuch, unseren Zuhörern den Grateful-Dead-Sound klar, sauber und verzerrungsfrei, dabei aber mit guter Lautstärke, zu vermitteln.

Wir entdeckten jedoch auch, daß mit jeder Steigerung des Geräuschpegels verborgene Strömungen und tiefliegende Bedeutungen in der Musik auftauchten, die wir zuvor nicht erfaßt hatten und die uns zwangen, uns mit der generellen Richtung unserer musikalischen Entwicklung immer neu auseinanderzusetzen. Als die PA-Anlagen größer und größer wurden, bemerkten wir zum Beispiel, daß wir den von den Wänden der jeweiligen Halle reflektierten Sound, das Echo, miteinbeziehen und beeinflussen konnten. Damit konnten wir auch besser einschätzen, wie es im Publikum klang, und mit diesem Wissen wiederum konnten wir den elektronischen Hall optimal einsetzen, und das Publikum wurde noch stärker mitgerissen.

Seit ich bei Grateful Dead spielte, sah ich meinen Vater kaum mehr. Er war durch eine neue Heirat ein gläubiger Christ geworden. Für ihn waren wir nur ein Haufen Verrückter, die eine Musik machten, die man sich nicht anhören konnte. Aber wir blieben bei unserer Sache, und als wir allmählich erfolgreich wurden, tauchte Lenny plötzlich wieder auf und ließ sich ab und zu bei uns sehen. Mit dem Schlagzeugladen ging es abwärts; er langweilte ihn.

Eines unserer größten Probleme war der Umgang mit dem Geld. Wir schafften es einfach nicht, die geschäftliche Seite der Band so in Schuß zu bringen, daß finanziell etwas dabei heraussprang, und deshalb war es auf die Dauer wahrscheinlich unvermeidbar, daß in Zusammenhang mit einem möglichen Geschäftsführer Lennys Name fiel. Er hatte Erfahrungen im Bankgeschäft gesammelt, er hatte einen Musikladen gehabt, er war selbst Musiker gewesen, und zu guter Letzt war er auch noch der Vater eines der Bandmitglieder. Was konnten Menschen, denen die geschäftliche Seite des Musikmachens zuwider war, mehr verlangen? Unser aller Hoffnung war, daß Grateful Dead von Lenny in das Licht und die Weisheit der modernen Finanzwelt eingeführt würden.

Er nahm uns nach Strich und Faden aus.

1970 kamen eines Abends nach der Show ein paar Typen auf die Bühne und verlangten die Herausgabe von Pigpens Orgel. Wir waren platt – hatten wir doch gedacht, daß es mit uns finanziell bergauf ginge; schließlich spielten wir fast jeden Abend vor ein- bis zweitausend Leuten! Am Tag darauf gingen Phil und ich zu Lenny. Phil wollte die Bücher sehen. Lenny weigerte sich auf eine schmierig-elegante, typisch bankermäßige Art, und in diesem Augenblick war mir klar, daß der Scheißkerl unser Geld klaute. Während wir wie Besessene arbeiteten und unseren Abenteuern in der Erforschung des Sound nachgingen, hatte mein charmanter Daddy den ganzen Rahm abgeschöpft! Wieviel er uns gestohlen hat, konnten wir nie in Erfahrung bringen.

Lenny mußte dafür ins Gefängnis. Es war mir unmöglich, mich in seiner Nähe aufzuhalten oder auch nur zu seiner Verhandlung zu gehen. Ich wollte nicht mehr spielen und schon gar nicht auf Tournee gehen, war nur noch durcheinander und völlig aus dem Gleichgewicht. Am liebsten wäre ich weggelaufen, um mich zu verstecken und zu heulen. 1971 hörte ich auf, mit Grateful Dead auf Tournee zu gehen, und tauchte im Stall unter.

Ich war der erste in der Band, der die Stadt verließ und aufs Land ging: 1968 zog ich auf die Novato Ranch. Mir war zu Ohren gekommen, daß die Ranch früher der Geliebten eines reichen Arztes in Los Angeles gehört hatte, die dort mit großem Eifer ihrem Hobby, der Gärtnerei, nachgegangen war. Sie hatte fast zwanzigtausend Quadratmeter Kräuter- und Blumengärten angelegt, die zwar mittlerweile etwas verwildert, aber trotzdem noch sehr beeindruckend waren. Es fanden sich die unterschiedlichsten Pflanzenarten aus der ganzen Welt darin, und sogar ein kompliziertes unterirdisches Bewässerungssystem hatte sie angelegt.

Die Ranch war eine Kommune, und obwohl ich nicht mehr in der Band spielte, wohnten doch fast die ganze Zeit viele Mitglieder der Grateful-Dead-Großfamilie dort. Wenngleich ich der Gastgeber war, lebte ich doch die meiste Zeit einsam und zurückgezogen. Man ließ mich mit meinem Schmerz einfach allein und in Ruhe. Die Band machte mir wegen Lennys Verhalten keinerlei Vorwürfe; das stellten alle sehr deutlich klar. Sie bezahlten mich sogar weiter und betrachteten mein Ausscheiden als Urlaub, der enden würde, sobald ich es schaffte, die Dämonen, gegen die ich kämpfte, niederzuzwingen. Wann immer es soweit sei, könne ich wieder einsteigen.

So gingen drei Jahre vorbei. Wenn ich zurückblicke, kommt es mir vor wie eine Zeit der Buße. Drei Jahre lang war ich immer tiefer in Lärm und Lautstärke eingedrungen, und nun war ich zu drei Jahren Stille und leisen Naturgeräuschen verurteilt – dem nächtlichen Singen und Summen von Insekten im Garten und dem Ächzen der Bäume im Wind. Ich war aufgewachsen zwischen Beton und Asphalt, umgeben von elektrischen Leitungen und großstädtischem Lärm und Treiben, und jetzt ertappte ich mich plötzlich dabei, wie ich den Rhythmen der Natur lauschte.

Vor allem Wasser. Ich hatte mir nie groß Gedanken darüber gemacht, woher es kam und wie lebenswichtig es ist. Auf der Ranch wurde mir die simple und ganz natürliche Tatsache klar, daß es ohne Wasser keine Oase geben kann – und auch keine Kultur. Es ist kein Zufall, daß die Zivilisation in Flußtälern begann: am Indus, am Nil und im Gebiet von Euphrat und Tigris.

Der Herzschlag der Ranch war die Pumpe – dieses

gurgelnde Geräusch des Wassers. Wenn man es hörte, war alles gut; doch sobald es ausblieb, schlichen sich sofort sorgenvolle Gedanken ein. Eine defekte Pumpe war gar kein so seltenes Ereignis, wie wir gehofft hatten, und es verlangte jedesmal eine sofortige Neuordnung der gesetzten Prioritäten.

Je länger ich auf der Ranch lebte, desto mehr stimmte ich mich auf das Lied der Pumpe ein. Ein Teil meines Gehirns war ständig auf der Suche nach diesem unverkennbaren Sound, sogar wenn ich schlief. Und sogar einer meiner ersten Kompositionsversuche war vom Rhythmus dieser Pumpe mitinspiriert, ein Song, den ich später mit *The Greatest Story Ever Told* betitelte.

Eines Tages kam Joe Smith, der Präsident von Warner Brothers Records, zum Stall. Es hatten Gespräche wegen eines Soloalbums stattgefunden, und da ich nicht zu ihm nach Los Angeles fahren wollte, sah er sich gezwungen, mich in meinem Reich aufzusuchen. In einer riesigen schwarzen Limousine rollte er in unseren bescheidenen, ländlichen Hof; es sah aus, als wäre irgendein futuristisches Insekt bei uns gelandet.

Joe war ziemlich nervös. Er hatte wahrscheinlich alle möglichen Geschichten gehört über unsere Kommune dort oben in den Hügeln nördlich von San Francisco, phantastisches Zeug, das ihn wohl beunruhigte. Für ihn war so etwas am Rande des Erträglichen. Aber genau aus solch seltsamen Zonen kam damals das Neue in der Musik.

Aber er wurde von Minute zu Minute entspannter, und am Ende seines Besuchs fühlte er sich sogar richtig wohl. Ich erzählte ihm einiges über Rhythmus und Lärm und über meine Idee, natürliche Geräusche – Wasser, Grillen und ähnliches – im Studio mit einem stetigen Rock-Backbeat zu mischen: Umwelt-Rock sozusagen. Als Beispiel spielte ich ihm den »Pumpensong« vor. Er war begeistert.

Als er wieder in seine schwarze Limousine einstieg, hatte ich einen Vertrag für drei Schallplatten in der Tasche. Und was noch wichtiger war: Ich verfügte endlich über das Geld, um ein gutes Studio bauen zu können! Und damit würde ich zum ersten Mal jede Menge Zeit und Gelegenheit haben, mich tiefer und tiefer in den musikalischen Kosmos vorzuarbeiten.

Gerade zu dieser Zeit war auch mein Wunsch nach einem Sechzehn-Spur-Aufnahmestudio – das war damals der neueste Stand der Technik – stärker geworden. Im Musikgeschäft hielt man die technische und die künstlerische Seite, also Ingenieure und Musiker, immer schön getrennt. Die Ingenieure waren meistens etwas säuerliche, ältere Typen, die sofort die Miene verzogen und maulten, wenn man ihren Schaltern und Knöpfen ein bißchen zu nahe kam. Und die Künstler beschäftigten sich zu sehr damit, »Künstler« zu sein, als daß sie sich die Finger mit etwas schmutzig machten, das mehr mit Wissenschaft als mit Kunst zu tun hatte.

Einer von den vielen, die damals zur Ranch kamen, war Stephen Stills. Stephen hatte an die fünfundzwanzig Gitarren im ganzen Stall verteilt, die in verschiedenen Open Tunings gestimmt waren. Wo auch immer er sich gerade aufhielt, konnte er eine Gitarre in die Hand nehmen und ständig zwischen den vielen verschiedenen Stimmungen hin und her wechseln. Oft beschäftigte er sich stundenlang mit seinem ganzen Gitarrenorchester, und manchmal spielte ich auf ein paar Handtrommeln mit. Einmal erlebte ich, wie er sich in einem Studio ans Mischpult setzte und daran herumspielte wie an seinen Gitarren. Da war also jemand, der in meinem Alter und ebenfalls Musiker war und wie ich begriffen hatte, daß Rock elektronische Musik ist und damit die Technik ein nicht wegzudenkender Teil des Instruments. Und während ich Stephen so zusah, wurde mir endgültig klar, daß ich die Zügel meines musikalischen Geschicks nie voll in die Hand nehmen konnte, wenn ich nicht auch von der elektronischen und aufnahmetechnischen Seite einiges wußte.

Etwa um diese Zeit legte ich mir meine erste Nagra-Bandmaschine zu und begann mit Dan Healy, dem Tonmeister von Grateful Dead, überall in der Gegend um San Francisco ungewöhnliche Musik aufzunehmen. Wir nahmen die ersten klassischen indischen Musiker auf, die nach Alla Rakha und Ravi Shankar kamen – Meister des Sarod, der Sitar, der *Tabla*. Ich war begeistert. Nachts saß ich dann oft im Stall, schlürfte Kognak und hörte mir die Aufnahmen noch einmal an. Das war eine meiner schönsten Vergnügungen.

Und dann kam Alla Rakha eines Tages selbst. Er hatte einen jungen Mann mitgebracht, seinen achtzehnjährigen Sohn Zakir. Zakir sollte in Berkeley in Ali Akbar Khans Musikschule *Tabla* unterrichten. Alla Rakha fragte, ob er bei mir bleiben könne.

»Mein Sohn gehört derselben Generation an wie du«, meinte er, »ich bin sicher, daß ihr gut miteinander auskommt. Ihr könnt zusammen spielen, einer vom anderen lernen, Brüder in der Trommel werden.«

Ich sagte ihm, sein Sohn könne so lange bleiben, wie er wolle.

Bei unserer ersten Begegnung war so vieles, was Alla Rakha selbst betraf, zu kurz gekommen. Zum Beispiel wußte ich nicht, daß er auch Zakirs Lehrer war. Und natürlich konnte ich auch nicht wissen, daß Zakir ebenso wie sein Vater ein Genie auf der *Tabla* war – und das *Tabla*-Spiel eines Tages revolutionieren sollte, indem er die strengen rhythmischen Zyklen aufbrach. Ich hatte keine Ahnung, daß ich mit Zakir einen jungen Meister des Rhythmus in mein Leben eingelassen hatte, bis er mir seine Geschichte erzählte:

DIE GESCHICHTE
DES JUNGEN RHYTHMUSMEISTERS

Als mein Vater elf Jahre alt war, hatte er einen Traum, in dem er ein seltsames Gesicht sah und eine Stimme hörte, die ihm befahl: »Gehe zu diesem Menschen.«

Mein Vater lebte in Paghwal, im Pandschab. Kurz nach diesem Traum lief er von zu Hause weg, ging in die nächste große Stadt und erkundigte sich, wo er Musik studieren könne. Man schickte ihn zu einem Lehrer. Als er zum Haus des Lehrers kam und dieser die Tür öffnete, sah mein Vater, daß es der Mann war, dessen Gesicht er in seinem Traum gesehen hatte.

Der Lehrer fragte: »Was willst du?«

»Ich möchte *Tabla* spielen«, antwortete mein Vater.

Der Lehrer nahm seine *Tabla* zur Hand und begann zu spielen. Er befahl meinem Vater, sich vor ihn zu setzen und ebenfalls eine *Tabla* zu nehmen. Als der Lehrer aufsah, bemerkte er, daß mein Vater die Trommel ganz genauso hielt wie er selbst. Alles war genau gleich, die Positionen der Finger, der Hände, einfach alles. Sie waren auf der spirituellen Ebene miteinander in Kontakt.

Mein Vater begann bei seinem Lehrer Rhythmus zu studieren. Er wohnte im Haus des Lehrers, erledigte Botengänge für ihn und wusch und kochte. Es kamen sehr viele Musiker, die den Lehrer besuchten. Mein Vater pflegte Tee für sie zu kochen und sich dann in eine Ecke zurückzuziehen, um sie zu beobachten und ihnen zuzuhören. Das Wichtigste, was mein Vater dabei lernte, waren Respekt für den Lehrer und Hingabe an die Kunst des *Tabla*-Spiels.

Oft war der Lehrer sehr beschäftigt. Es konnten ganze Wochen vergehen, in denen er keine Minute Zeit für meinen Vater fand, weil er Konzerte geben oder sich um andere Schüler kümmern mußte. Doch dann setzte er sich plötzlich wieder für zwei oder drei Tage mit meinem Vater zusammen, und sie spielten den ganzen Tag lang nur *Tablas*.

Mit der Zeit und mit viel Übung wurde mein Vater ein Meister.

Ich war der erste Sohn, der nach drei Töchtern geboren wurde, was in Indien manchmal als böses Omen gilt. Zur Zeit meiner Geburt lag mein Vater mit einem Herzleiden im Sterben, und meine Mutter war wegen des offenbar bevorstehenden Todes ihres Mannes so außer sich, daß sie mich nicht stillen konnte. Ich wurde der besten Freundin meiner Mutter gegeben, die mich zu sich nahm und mich stillte.

Im Alter von wenigen Wochen wurde ich zu meinem Vater gebracht. Sobald man mich in seine Arme legte, öffnete der Sterbende die Augen. Auf irgendeine Art und Weise wußte er, daß ich sein Sohn war. Er brachte seine Lippen an mein Ohr und begann, diese Trommelsilben zu singen: »*Te-ri-ki-ta, te-ri-ki-ta, te-ri-ki-ta.*«

Zufällig kam ein wandernder Heiliger, ein Sadhu, an unserem Haus vorbei. »Paß gut auf dieses Kind auf«, sagte er zu meiner Mutter, »denn es wird deinem Mann helfen, gesund zu werden. Dein Mann wird überleben.«

»Wie meinst du das?« fragte meine Mutter.

»Die nächsten vier Jahre seines Lebens mußt du gut auf das Kind achtgeben«, fuhr der heilige Mann fort, »denn es wird dem Tod viele Male sehr nahekommen. Paß also gut auf.«

Und es kam genau so, wie es der heilige Mann gesagt hatte. Die nächsten vier Jahre meines Lebens entrann ich oft nur knapp dem Tod. Ich bekam Geschwüre und Eiterbeulen, einmal starb ich fast, weil ich Kerosin getrunken hatte; ganz zu schweigen davon, daß mich fast sämtliche kursierenden Viren und Infektionen heimsuchten. Das Eigenartige an dem Ganzen aber war, daß es meinem Vater um so besser ging, je kränker ich wurde.

Als ich sieben Jahre alt war, wurde er mein Lehrer. Ich stand immer um ein Uhr nachts auf, denn das war die Zeit, in der mein Vater von seinen Konzerten nach Hause kam. Dann war es im Haus still und dunkel, wir saßen da, und ich massierte meinem Vater Arme und Beine, während er mir von der Musik erzählte.

Wir redeten viel mehr, als wir spielten. Aber ab und zu gab er mir eine Rhythmusstunde. Er sagte beispielsweise: »Okay, hier ist eine kleine Phrase, die auf viereinhalb endet. So, und nun sieh mal zu, wie du diese kleine Phrase in einem Takt mit sechzehn Schlägen unterbringst.« Und das zu dieser nachtschlafenen Zeit!

Mein Vater unterrichtete mich deshalb vorzugsweise spätnachts, weil in Indien die Musiker fast nur nachts arbeiten und deshalb mit sehr wenig Schlaf auskommen müssen. Die traditionellen Auftrittsmöglichkeiten, vor allem die privaten Engagements, fangen gewöhnlich um neun Uhr abends an und dauern meist bis fünf oder sechs Uhr morgens.

Als ich elf wurde, begann ich meinen Vater zu begleiten. Das bedeutete, daß ich an Konzertabenden sehr wenig Schlaf bekam, weil ich am nächsten Morgen um halb acht schon wieder in der Schule sein mußte. Aber ich wollte unbedingt bei ihm sein. Jeden Abend freute ich mich schon darauf, für das Konzert geweckt zu werden, und wenn er mich nicht mitnehmen wollte, heulte ich. Ich bestand sogar darauf, mit ihm auf der Bühne zu sitzen, wenn auch nur ganz hinten, damit mich niemand sehen konnte. Von dort beobachtete ich dann seine Hände, wie er mit der *Tabla* umging und wie er sich mit den Leuten, mit denen er zusammen spielte, verständigte.

Ich war der Schatten meines Vaters.

Mit siebzehn ging ich auf mein erstes *Chilla*. Das ist ein rituelles In-sich-Gehen. Ein Musiker soll drei *Chillas* abhalten. Dazu wird in einer einsamen Gegend, für gewöhnlich nicht weit vom Wohnort der Vorfahren des Lehrers, eine Hütte hergerichtet. In dieser Hütte bleibt man vierzig Tage lang und macht die ganze Zeit nichts anderes als Musik.

Am ersten Tag erschien mir das noch alles ganz leicht. Ich badete, rezitierte die entsprechenden Mantras, und dann spielte ich mein Instrument fünfzehn Stunden ohne Unterbrechung. Das war leicht wie der Wind. Ein Trommler kann einen rhythmischen Zyklus – einen *Tala* – pro Tag spielen oder auch die ganzen vierzig Tage lang nur einen einzigen.

Am zweiten Tag begannen die durch das andauernde Trommeln erzeugten Vibrationen mein Bewußtsein zu beeinflussen. Plötzlich sah ich Dinge in der Musik, die ich zuvor nie gesehen hatte, neue Kombinationen, neue Strukturen. Aber am dritten Tag fing alles an, mich zu langweilen. Am Morgen des vierten Tages wollte ich meine *Tabla* nicht mehr anrühren. Ich mußte mich zum Spielen zwingen.

Vom fünften Tag an kann ich mich an fast nichts

mehr erinnern. Ich weiß nicht mehr, wann ich aß oder badete. Sobald ich anfing zu spielen, stellten sich die Visionen wieder ein. Jeder, der ein *Chilla* macht, hat solche Visionen. Sie sind quasi eine Erweiterung der Emotionen. Wenn ich mich gut fühlte, dann waren auch die Visionen angenehm. Aber ich hatte auch von Leuten gehört, die sehr schlechte Lebenserfahrungen machen mußten, und als sie ihre *Chillas* abhielten, bekamen sie so furchterregende Halluzinationen, daß sie schreien mußten – und damit war das *Chilla* zerstört.

Am zwölften Tag erschien mir mein Vater. Er war auf einmal neben mir. Ich hörte, wie er sagte: »Mach es nicht so, sondern so. So wird es gemacht. Gut, und jetzt versuche diese Kombination.«

Ich weiß nicht, wie viele Tage mein Vater da mit mir saß, aber irgendwann verwandelte er sich in einen sehr alten und weisen Mann. Ich konnte ihn immer noch als meinen Vater erkennen, doch hatte er jetzt einen langen, weißen Bart und viele Falten im Gesicht, und seine Augen leuchteten ganz eigenartig. »Mach dieses, mach jenes, versuche diese Kombination«, sagte die neue Vision.

Ich hätte in diesem Trancezustand vielleicht ewig weitergespielt, wenn mein Vater nicht am Ende des vierzigsten Tages gekommen wäre und mich mit nach Hause genommen hätte. Ich hatte überall Schmerzen und konnte kaum mehr laufen; meine Augen saßen ganz tief in den Höhlen.

Ich erholte mich zwei Tage lang, und dann kam mein Vater und fragte mich, was ich gesehen hatte.

»Ich sah, wie du mich unterrichtetest«, antwortete ich.

»Ich war nicht bei dir, aber ich habe sehr oft an dich gedacht.«

»Und ich sah einen alten Mann.«

Mein Vater bat mich, diesen Mann zu beschreiben, und darauf sagte er: »Ich glaube, das war Kader Baksh, der Lehrer meines Lehrers. So wie du ihn beschrieben hast, klingt es genau wie die Beschreibung, die mein Lehrer von ihm gab.«

So endete mein erstes *Chilla*. Sechs Monate später machte ich ein zweites. Mein Vater protestierte und meinte, das sei noch viel zu früh, aber ich bestand darauf und organisierte alles selbst.

Die ersten zehn Tage verliefen wieder genauso, nur daß ich dieses Mal schon auf die Visionen wartete. Aber am elften Tag geschah etwas sehr Eigenartiges. Meine *Tabla* veränderte ihre Gestalt. Sie verwandelte sich in ein anderes Instrument und sah aus wie eine Kreuzung aus einer *Tabla* und einer großen Conga, nur daß sie außerdem auch noch Augen und einen Mund bekam und zu mir zu sprechen begann.

Ich fürchtete mich vor dieser Trommel; ich hatte Angst. Plötzlich erschien mein Vater wie schon im ersten *Chilla*, aber diesmal war er erregt.

»Was machst du denn!« rief er. »Hör sofort auf! Spiel etwas anderes!«

Er versuchte mich von dieser seltsamen Vision abzubringen, indem er mir eine neue Komposition vortrug, an der er in letzter Zeit gearbeitet hatte. Aber ich konnte nicht aufhören, die sprechende Trommel zu beobachten. Doch plötzlich verschwand sie, und für einen Augenblick sah ich mich selbst vor lauter blonden Menschen spielen. Ich war hier in Amerika und spielte mit Ravi Shankar und Ali Akbar Khan. Dann verschwand diese Vision, und die sprechende Trommel kam wieder und redete auf mich ein.

Sie kam die nächsten dreißig Tage immer wieder. Manchmal erschreckte sie mich fürchterlich, aber fasziniert war ich immer von ihr. »Es ist ein Instrument«, redete ich mir ein, »und ein Instrument kann mir nichts tun, es ist ja nur ein Musikinstrument. Warum sollte mir ein Musikinstrument etwas antun wollen?«

Ich glaube, mein Vater spürte, daß in meinem zweiten *Chilla* etwas Außergewöhnliches geschehen war. Vielleicht wußte er sogar, was es war. Aber er versuchte nicht, mich davon abzuhalten, nach Amerika zu gehen. Als er sah, daß ich entschlossen war zu gehen, machte er sich bereit, mitzukommen, und er brachte mich hierher zu dir.

Mir war klar, daß die sprechende Trommel in Zakirs Halluzination der Backbeat war. Indische Trommler wie Zakir und Alla Rakha hatten die rhythmische Komplexität bis zum äußersten vorangetrieben, aber sie spielten oft nicht mehr anders als exzellente Metronome. Immer wieder sagte ich zu ihm: »Zakir, es ist gut so, entspann dich, laß es einfach laufen – das ist der Groove! Laß ihn dich mitnehmen, kümmere dich nicht so sehr um Präzision, manchmal mußt du sie einfach vergessen und dem guten Gefühl Vorrang lassen.«

Häufiger war natürlich Zakir der Lehrer und ich der Schüler. In Indien muß ein Perkussionist neben rhythmischer Präzision vor allem die Fähigkeit beherrschen, mit den anderen Musikern harmonisch zusammenzuspielen. Nur so kann die dem jeweiligen *Raga* eigene Stimmung gut vermittelt werden – etwa Glück, Freude, Zorn, Traurigkeit, Empörung, Liebe oder Haß. Jede musikalische Tradition hat ihre eigene Sprache entwickelt, um den Hunger der Seele zu stillen. Eines der ersten Dinge, die Zakir mich lehrte, war die Palette der Ausdrucksweisen, die indischen Perkussionisten dafür zur Verfügung steht.

Als nächstes gab er mir »Diga«. Zakir hatte mit einigen seiner besten Schüler in Ali Akbar Khans Schule eine Übungsband zusammengestellt. Als ich zu dieser Gruppe stieß, beschäftigte sie sich gerade mit dem Gedanken, ein gestimmtes Perkussion-Orchester nach Art der balinesischen *Gamelan*-Orchester aufzustellen. Mir gefiel diese Idee, und zusammen mit meinem ständig wachsenden Inventar an Trommeln aus unserem Kulturkreis, einer guten PA-Anlage und einem bißchen Backbeat entwickelte sich das Ganze im Lauf der nächsten Monate zu einem vierzehnköpfigen Monster aus Rhythmus und Lärm.

Wir nannten uns »Diga Rhythm Band« nach dem Sound, den eine unserer Trommeln machte: *diii-ga*. Unsere Proben fanden meist im Stall statt, vor allem, nachdem wir begonnen hatten, die Dynamik von Marathon-Sessions zu erforschen. Wir wußten, daß indische Musiker häufig die ganze Nacht, von Sonnenuntergang bis Sonnenaufgang, durchspielen, und als wir besser wurden, entschlossen wir uns – als eine Art Konditionstest –, das auch zu tun. Bei unserem ersten derartigen Versuch erlebten wir eine überwältigende Sound-Trance, die uns alle erfaßte. Es kam so etwas wie ein gemeinsamer Puls auf, der von einem scheinbar endlosen Strom aus Rhythmen genährt wurde, der sich offenbar ohne bewußte Anstrengung unsererseits aus unseren Instrumenten ergoß.

Woher die Zahl Vier kam, weiß ich nicht mehr; aber allmählich entstand ein Plan, der zusehends schöner und unwiderstehlicher wurde: Wir wollten ein Mini-*Chilla* abhalten: vier Tage und Nächte nichts als Diga! Essensvorräte wurden in den Stall geschafft, Schlafsäcke in den Ecken bereitgelegt. Die Idee des Ganzen war, den Rhythmus der Trommel nicht enden zu lassen. Für die nächsten vier Tage und Nächte würden zu jedem Zeitpunkt wenigstens zwei von uns spielen.

Ich kann mich an Duos, Trios und Quartette erinnern, und gelegentlich spielte auch die ganze Band. Ich sah einige ihr Instrument sogar zur Toilette mitnehmen. Und ich weiß noch, daß wir zeitweise spielten, als würden wir wunderbare Kompositionen aufführen, nur hatte niemand Zeit, die Wirkungen unseres Sounds gebührend zu bewundern oder zu beurteilen. Sie lösten sich auf wie Rauch im Wind; nur das Feuer der Rhythmen blieb. Ich weiß noch, daß ich stundenlang spielte und mich treiben ließ, daß ich so lange spielte, bis ich irgendwann meine Hände nicht mehr bewegen konnte und mit meinem Instrument einschlief.

Woran ich mich nicht erinnern kann, ist, daß wir vier Tage lang spielten, aber Freunde sagten, so sei es gewesen.

Eine große Ruhe kehrte in mein Leben ein, die jedoch nichts mit Einsamkeit zu tun hatte. Weit entfernt vom Lärm und Trubel des Rock'n'Roll lernte ich zu verstehen, daß alles klingt und die ganze Welt aus Rhythmen besteht – Rhythmen, die sogar in den kleinsten Bewegungen der Insekten oder dem Säuseln des Windes erkennbar sind.

Manchmal, wenn ich spazierenging oder ausritt, oder selbst wenn ich nur nachts im Garten stand und dem Regen lauschte, spürte ich eine große Leichtigkeit, einen enormen natürlichen Groove, und an einem guten Tag konnte das stundenlang anhalten. Ich lernte, mich den animalischen Kräften zu öffnen – dem, was Rolling Thunder die »spirituelle Seite« nannte.

Sein bürgerlicher Name war John Pope, und sein bürgerlicher Beruf war Bremser bei der Eisenbahn. Sein indianischer Name war Rolling Thunder, und sein indianischer Beruf war Medizinmann.

Er wurde in der sogenannten »Gegenkultur« bekannt, als diese sich in den Anfangstagen von Haight-Ashbury für einige Zeit mit indianischen Lebensweisen befaßte. Dadurch stieß er auch auf die Grateful-Dead-Großfamilie, und einige von ihren Mitgliedern ließen sich von ihm behandeln, wenn sie krank waren. Immer wenn er sich in der Bay Area aufhielt, wohnte er auf der Ranch. Dort führte Rolling Thunder seine Heilungen durch, und dort konnte er auch seinen Vorrat an medizinischen Kräutern, wie Salbei oder gelbem Ampfer, aus den halbverwilderten Kräutergärten ergänzen.

Immer wenn Rolling Thunder da war, stand einer seiner Söhne beim Morgengrauen auf und weckte die ganze Ranch mit einem langgezogenen Heulen.

Huuuwwwuuuuuhhh.

Danach wurde auf einer kleinen Anhöhe beim Stall ein Feuer gemacht, und alle fanden sich dort zum Frühstück ein. Wir sangen, auf der Trommel begleitet von einigen von Rolling Thunders Leuten – er reiste gewöhnlich in Begleitung von fünf oder sechs jungen Indianern, Söhnen oder Schülern –, die einen stetigen, hypnotischen Rhythmus schlugen. Dann rief Rolling Thunder die vier Winde an mit der Bitte, unsere Morgengebete mit dem Rauch in die Höhe zu tragen, und gab jedem etwas Tabak, der ins Feuer geworfen wurde.

Nach dieser feierlichen Zeremonie wurden Neulinge auf der Ranch willkommen geheißen, und anschließend sprachen wir über anstehende Probleme der Gemeinschaft, über Leute, denen es in irgendeiner Weise schlecht ging, oder über dieses und jenes kürzlich geschehene Ereignis.

Rolling Thunder hatte eine Botschaft, die er immer wieder predigte. Er war nicht apolitisch; er forderte Gerechtigkeit für die amerikanischen Ureinwohner, und er war zu Recht verbittert über die Mißhandlung, die sie durch die Welt der Weißen erfuhren. Aber noch viel zorniger und trauriger machte ihn die Zerstörung der Umwelt durch unsere Zivilisation. Rolling Thunder wünschte sich, daß die Tiere auf die Erde zurückkehrten. Er war ein Prophet der animalischen Kräfte. Alles in der Natur ist beseelt, rief er uns immer wieder ins Bewußtsein. Die Natur lebt; doch wenn man ihrer Lebendigkeit keine Achtung entgegenbringt, kann sie sterben.

Ich erkannte Rolling Thunders Bedeutung damals noch nicht. Sein Trommeln und Rasseln, seine Reden über die Naturgeister – es sollte noch Jahre dauern, bis ich ihn mit der Tradition der Schamanen in Verbindung bringen konnte, welche in ununterbrochener Folge bis tief ins Paläolithikum zurückreicht.

Ich erlebte viele Heilungen mit, die Rolling Thunder vornahm. Er roch und schmeckte das Gift, das die betroffene Person krank machte, indem er den Patienten ständig umkreiste, dabei die Luft kräftig durch Mund und Nase einsog, dazu Tierlaute ausstieß und sang, während einer seiner Schüler auf der Trommel und mit Rasseln spielte. Sobald er die Quelle der Vergiftung lokalisieren konnte, saugte er sie aus und spuckte dann in einen Eimer. Danach nahm er eine Adlerfeder – der Adler war einer seiner Verbündeten aus dem Tierreich – und reinigte damit den Patienten sorgfältig, indem er mit der Feder über dessen Körper strich. Die so aufgenommene negative Energie übertrug er auf ein Stück Fleisch, das dann verbrannt wurde. Der Kranke wurde schließlich mit Rauch gereinigt, und Rolling Thunder verordnete ihm Kräuter.

Nach einer Heilung pflegte Rolling Thunder sich zurückzuziehen und die Einsamkeit zu suchen. Einmal folgte ich ihm, als er in den Wald hinter dem Stall ging.

Er wirkte wie ein Betrunkener; immer wieder mußte er sich an einem Baum festhalten und erbrechen. Da wurde mir klar, was der Preis für seine Gabe des Heilens war: Jedesmal, wenn er einen Menschen gesund machte, vergiftete er freiwillig sich selbst. Damit lebte er sozusagen ständig auf des Messers Schneide. Rolling Thunder war dazu auserwählt worden, die traditionellen Heilmethoden zu praktizieren, und hatte gelernt, die negative Energie eines Kranken in seinen eigenen Körper aufzunehmen. Aber es genügte nicht, nur zu wissen, wie man ein Übel finden und den Kranken davon befreien konnte; er mußte auch die Fähigkeit besitzen, sich selbst wieder zu läutern. Der Tag, an dem er diesen letzten und kritischen Teil einer Heilung nicht mehr leisten kann, wird der erste Tag seines Sterbens sein.

Drei Jahre lang hatte ich alles, was mit Grateful Dead zu tun hatte, von mir ferngehalten. Doch jetzt wurde mir bewußt, daß die Band, während ich mich meiner Einsamkeit hingegeben hatte, in eine Krise geraten war. Gerüchte, die in der Ranch kursierten, besagten, sie gehe nicht mehr auf Tournee oder löse sich sogar auf. Es hieß, sie wollten im Oktober 1974 ein fünftägiges Abschiedskonzert im Winterland in San Francisco geben und dann für immer aufhören.

Diese Band war für mich die aufregendste musikalische Erfahrung meines Lebens gewesen, und jetzt sollte sie am Ende sein? Je mehr ich darüber nachdachte, desto deutlicher wurde mir bewußt, daß ich unbedingt noch einmal mit Grateful Dead spielen wollte – mußte!

Am Abend des letzten Konzerts lud ich mein Schlagzeug ein und fuhr los zum Winterland. In der Pause zwischen den ersten beiden Sets kam ich an. Ich bat Ram Rod, den Roadmanager, mein Schlagzeug auf der Bühne aufzubauen, und machte mich auf die Suche nach den Jungs. Sie waren in der Garderobe und freuten sich, daß ich gekommen war. Es paßte, daß wir am Ende hier alle wieder zusammen waren.

Ich war wieder dabei – wie lang auch immer es uns noch geben würde.

Kapitel zehn

Die Schamanentrommel – Schlüssel zur anderen Welt

Hätte man mich vor ein paar Jahren gefragt, was ein Schamane ist, so hätte ich wohl geantwortet, daß das Wort für Schwindler oder Betrüger steht. Meine Vorstellung eines Schamanen deckte sich mit der eines Zauberers auf der Bühne, der alle möglichen Tricks und Kniffe anwendet, um die Leute glauben zu machen, er hätte eine besondere Macht. Jetzt weiß ich es besser. Wie ich gelesen habe, stammt das Wort Schamane aus der Kultur von Hirtenvölkern der asiatischen Steppen, wo es als Bezeichnung für jene Mitglieder des Stammes benutzt wird, denen es gelingt, in Trance zu geraten, um so mit der Welt der Geister in Verbindung zu treten.

Joseph Campbell meinte, Schamanen seien wahrscheinlich die ersten spirituellen Gestalten überhaupt, die ersten Mystiker. Ihm zufolge waren die Schamanen möglicherweise auch die ersten Künstler, die ersten Musiker und die ersten Geschichtenerzähler. Denn wenn man einen Schamanen heute bittet zu beschreiben, was er im Zustand der Trance erfahren hat, klingt in den Antworten immer wieder dieses Geheimnisvolle an, das Joe in den Mythen und Legenden so faszinierte.

Waren Mythen etwa nur die Geschichten der ersten Schamanen über ihre Erfahrungen in jenem Schattenreich, in jener anderen Welt, die, wie die Mystiker sagen, diese Welt umgibt und in sie hineinspielt? Joe hielt das für wahrscheinlich, und ich stimme ihm zu, wenn ich auch zugeben muß, daß mir im Zusammenhang mit den Schamanen ihre Trommeln als erstes auffielen.

Schamanen sind Trommler – sie sind Rhythmiker, sie sind Meister der Trance, die etwas Grundlegendes über das Wesen der Trommel begriffen haben – etwas, das auch ich unbedingt kennenlernen wollte.

Als ich begann, mich in die ethnologische Debatte über Perkussion und Übergang zu vertiefen, fiel mir auf, daß die meisten Beispiele der perkussiven Trance in zwei große Gruppen eingeteilt werden konnten. Bei der ersten dient das Trommeln dazu, die Geister oder Götter herbeizurufen, damit sie von einem Körper – nicht dem des Trommlers, sondern meist eines Tänzers – Besitz ergreifen. Das nennt man »Besessenheitstrance«. Das klassische Beispiel dafür ist Voodoo, bei dem die Geister – *Loa* genannt – den Körper eines Tänzers besteigen und auf ihm wie auf einem Pferd reiten.

Die zweite Art der Trance ist die schamanistische oder »Wandertrance«. Sie ist fast das vollkommene Gegenteil der Besessenheitstrance. Bei der Wandertrance soll der Geist oder die Seele des Trommlers auf dem Beat seiner Trommel wie auf einem Pferd in die Welt der Geister galoppieren, wo der Trommler (meist übrigens männlichen Geschlechts) aktiv eine Aufgabe erfüllt.

Die Besessenheitstrance wird gewöhnlich von Völkern mit Ackerbaukultur praktiziert, deren spirituelles Leben mit der Erde verwurzelt ist. Dagegen ist die Wandertrance eng mit der Kultur der Jäger und Sammler, der Nomaden und Hirten verknüpft – für sie ist der Himmel die Quelle des Sakralen. Die Besessenheitstrance fesselte schon sehr früh die westliche Vorstellungskraft, und deshalb gibt es eine Menge Literatur darüber. Dem Schamanismus hingegen wird erst in neuerer Zeit die Aufmerksamkeit zuteil, die er verdient. In diesem Bereich ist Mircea Eliades Buch *Schamanismus und archaische Ekstasetechnik* die wissenschaftliche Bibel. Doch weit mehr verbreitet ist Michael Harners *The Way of the*

Shaman, ein Werk, das vielen den ersten Zugang zum Phänomen des Schamanismus eröffnet hat. Eliade bezeichnet die Schamanen als »Techniker der Ekstase«. Er meint damit, daß die Schamanen Techniken entwickelten, mit denen sie in esoterische Bereiche des Bewußtseins vordringen können. In moderner psychologischer Begrifflichkeit könnte man sie als Individuen bezeichnen, die Erfahrungen des Wachträumens, Hellsehens, Hellfühlens und des Verlassens des eigenen Körpers kennen – alles das, was Stan Grof als »außergewöhnliche Bewußtseinszustände« beschreibt. Man könnte sich die Schamanen als Individuen vorstellen, die bewußt solche Zustände erreichen können und dann die Botschaften von dort in diese Realität mit zurückbringen.

Sie suchen diesen Zustand vor allem deshalb, um ihrer Gemeinschaft zu dienen. Ihr Bewußtsein wandert weit über den Umkreis des menschlichen Körpers hinaus und hält Wache über diejenigen, die nicht in der Lage sind, mit der Welt der Geister zu verkehren. Schamanen sind Heiler und Regenzauberer, sie nehmen Einfluß auf die Geister, um eine erfolgreiche Jagd sicherzustellen, sie sind Hüter der Zukunft und in der Lage, in die tiefste Vergangenheit einzutauchen. Die Yagha, die an der Küste Chiles leben, erzählen von einer Zeit, in der die Nahrung wegen eines lang anhaltenden Unwetters knapp wurde. Daher baten sie ihren Schamanen um Hilfe. Dieser versetzte sich in Trance, und als er daraus wieder erwachte, riet er ihnen, sich am südlichen Flußufer entlang nach Westen aufzumachen, bis sie an einen Ort kämen, an dem zwei Wale am Strand lägen. Die Wale, die von einem Killerwal an die Küste getrieben worden waren, seien trächtig. Und es war so, wie er vorhergesagt hatte.

Die Schamanen der australischen Ureinwohner sind Regenzauberer und Heiler, es gibt aber auch eine besondere Gruppe von »Superschamanen«, die *Munkumbole*, deren Spezialität das Hellsehen ist. Ein- oder zweimal im Jahr, bei Neumond, treffen sich alle *Munkumbole*, um ihre Visionen auszutauschen, sich darüber zu beratschlagen und dann den zukünftigen Weg ihres Volkes festzulegen.

Meist erhalten die Schamanen ihre besondere Stellung in der Gemeinschaft nicht durch Geburt, obwohl es auch Familien gibt, in denen die Veranlagung mehrerer Generationen weit zurückreicht. In der Regel geht der Tätigkeit als Schamane eine Berufung und die Unterweisung durch einen alten Schamanen voraus. Als besonders geeignet für die Rolle des Schamanen hielt man meist die Verunstalteten, die Schwachen, die Verkrüppelten, die Außenseiter; jedoch bedarf es eines gesunden und robusten Geistes, um den Zustand der Trance leicht und regelmäßig zu erreichen. In den verschiedenen ethnischen Gruppen wird sehr genau zwischen Geisteskranken und Schamanen unterschieden.

In Mexiko wird ein kleiner Junge von einer Schlange gebissen und ist monatelang gelähmt. Sein Großvater, ein Schamane, prophezeit, daß er ein großer Schamane sein wird, falls er am Leben bleibt. Bei den Ainu in Japan erkrankt eine Frau an einem typisch weiblichen Nervenfieber mit Namen *Imi*, das sich als Sehstörung, Arthritis oder auch als funktionale Lähmung äußern kann. Wenn es ihr gelingt, sich selbst zu heilen, das heißt, wenn sie den bösen Geist aus ihrem Körper vertreiben kann, wird ein guter Geist in ihr Wohnung nehmen. Es kann der Geist einer Schlange, eines Fuchses oder einer Raupe sein. Und wenn dann die Frau in den Zustand der Trance eintritt, wird dieser Geist zu ihr sprechen und ihr mitteilen, welche Krankheiten die Leute haben, die jetzt zu ihr kommen, um geheilt zu werden.

Grundregel Nummer eins: Der Schamane ist meist jemand, der sich selbst geheilt und im Verlauf dieses Heilungsprozesses jenes Wissen entdeckt hat, welches es ihm jetzt ermöglicht, andere zu heilen.

Bei den Yagha findet diese Berufung oft in Wäldern oder an der Küste statt. Es kann zum Beispiel sein, daß ein Mann durch den Wald geht, und plötzlich springt ein Baumgeist hervor und stellt sich ihm in den Weg. Oder eine Frau geht am Strand spazieren, ein großer Fisch kommt nahe an die Küste heran und blickt sie an. Oder eine noch machtvollere Berufung: Während sie zu Hause schläft, passiert es, daß der Riesenwal, der ihr Volk seit vielen Generationen quält, in ihren unschuldigen Träumen auftaucht.

Das alles sind für die Yagha keine zufälligen Heimsuchungen, denn sie münden in einen Zustand der Halbtrance, der die Aufmerksamkeit der älteren Schamanen auf sich zieht. Die älteren Schamanen warten, bis genügend Schamanenanwärter entdeckt sind, und gründen dann eine Schamanenschule.

Wenn es genügend Kandidaten gibt, bauen die älteren Schamanen eine kegelförmige Blockhütte. Lehrer und Schüler leben einige Monate gemeinsam in dieser Hütte, ohne sie zu verlassen, und nehmen nur wenig Nahrung zu sich. Obwohl es auch den Frauen gestattet ist, die Schule zu besuchen, spielen sie nur eine geringe Rolle für den Beruf des Schamanen. In der Hütte gilt das Gebot der Reinheit und des Verzichts; bis Mittag herrscht Stillschweigen. Bei einem ihrer ersten Rituale reiben sich die Schüler die alte Haut vom Körper, so daß eine empfindlichere neue entstehen kann. Die älteren Schamanen wärmen sich die Hände am Feuer und lassen die Wärme dann auf die Schüler überströmen, die während der gesamten Dauer der Initiation nackt sind. Die Wärme des Feuers soll den Schleier von den Augen der Novizen nehmen, damit sie ihre Hilfs- und Schutzgeister erkennen und die Lieder lernen können, die sie an jene gerichtet singen sollen.

Grundregel Nummer zwei: Die Schamanen sind Menschen, die die Geister – die guten wie die bösen – wahrnehmen und sie entsprechend beeinflussen können.

Bei den Yagha ist die Initiation der jungen Schamanen ein harmloser und freundschaftlicher Vorgang im Vergleich zu der schweren Prüfung, der sich ein Inuit unterziehen muß. Im Fall eines Jungen namens Igjugarjuk wurde der Stamm nach einer Reihe von Träumen und Visionen des Jungen darauf aufmerksam, daß die »geheimnisvolle göttliche Kraft Sila« ihn dazu auserwählt hatte, Schamane zu werden.

Ein älterer Schamane wurde zu seinem Lehrer bestimmt. Er lud Igjugarjuk auf einen Hundeschlitten und brachte ihn hinaus in die winterliche Weite der kanadischen Arktis. Nach einigen Kilometern hielt der alte Schamane an und fing an, eine winzig kleine Schneehütte zu bauen, die gerade groß genug war, daß der Junge mit überkreuzten Beinen darin sitzen konnte. Auf den Boden der Hütte legte der Schamane ein Tierfell. Dann hob er Igjugarjuk aus dem Schlitten und trug ihn in die Schneehütte – sorgsam darauf bedacht, daß seine Füße keinen Augenblick den Schnee berührten. Er setzte den Jungen auf das Tierfell und ging fort, nachdem er Igjugarjuk gesagt hatte, er solle seine ganze Aufmerksamkeit auf den Großen Geist richten, der seinen Ruf hören und kommen würde, ihn zu beschützen.

Fünf Tage lang saß Igjugarjuk da – ohne Nahrung und ohne Wasser. Am Ende des fünften Tages kam sein Lehrer und reichte ihm einen Schluck Wasser, dann ging er fort. Er kam am fünfzehnten Tag wieder und gab dem Jungen ein Stückchen Fleisch. Am Ende des dreißigsten Tages brachte er Igjugarjuk nach Hause zurück. Der Große Geist hatte den Jungen beschützt; er war ein Schamane geworden. Als Igjugarjuk später seine Initiation beschrieb, sagte er, die Belastung für seinen Körper sei so stark gewesen, daß er meinte, »etwas in ihm würde sterben«.

Grundregel Nummer drei: Ein Schamane ist jemand, der einen symbolischen Tod erlitten hat und auf einer höheren Stufe wiedergeboren wurde. Um diesen symbolischen Tod zu sterben, ist es oft nötig, den Körper tatsächlich in einen todesnahen Zustand zu versetzen und es so den Geistern zu ermöglichen, in ihm Fuß zu fassen. Erst wenn der Körper geschwächt und der Kontakt zur Welt des Geistes hergestellt ist, wird der Schamane fähig, den Körper zu verlassen und den Weltenbaum hinauf- und hinabzusteigen.

In der Literatur der westlichen Mystik werden diese Bereiche des außergewöhnlichen Bewußtseins, die uns umgeben, häufig als die »andere Welt« bezeichnet. Beschreibungen dieser geistigen Geographie unterscheiden sich je nach dem kulturellen Kontext. Aldous Huxley, der mit

Hilfe von Psychedelika seinen Weg in die andere Welt fand, beschrieb sie als »Antipoden des Bewußtseins. In diesem psychischen Äquivalent zu Australien entdecken wir die Entsprechungen von Känguruhs und Schnabeltieren – ganze Scharen höchst unwahrscheinlicher Tiere, die dessenungeachtet existieren und die man beobachten kann.«

Für den Schamanen sieht die andere Welt wie ein Baum aus – der Weltenbaum. Wenn der Schamane eine Trommel schlägt oder eine Rassel schüttelt, singt er die Lieder, die seinen Hilfs- und Schutzgeistern sagen sollen, daß sie gebraucht werden. Er fällt in tiefe Trance, bis die Seele seinen Körper verläßt und durch die Welt fliegt bis zu dem Baum, der im Mittelpunkt des Universums steht. Dann steigt sie langsam hinauf. Wenn sie durch die Äste bis zum Wipfel hinaufklettert, dann ist ihr Ziel der Himmel und der Herr des Universums. Wenn sie hintersteigt zu den Wurzeln des Weltenbaums, dann ist ihr Ziel die Unterwelt.

Der Apachen-Schamane Geronimo beschrieb die Reise so: »Während ich singe, durchschreite ich die Luft, bis ich an einen heiligen Ort komme, an dem Yusun (der Herr des Universums) mir Kraft gibt, damit ich wunderbare Dinge tun kann. Ich bin von kleinen Wölkchen umgeben, und während ich die Luft durchschreite, verändere ich mich und werde reiner Geist.«

Manchmal verwandelt sich der Schamane in ein verbündetes Tier – Wolf, Adler, Bär, Fisch, ein Rentier oder eine andere Tiergestalt –, um sich auf die Reise zu begeben; manchmal bleibt seine Seele unversehrt, und er reist mit einem Gefolge von Geistern, mit denen er sich über die Vorgehensweise berät. Wenn es um eine Krankenheilung geht, schickt der Schamane oft einen seiner Hilfsgeister, um die verirrte Seele des kranken Stammesmitglieds zu suchen, die man sich als ziellos außerhalb des Körpers umherwandernd vorstellt.

Dies ist jedoch nicht der private Akt eines einzelnen. Die ekstatische Transformation wird vor den Augen der versammelten Mitglieder der Gemeinschaft vollzogen. Deren Anwesenheit ist für die erfolgreiche Durchführung der Reise des Schamanen so notwendig wie seine Fähigkeit, in Trance zu gelangen und den Weltenbaum zu finden.

Die ethnographische Literatur birgt wunderbare Beschreibungen von Schamanenzeremonien, und je mehr ich mich in deren Lektüre vertiefte, desto lebhafter konnte ich sie mir vorstellen. Am eindrucksvollsten ist für mich das Beispiel eines Schamanen der Evenk, der gerufen wurde, um einen kranken Mann aus seinem Dorf zu heilen. Die Evenk sind ein Hirtenvolk, das in Sibirien lebt. Die Zeremonie findet in einem runden Zelt statt, das sorgsam hergerichtet ist, denn es soll als ritueller Raum dienen, in dem die Verbindung dieser Welt mit der zeitlosen des Geistes aufgenommen wird.

Die Ostseite des Zelts steht für die obere Welt. Große Figuren aus Holz stellen riesige Rentiere dar, die mächtigsten der mit den Evenk verbündeten Geister. Etwas weiter südlich von diesen Figuren steht ein Pfahl mit gefärbtem Stoff und Tierhäuten. Dieser Pfahl ist die Straße zu den oberen Gottheiten – zu Sonne, Mond und verschiedenen anderen, welche die Evenk gesammelt als »Bär« bezeichnen.

Die Westseite des Zelts stellt den Weg zur Unterwelt dar. Auch hier befinden sich zahlreiche Figuren – verbündete Geister, die der Schamane benötigt, um hinunterzusteigen –, in diesem Fall der Elch und der Hirsch. In der Mitte des Zelts steht eine große Lärche, der Weltenbaum.

Kurz bevor das Ritual beginnt, nimmt der Schamane seine Trommel, erwärmt sie über dem Feuer, um dem Trommelfell die richtige Spannung zu geben, setzt sich dann damit auf sein linkes Knie und schlägt mit seinem Stock auf den Rand der Trommel. Die Gespräche verstummen.

Der Schamane fängt an, sein erstes Lied zu singen, mit dem er die Geister anruft. Nach jedem Vers singen alle Anwesenden einen rhythmischen Refrain. Im weiteren Verlauf des Liedes ruft der Schamane seine Hilfs- und Schutzgeister an. Er nennt jeden einzelnen beim Namen, beschreibt dessen Macht und die Dienste, die er dem Stamm erwiesen hat. Er berichtet davon, daß er sie aufbrechen und langsam auf sein abseits stehendes Zelt zukommen sieht.

Das Trommeln wird leiser, und der Gesang wird von den Geräuschen der Geister unterbrochen, von Grunzen und Pfeifen und vom Schwirren der schlagenden Flügel. Immer, wenn ein Geist auftaucht, gähnt der Schamane tief und schluckt seine Verbündeten hinunter. Dann stimmt er ein neues Lied an, mit dem er den Verbündeten Befehle erteilt. Einige von ihnen sollen die Tür bewachen, andere die Pfade nach Osten und Norden beobachten, um zu gewährleisten, daß nichts Unerwartetes passiert, was dem Schamanen in seinem Zustand der Verwundbarkeit schaden könnte.

Wenn der Zweck dieses Rituals eine Heilung ist, schickt der Schamane seinen Hauptverbündeten den Weltenbaum hinunter in die Unterwelt, wo er den Geist des Vorgängers des Schamanen aufsucht. Dieser teilt ihm die Art des Übels mit, an dem der Kranke leidet. Das Gespräch zwischen dem Geist des Vorgängers und dem Verbündeten können alle in Form von Kreisch-, Grunz- und Schreilauten aus dem Mund des Schamanen verfolgen.

Das Trommeln wird gewaltig. Plötzlich springt der Schamane auf. Er schwankt, beugt sich hinunter und richtet sich wieder auf, dann »entlädt er mit seiner Trommel eine Klangwolke auf die Zuhörer, die alles mitschwingen läßt: die Pfosten des Zeltes, sogar die Knöpfe an den Kleidern der Anwesenden.«

Der Schamane wirft seinem Helfer die Trommel zu, sein Gesang steigert sich zu einem Schreien, und er fängt an zu tanzen. Dabei beschreibt er durch Gebärden die Reise seines Verbündeten in die Unterwelt. Er dreht sich und wirbelt im Kreis, er hat Schaum vor dem Mund, dann sinkt er in sich zusammen und liegt regungslos da. Jetzt befindet er sich im Zustand tiefer Trance. Durch das Zusammentreffen mit seinem Verbündeten in der Unterwelt, ist er nicht mehr in dieser Zeit.

Eilig ergreift sein Helfer die Trommel, erwärmt sie über dem Feuer und fängt an, sie kräftig zu schlagen. Dabei ruft er dem Schamanen zu, er solle sich nicht in jenem gefährlichen Land verirren. »Schau ins Feuer«, schreit er. »Hör auf die Trommel, sie hilft dir, den Rückweg zu finden!«

Die Trommel wird immer lauter. Plötzlich stößt der Schamane einen Schrei aus. Er springt auf und fängt an, zur Rückkehr seines Hauptverbündeten zu tanzen. Wahrscheinlich kennt er jetzt das Wesen des bösen Geistes, der die Krankheit seines Patienten verursacht hat.

Jäger. Sammler. Werkzeugmacher. Sänger. Tänzer. Geschichtenerzähler. Schamane. Dies sind unsere ältesten Tätigkeiten.

Mich fasziniert der Gedanke, daß eines der ersten und entscheidendsten Geschenke der Welt des Geistes an den Schamanen das Lied ist. Eine !Kung-Frau, die diese Übermittlung des Liedes beschreibt, berichtete der Ethnologin Lorna Marshall, daß der Gott neben ihr gestanden und das Lied ständig wiederholt habe, bis sie es genau habe nachsingen können. Eine andere Schamanenfrau aus Alaska äußerte dem Forscher Knud Rasmussen gegenüber, daß »Lieder in der Stille geboren werden, wenn alle sich bemühen, nur an schöne Dinge zu denken. Dann nehmen sie im Kopf des Menschen Gestalt an und steigen auf wie Blasen aus der Tiefe des Meeres – Blasen, die an die Luft streben, um dort zu platzen. So entstehen heilige Gesänge«.

Bei Eliade las ich, daß die Gesänge der Schamanen eine verlorengegangene Tiersprache seien, die vor langer Zeit alle Menschen beherrschten, wogegen heute nur noch die Schamanen mit den animalischen Kräften Verbindung aufnehmen können.

Der Schamanentanz ist ebenfalls eine Nachahmung der tierischen Hilfs- und Schutzgeister, denen der Schamane Befehle erteilt. Dennoch hat der Tanz wahrscheinlich auch einen ganz unmittelbaren und sinnfälligen Effekt: Die !Kung-Männer sagen, daß in dem Augenblick, da in einem Medizinmann die Arznei durch einen Tanz aktiviert, »vom Feuer und von der Hitze des menschlichen Körpers erwärmt wird, der Geist den Körper verlassen kann, der dann zu Boden stürzt, weil nichts mehr ihn aufrechthält. Der Geist fliegt in die Steppe hinein und sucht das Böse, das die Leute plagt. Einige Medizinmänner haben auf diese Weise die Geister der Toten gesehen, einige haben den ›Großen Gott‹ gesehen ... Der Geist eines anderen Mannes flog in die Steppe, wo er auf eine Gruppe von Löwen traf, welche die Menschen durch ihr ohrenbetäubendes Gebrüll nachts in Angst und Schrecken versetzten. Der Geist des Mannes sprach mit den Löwen und befahl ihnen zu weichen, und die Löwen gehorchten«.

Tief im Innern der großen paläolithischen Höhle von Lascaux befindet sich das Bild eines vogelköpfigen Schamanen, der in Trance gefallen ist und neben einem verwundeten Stier liegt. Offenbar handelt es sich hier um die Darstellung eines Jagdzaubers; der Geist des Schamanen schwirrt vielleicht gerade umher – auf der Suche nach den wandernden Herden.

Nicht nur ihre Gesänge erhalten die Schamanen aus der Welt des Geistes, sondern auch die meisten der Instrumente, die sie spielen. Nach der Überlieferung der Warao in Venezuela stammt die Kürbisrassel, die sie bei ihren Ritualen benutzen, vom Geist des Südens, der sie vor vielen Jahren einem ihrer Vorfahren, einem Schamanen, gab: »Bei seinem Besuch erhielt er die geweihte Feuerrassel und zugleich Anweisungen zur Herstellung von Verbindungswegen zum Übernatürlichen, damit er und sein Volk den Kontakt mit den Göttern der Haupthimmelsrichtungen niemals verlören.«

Der Schamane bei den Warao füllt seinen Kürbis, der sorgsam und gemäß den rituellen Anweisungen des Geistes des Südens hergestellt worden ist, mit Quarzkristallen, die von Schamanen ausgewählt worden sind und die Hilfs- und Schutzgeister des Schamanen darstellen.

Das früheste uns bekannte Bild eines Musikers, eine maskierte Gestalt in der Höhle von Les Trois Frères, ist gleichzeitig das Bild eines Schamanen »bei der Arbeit«. Er spielt einen Musikbogen. Dieser Musikbogen ist zwar bis heute bei einigen Völkern Zentralasiens als Tranceeinstrument in Gebrauch, aber in den meisten Gebieten wurde er durch die Rahmentrommel ersetzt. Es ist nicht bekannt, wann genau sich dieser Wandel vollzog, mit großer Wahrscheinlichkeit hat er aber irgendwann im Mesolithikum stattgefunden. Im Sprachgebrauch hingegen kann man diese Veränderung noch heute ablesen: In einigen zentralasiatischen Dialekten wurde der Musikbogen allmählich durch die Trommel abgelöst. Bei einigen Stämmen, wie zum Beispiel bei den Yurak, wird die Trommel heute noch als »Bogen« oder als »singender Bogen« bezeichnet.

Für den Schamanen ist die Trommel nicht in erster Linie ein Musikinstrument, sondern ein Transportmittel, ein Fahrzeug. In Sibirien wird sie meist als Pferd beschrieben, das den Schamanen zum Weltenbaum trägt; sie kann aber auch als Boot (wobei der Trommelstock zum Ruder wird) oder als Bogen (der Trommelstock ist dann der Pfeil) gesehen werden.

Die Schamanentrommel sei, so heißt es, aus einem Holzsplitter des Weltenbaums hergestellt, den der Herr des Universums für diesen Zweck zur Verfügung gestellt hat. Auf diese Weise wird eine magische Verbindung des Schamanen mit dem Weltenbaum gewährleistet. Wenn der Schamane stirbt, wird seine Trommel an einen Baum in den Wäldern gehängt – unweit von seinem Grab.

Es gibt wunderbare Texte in der ethnologischen Literatur, welche die Fertigung von Schamanentrommeln beschreiben. Ganz besonders gefällt mir die Geschichte der Khakassen, eines Turkvolkes, das im südlichen Teil Zentralrußlands lebt.

Bei den Khakassen stellt der Schamane seine Trommel nicht selbst her. In einem Zustand der Trance erhält er besondere Anweisungen von den »Herren des heiligen Berges«. Diese gibt er an die Mitglieder seines Stammes weiter, die für den Trommelbau verantwortlich sind. Die

Anleitungen sind exakt und detailliert und enthalten sogar Hinweise auf den Standort des Baumes, aus dessen Holz der Körper der Trommel bestehen soll. Außerdem schließen sie Vorgaben darüber ein, wie das Tier, welches das Trommelfell liefert, getötet werden muß, welches Muster in das Fell geritzt, welches Gehänge an der Trommel befestigt und wie der Griff geformt sein soll. Von größter Wichtigkeit ist es, daß das Holz für den Körper der Trommel und den Griff beschafft wird, ohne die Bäume, die den Rohstoff liefern, zu beschädigen. Stirbt einer dieser Bäume, so wird das als schlechtes Omen betrachtet.

Die Khakassen stellen ihre Schamanentrommeln aus roten Weiden her, indem sie vom Stamm des Baumes einen dünnen Streifen, weniger als einen Zentimeter dick und etwa zwölf Zentimeter breit, abschälen. Er muß so lang sein, daß der Reifen, der entsteht, wenn die beiden Enden des Weidenstücks mit Lederriemen zusammengebunden sind, einen Durchmesser von knapp einem Meter hat. Alle Holzsplitter und Hobelspäne werden zusammengetragen und sorgsam begraben. Es wird als äußerst wichtig erachtet, daß niemand auf diese Splitter tritt, ganz besonders keine Frau.

Auf jeder Seite des Griffs, der aus Birkenholz hergestellt ist, hängen vier Glocken aus Bronze mit eisernen Ringen als Klappern, dazu fünf Metallkegel, sechs gebogene Eisenplättchen – all das ist so angeordnet, daß es aneinanderschlägt, wenn die Trommel geschüttelt wird. Diese Metallgegenstände und -gehänge haben genau festgelegte Funktionen. Die Glöckchen sind die Boten des Schamanen und unterstützen ihn im Vortrag der Gesänge. Die Kegel dienen dazu, die bösen Geister aus dem Körper des Kranken zu vertreiben, sie warnen aber auch den Schamanen, wenn ein Rivale ihm schaden will, das heißt, wenn ein anderer Schamane »seine Seele verschlingen will«. Die Metallplättchen, Schwerter genannt, dienen zur Abwehr feindlicher Geister. Das Trommelfell stammt von einem Pferd und wird mit Sehnen auf dem Trommelkörper befestigt.

Der Handgriff aus Birkenholz wird *Mars*, das heißt Tiger, genannt und stellt den Hauptgeist der Trommel dar. Sechs mal zwei Löcher werden in den Griff gebohrt – die Augen des Tigers. Durch diese Augen gehen die Hilfs- und Schutzgeister des Schamanen in der Trommel ein und aus. Wenn sie sich in der Trommel befinden, dann kann der Schamane sich ihre Macht zunutze machen.

Ist die Trommel fertig, beginnt ein langsamer Prozeß, der sie zu einem machtvollen Instrument erweckt. Doch zuvor muß die Trommel noch drei Tage lang von einem kleinen Kind unmittelbar vor dem Zubettgehen gespielt werden. Dadurch wird die Trommel »erleuchtet«. Als nächstes wird das Fell der Trommel mit Symbolen von der Weltkarte des Schamanen verziert. Die Oberfläche des Trommelfells wird in zwei Hälften aufgeteilt: Ein Teil stellt die obere Welt, der andere die untere Welt dar. Meist nimmt die Landkarte der unteren Welt größeren Raum ein. Figuren werden auf das Fell gemalt: Hunde, Frösche, Kröten, Bären, Rentiere, Schlangen, Eidechsen. Sie symbolisieren nicht nur die Hilfs- und Schutzgeister des Schamanen, sondern auch vertraute Zeichen, denen er im Zustand der Trance begegnen wird.

Wenn die Weltkarte gezeichnet ist, fängt der Schamane an, die Trommel zum Leben zu erwecken. Er versetzt sich in Trance, er macht sich auf die Suche nach dem Tier, dessen Fell nun über seine Trommel gespannt ist. Dazu besucht er die bevorzugten Weideplätze des Tieres, spürt sogar die Stelle auf, an der das Tier geboren wurde, und kann auf diese Weise dessen umherstreifende Seele ausfindig machen. Dann bereitet der Schamane ein Festmahl vor. Er schlachtet ein weißes Lamm und holt eine Birke, vollständig mitsamt den Wurzeln, die beim Festmahl aufgestellt und mit Ringen und Bändern verziert wird.

Nun nimmt der Schamane zum ersten Mal seine neue Trommel in die Hand und untersucht sie, um sicherzugehen, daß seine Anweisungen genau befolgt wurden. Dann versetzt er sich in Trance und reitet zum Weltenbaum, um seine Trommel dem Herrn des Universums zu zeigen. Der vergewissert sich seinerseits, daß alle seine Anweisungen ausgeführt worden sind. Wenn die Trommel Billigung erfahren hat, weist der Herr des Universums dem Schamanen seine zukünftigen Hilfs- und Schutzgeister zu. Er sagt dem Schamanen auch, wie viele Trommeln er in seinem Leben spielen wird – ein Maßstab dafür, wie lange die Kräfte des Schamanen andauern werden.

Wenn die Schamanentrommel stirbt, dann vergeht auch die Macht des Schamanen und häufig auch der Schamane selbst.

Während meiner Forschungen im Bereich des Schamanismus machte ich die Beobachtung, daß die meisten Gelehrten, die über dieses Thema schreiben, selbst keine Trommler sind. Sie sind niemals auf einer Trommel irgendwohin geritten, haben sie nie gespielt und dabei den Zustand der Trance erlebt. Obwohl sie die zentrale Bedeutung der Trommel im Schamanenritual anerkannten, waren nur wenige von ihnen in der Lage, die Rolle des perkussiven Klangs oder des perkussiven Rhythmus in der Vorbereitung und Durchführung dieses Rituals aus der eigenen Erfahrung heraus zu beleuchten.

Das genau aber war es, was mich interessierte. Irgendwie hatte ich darüber schon seit meiner Kindheit nachgedacht – als ich zum ersten Mal entdeckte, daß das Trommelspiel auf dem Übungspad im Schrank ein Gefühl von Leichtigkeit, von Glück, von Zeitlosigkeit hervorrief. In einer anderen Kultur hätte meine Fähigkeit, diesen Zustand zu erreichen, mich vielleicht zum Schamanen prädestiniert, statt Jonesy hätte ich einen Lehrer wie Perqánaq gehabt, der Igjugarjuk bei seiner schweren Prüfung in der Schneehütte begleitet hatte. Man hätte mich vielleicht gelehrt, wie ich meine Trommel reiten sollte – nicht in den Rock'n'Roll-Groove hinein, sondern hinaus aus meinem Körper und hinauf in den Weltenbaum, wo die Kräfte der Tiere wohnen. Ich hatte also schon eine Ahnung von diesen Kräften, die in den Trommeln meiner Sammlung wohnten, aber bisher hatte ich noch nicht begriffen, worin diese Kräfte bestanden.

Der Weltenbaum hatte seinen Ursprung als Landkarte des Bewußtseins im Paläolithikum entstanden und war das älteste uns überlieferte Zeugnis einer solchen Landkarte. Als LSD in Haight-Ashbury immer mehr Verbreitung fand, war die Landkarte des Bewußtseins, der die meisten folgten, weit jüngeren Datums. Sie setzte sich aus hinduistischem, buddhistischem oder okkultem Gedankengut zusammen oder kam aus der Psychologie des zwanzigsten Jahrhunderts. Niemand aus meinem Bekanntenkreis sprach über Schamanen, und doch war es genau das, wohin wir alle gelangen wollten, ohne es zu wissen. Wir kletterten mit dem Bewußtsein von Heranwachsenden im Weltenbaum herum, und uns reizte einzig der Nervenkitzel, der beim Spiel in diesen gefährlichen und weit abliegenden Räumen auf uns wartete.

Und wie hätte es auch anders sein können? Es gab zwar eine Gemeinschaft, die der Heilung bedurfte, aber es gab keine Lehrer – oder nur wenige –, und es gab keine Tradition in der Erforschung jener Zustände; die Tradition, in der wir lebten, leugnete vielmehr deren Existenz und bestand darauf, daß dieser kleine Gehirnkasten unseres Bewußtseins das einzige war, was es gab; alles andere wurde als bloße Illusion oder Spinnerei abgetan. Und doch wurde schon aus der Wirkung von einem zweihundertfünfzigmillionstel Gramm eines starken psychochemischen Mittels auf das Gehirn und die mit ihm verbundenen Bereiche deutlich, daß die Wissenschaft des zwanzigsten Jahrhunderts der Lösung des Rätsels nicht näher war als die Wissenschaft der Ägypter oder der alten Griechen.

Selbstverständlich ist der Gebrauch von Drogen, mit denen diese Zustände des außergewöhnlichen Bewußtseins erreicht und beherrscht werden können, keine neue Entdeckung. Dem klassischen Schamanismus war der Gedanke nicht fremd, daß seine »Verbündeten« auf dem Weg in die Trance und Ekstase Pflanzen waren; Pflanzen wie zum Beispiel Ayahuasca, eine aus einer Lianenart gewonnene Substanz; der Psilocybin-Pilz und der Fliegenpilz (Amanita muscaria) werden schon seit langer Zeit von den Schamanen benutzt. Und weil wir im Westen eine Tradition besitzen, mittels Drogen auf den Gehirnmetabolismus einzuwirken, stehen wir vielleicht den Schamanen, die diese Pflanzen benutzen, näher als jenen, die einfach auf eine Pferdehaut schlagen, die auf einen Weidenrahmen gespannt ist.

Aber auf welche Weise verändert der Klang einer Trommel das Bewußtsein? Das war die Frage, die am Anfang meiner Reise zu den Quellen des Rhythmus stand. Und jetzt, zum ersten Mal, meinte ich eine Antwort wie eine glänzende Münze auf dem Grund all des von mir gesammelten Materials schimmern zu sehen. Mein erster Gedanke war gewesen, der Klang müsse etwas Einzigartiges in sich bergen. Andrew Neher schien mit seiner Theorie recht zu haben, lauter Trommellärm überwältige den Gehörsinn und spiele damit eine bedeutende Rolle beim Erreichen der Trance. Das Schamanenritual, das in einem engen, abgeschlossenen Raum stattfinde, scheine genau auf diese perkussive Wirkung abzuzielen. Zudem rege die Lautstärke der Trommeln die Produktion von Adrenalin im Körper an.

Aber auch Gilbert Rouget schien mit seiner Behauptung recht zu haben, die Trance sei kulturell determiniert, und das, was einem Schamanen bei seinem Eintritt in die Trance helfe, sei nicht das gleiche wie bei einem Stammesmitglied der San; jede Verallgemeinerung des Ursache-Wirkung-Zusammenhangs zwischen Trommeln und Trance sei zu einfach, insbesondere wenn man die Trance ganz allgemein betrachte.

Mir fiel auf, daß Trommeln bei der ersten Kontaktaufnahme des Schamanen mit der Welt des Geistes keine Rolle spielten. Als Igjugarjuk im Schnee ausgesetzt und ihm gesagt wurde, er solle mit der Welt der Geister in Verbindung treten, gab man ihm keine Trommel mit. Die Vermutung liegt nahe – und sie scheint sich bei allen Initiationen der Schamanen zu bestätigen –, daß die erste Verbindung zu den animalischen Kräften, die Fähigkeit, den Zustand tiefer Trance zu erreichen und mit bestimmten Geistern Verbindung aufzunehmen, in keinem Zusammenhang mit Perkussion steht. Das Trommeln war nicht einmal das wichtigste musikalische Element beim Schamanenritual, viel entscheidender waren die Gesänge der Hilfs- und Schutzgeister.

Was ging also vor? Je mehr ich mir diese Frage stellte, desto mehr fühlte ich, daß ich meinen eigenen Schatten zu fangen versuchte. Wie funktionierte die Schamanentrance? Was mich betrifft, so weiß ich, daß es möglich ist, den Rhythmus einer Trommel so lange zu kontrollieren, bis man einen Zustand der Empfänglichkeit erreicht, der als der Beginn der Trance bezeichnet werden kann. Wenn ich trommle, möchte ich diesem Zustand so nahe wie möglich kommen. Gleichzeitig aber weiß ich auch, daß ich mich auf keinen Fall in die Trance hinübergleiten lassen darf, denn wenn dies geschieht, verliert mein Trommeln seine Qualität, und ich falle sehr schnell in einen normalen Zustand zurück. Ich habe viele Male eine Empfindung gehabt, als trage mich meine Trommel durch eine offene Tür in eine andere Welt. Gestatte ich es mir jedoch, diese Welt zu betreten, dann bin ich nicht mehr dazu in der Lage, den Rhythmus zu halten – und das holt mich sofort in die Realität zurück. Vielleicht hat deshalb der Schamane einen Helfer, der das Trommeln übernimmt, sobald er in Trance fällt.

Wenn der Schamane an diese Tür gelangt, singt er seine Lieder, und daraufhin kommen seine Hilfs- und Schutzgeister. Sie lassen sich in seiner Trommel nieder, die sich auf diese Weise in ein Pferd verwandelt, das den Schamanen zum Weltenbaum trägt. Beschreibungen wie »der Schamane reitet seine Trommel wie ein Pferd« erschienen mir als Umschreibung der Beobachtung, daß »der Schamane sich auf den Rhythmus der Trommel einpendelt, der ihn immer tiefer in den Zustand der Trance hineinführt«. Perkussiver Lärm ist sicher beim Herbeiführen der Trance hilfreich, aber erst das rhythmische Sicheinpendeln ermöglicht dem Schamanen den Eintritt in die Welt der Geister. Mir schien es bedeutsam, daß dem Helfer insbesondere die Aufgabe zukam, den Trommelschlag weiterzuführen, während der Schamane in Trance war, ihn mit seinen Warnungen davor zu bewahren, sich »in diesem gefährlichen Land zu verirren« und ihn immer wieder aufzufordern: »Hör auf die Trommel, dann findest du den Rückweg!«

Darin besteht, so meine ich, die Funktion der Trommel. Ihr Rhythmus setzt ein leichtes Pulsieren in Gang, das für den Schamanen die Garantie ist, aus jener Zeitlosigkeit wieder zurückzufinden, die in beinahe allen Berichten von der anderen Welt erwähnt wird. Die Gefahr für den Schamanen, der auf der Trommel reitend seinen Körper verlassen hat, besteht nicht so sehr darin, sich im Raum als sich vielmehr in der Zeit zu verlieren. In gewissem Sinne fungiert die Trommel als eine Art Ersatz für das Herz, das in dem Körper, den der Schamanen verlassen hat, noch schlägt – hier in der menschlichen Zeit.

Ein Instrument für die Reise aus der Zeit. Ein Leitstern für den Schamane, der seinen Körper verlassen hat.

Kapitel elf

Porträt des Schlagzeugers an der Schwelle zur Magie

Sie waren Schwestern, die bei einer Epidemie starben. Das hat jedenfalls der Verkäufer gesagt. Ist tibetisch, wirklich alt.«

Mein Freund schob die kleine Schädeltrommel über den Tisch und ermunterte mich, sie in die Hand zu nehmen. Die zierliche Hirnschale schmiegte sich wunderbar in meine Handfläche. Zaghaft schüttelte ich sie.

Binnnggggg . . . Gonnngggggg.

Mein Freund beugte sich zu mir. »Sie heißt *Damaru*. Sie ist eine magische Trommel. Nur die im Grad der Erleuchtung weit fortgeschrittenen Lamas besitzen so eine. Als ich sie entdeckte, mußte ich sie sofort für dich kaufen. Ich war mir sicher, daß du an ihrer magischen Kraft Gefallen finden würdest.«

Bei meiner ersten Begegnung mit meinem Freund in den fröhlichen ersten Monaten von Haight-Ashbury, waren alle einhellig der Meinung, daß er einer der in Sachen Mystik hellsten Köpfe war – und das an einem Ort, an dem es nur so von mystisch begabten Menschen wimmelte. Seine Ideen zu »Gott und der Welt«, seine Vorstellungen vom »Big Picture« stellte alles andere in den Schatten.

Als ich die Schädeltrommel wieder auf den Tisch legte, spürte ich eine Art unheimlicher Faszination.

»Danke, Bear.«

Eine Woche etwa verging, bevor mir die *Damaru* wieder einfiel, und ich sie hervorholte, um darauf zu spielen.

Binnnggggg . . . Gonnngggggg.

Der Klang war viel voller, als ich erwartet hatte. Ich untersuchte die Trommel genau und bemerkte zum ersten Mal, daß die Stoffstücke, die daran hingen, mit außergewöhnlichen Stickereien versehen waren. Jemand hatte der Verzierung dieser Trommel offenbar viel Zeit gewidmet.

Binnnggggg . . . Gonnnggggg.

Wieder dieser volle Klang. Wer hätte gedacht, daß unsere Schädel so resonant sind?

Leider schien der volle Klang das einzige zu sein, was diese *Damaru* an neuem zu bieten hatte. Von ihren rhythmischen Möglichkeiten her war sie ziemlich langweilig. Ich spielte noch zehn oder fünfzehn Minuten lang weiter, dann legte ich sie beiseite. Es war eine Freude, sie anzusehen, und es würde bestimmt Spaß machen, Geschichten über sie zu erzählen, aber ich rechnete nicht damit, noch einmal darauf zu spielen. Ich stellte sie ins Regal zurück. Dann stand ich auf und mußte mich übergeben.

Es gab für mich keinen Grund, einen Zusammenhang zwischen meiner Übelkeit und der *Damaru* herzustellen. Aber bald darauf ging es los: Ich stieß mich ständig an irgendwelchen Gegenständen, fiel irgendwo runter und zog mir kleine, aber ärgerliche Verletzungen zu; allmählich hatte ich das Gefühl, als ob sich mein ganzes Leben auflösen würde. Erst nach Wochen voll derartiger seltsamer Mißgeschicke erinnerte ich mich plötzlich wieder an jene eigenartige kleine tibetische Trommel, die Bear mir mitgebracht hatte. Sie ist eine *magische* Trommel! Und mir fiel auch wieder die Vorliebe meines Freundes für mystische Scherze ein.

Ich versuchte noch einmal die Trommel zu spielen, fühlte mich dabei aber so entsetzlich, daß ich den Psychologen Stanley Krippner anrief und ihn bat, herzukommen und sie sich anzusehen. Krippner teilte meine Meinung über den vollen Klang und die unangenehmen physischen

Nebenwirkungen der *Damaru*. Aber meinen Vorschlag, die Trommel mitzunehmen und näher zu untersuchen, lehnte er ab. Ich wäre das Ding gern losgeworden. Schließlich telefonierte ich mit Phil Lesh, meinem Bandkameraden, erklärte ihm die Situation und schlug ihm vor, daß Bears Geschenk doch eigentlich etwas sei, was ihn interessieren müßte.

Phil erlöste mich von der Trommel. Aber zwei Wochen später klingelte das Telefon. Es war Phil. »Mickey! Ich möchte, daß du herkommst und sofort diese Trommel abholst. Ich will sie keine Minute länger hier haben.«

Wir saßen bei ihm am Tisch, tranken Kaffee und überlegten, wie wir dieses boshafte Instrument auf redliche Art und Weise wieder loswerden könnten. Plötzlich meinte Phil: »Warum geben wir sie nicht den Tibetern zurück?«

Wir hatten beide vor kurzem im *San Francisco Chronicle* gelesen, daß die Tibeter ein Zentrum in Berkeley eröffnet hatten und daß einer der obersten Lamas, Tarthang Tulku, aus Anlaß der Eröffnungsfeierlichkeiten in der Stadt war. Wir schnappten uns die *Damaru*, sprangen ins Auto und fuhren so schnell wir konnten nach Berkeley. Ein Wächter in goldenem Gewand führte uns hinein und lächelte freundlich, als wir murmelten, wir müßten mit seiner Heiligkeit in einer dringenden Angelegenheit, eine Trommel betreffend, sprechen.

Nach ein paar Minuten, in denen sich die Mönche berieten, wurden wir in einen Raum geführt, an dessen Ende Tarthang Tulku, ein vornehmer kleiner Mann, in einem Sessel saß. Ein Diener flüsterte ihm etwas über unser Anliegen ins Ohr. Ich ging nach vorne und händigte dem obersten Lama unsere *Damaru* aus. Er schien darüber zu staunen, wie gut der zierliche Schädel in seine Handfläche paßte.

»Du bist also doch wieder zurückgekehrt«, sagte er und blickte dabei auf die Trommel. Dann wandte er sich mir zu:

»Ich hoffe, du bist sehr, sehr vorsichtig mit ihr umgegangen, Mickey Hart. Dies ist eine Trommel von außerordentlicher Kraft. Sie kann die Toten aufwecken, mußt du wissen.«

Kurze Zeit später stürzte ich mit dem Auto über eine Klippe. Auf halber Strecke abwärts blieb der Wagen an einem Baum hängen – dieser konnte mich zwar vor dem Tod, nicht aber vor etlichen Knochenbrüchen bewahren.

Im Lauf der Zeit habe ich verschiedene Interpretationen jener Warnung des Lamas in Erwägung gezogen. Am naheliegendsten erschien es mir, daß sie ein Hinweis auf meinen bevorstehenden Autounfall war, der mir einen Moment lang meine eigene Sterblichkeit bewußt machte – die wahre *Schwelle*. Aber irgend jemand wies mich einmal darauf hin, daß die Worte des Lamas sich genausogut auch auf Grateful Dead beziehen konnten; denn kurz nach unserem Gespräch mit dem Lama kehrten wir, zum ersten Mal seit Jahren, ins Studio zurück und verbrachten Monate damit, einfach zusammen zu spielen und zu forschen; ein Abenteuer, bei dem unser Album *Blues for Allah* entstand.

Seit einiger Zeit konzentriere ich mich mehr auf das Wort »aufwecken« und weniger auf die »Toten«. Jetzt will es mir viel eher so scheinen, daß der Lama mich darauf hinweisen wollte, daß ich durch das Spielen der *Damaru* zufällig etwas wieder zum Leben erweckt und unabsichtlich den Geistern Tür und Tor geöffnet habe – und das ist immer ein Spiel mit dem Feuer.

Aber welche Tore, welchen Geistern?

Wenn ich an jene Zeit zurückdenke, sehe ich mich als eine Art menschliche Antenne, die sich im Wind hin und her bewegt und ständig nach musikalischen Botschaften tastet. Ich war voll und ganz eingenommen von der nicht enden wollenden Symphonie, die in meinem Kopf erklang. Und meine synästhetische Wahrnehmung wurde dadurch noch intensiver, daß mein Studio nur ein paar Sekunden entfernt war.

Die Sonnenuntergänge waren unendliche Variationen eines rotgoldenen Farbtons, der sich für mich anhörte wie die Töne tibetischer Klangschalen. Manchmal waren die Sonnenuntergänge verschwommen, erzeugten eine Menge summender Obertöne. Dann wieder hatten sie die Klarheit und Ruhe eines einzigen schwingenden Tons – sehr kraftvoll, mit einem vollen Körper –, der so lange anhielt wie ein ganzer Orchestersatz. Immer wenn ich das rhythmische Gurgeln der Pumpe vernahm, hörte ich meinen Großvater »Froggy Went a-Courtin'« singen. Der Regen auf dem Dach des Stalls wurde zum Marsch von Millionen von Soldaten; Schwärme von Gesichtern wurden in der Harmonik des Regens lebendig, Jungs wie GI Joe, die eine Pause machten, um zu rauchen, dann wieder weiterzogen, immer weiter, wie eine mythische Armee. Wie Wellen tauchten sie auf, und wie Wellen verschwanden sie wieder.

Jeder auf der Ranch war auf die eine oder andere Art ein Forscher. Mein Gebiet war zufällig die Welt der Klänge. Ich stattete den Garten mit klingenden Gegenständen aus Metall, Glas und Bambus aus und hängte in sämtliche Bäume Windglockenspiele und Metallstreifen. Es sah aus wie auf einem fremden Planeten. Ich hörte allem zu, was einen Ton von sich gab, stand stundenlang im Wald, mein Ohr an einen Baumstamm gepreßt und seiner inneren Stimme lauschend, wenn er im Winde knarrte. Ich versuchte die Grenzen meiner Klangwelt zu erweitern und kam zu der Erkenntnis, daß alles Töne macht. Auch der Vorgang der Photosynthese mußte Schwingungen erzeugen, nur war unser Ohr nicht empfindlich genug, sie wahrzunehmen. Nach und nach begann ich das Heilige in jedem Geräusch zu hören.

Gegen Ende dieser Periode packte mich das Verlangen nach Feuer. Vielleicht war das dem Einfluß von Rolling Thunder zuzuschreiben, auf jeden Fall aber erfüllte mich Feuer mit einem Gefühl tiefer, friedvoller Kraft. Ich folgte meiner neuen Neigung, entzündete nachts ein Feuer und umkreiste es singend und tanzend mit Schwirrhölzern und Gongs. Irgend etwas hier draußen, irgend etwas an diesem Nachthimmel, an dem knisternden Feuer und den besonderen Stimmen dieser beiden Instrumente schrie förmlich danach, zusammengefügt zu werden. Damals wußte ich noch nicht viel über Rituale, sie entstanden unbewußt in mir, auf dem Weg.

Das Schwirrholz faszinierte mich. Es ist eines der ältesten Instrumente auf diesem Planeten und besteht im wesentlichen aus einem mit Kerben versehenen Stück Holz, an dem eine Schnur befestigt ist. Es wird im Kreis über dem Kopf geschwungen und gibt einen Laut von sich, der – je nach Länge der Schnur und Form des Holzes – variiert von einem langsamen *Huuuuu* bis zu einem durchdringenden Schrei. Wenn du zehn oder fünfzehn Minuten lang so ein Stück Holz über deinem Kopf schwirren läßt, wird sich ein Klangglobus bilden, dessen Achse du bist. Immer wenn ich es kreisen ließ, tauchten für kurze Augenblicke Tiere vor meinen Augen auf, und manchmal versank ich vollkommen in einem Gefühl von Zeitlosigkeit.

All das hörte ungefähr zur Zeit der *Damaru* auf. Vielleicht hast du auch schon einmal mitten in der Nacht plötzlich aufrecht im Bett gesessen, dein Körper in totaler Alarmbereitschaft und all deine Sinne hellwach, ohne daß es einen Grund gab – keinen Traum, keinen Fremden, der mit einer Tür quietscht –, der diesen plötzlichen elektrisierten Zustand hätte erklären können. Das, was ich damals erlebte, kam dem sehr nahe: Es geschah, daß ich plötzlich zusammenzuckte, obwohl nichts unmittelbar Augenfälliges geschehen war, was meine Aufregung gerechtfertigt hätte – außer meiner wachsenden Erkenntnis, daß ich mich wie ein kleines Kind benahm, das mit dem Werkzeug seines Vaters spielt; aber die Zeit des Spielens war vorbei, und die Arbeit begann. Aber welche?

Eins kann ich jedoch definitiv mit dem Augenblick in Verbindung bringen, in dem ich das erste Mal jenes *Binnnngggg... Gonnnngggg* hörte. Von diesem Zeitpunkt an war ich mir bewußt, daß ich auf einem Planeten lebte, auf dem es nur so wimmelte von merkwürdigen und machtvollen Instrumenten. Und viele von ihnen gehörten traditionell in mein Repertoire als Schlagzeuger. Sicher stimmte es, daß niemand an diesen Instrumenten Interesse zu haben schien, insbesondere was die ihnen innewohnenden Kräfte betraf. Aber das war keine Entschuldigung mehr für mich. Es wäre übertrieben zu sagen, ich hätte das Gefühl gehabt, einem Befehl folgen zu müssen; es war mehr wie ein Hunger darauf, so viele dieser Instrumente zu sammeln und zu erforschen, wie ich finden konnte, und zwar so schnell wie möglich. Immer wenn ich ein neues in den Stall brachte, versuchte ich eine Zeitlang mit ihm zu leben, bevor ich darauf spielte. Ich wollte es erst willkommen heißen, indem ich es stillschweigend beobachtete. Ich wollte keine unliebsamen Überraschungen mehr erleben.

Es war eigentlich mein Privatvergnügen, aber nun, da ich mich wieder der Band angeschlossen hatte und mit ihr auftrat, gingen meine Experimente gelegentlich in mein öffentliches Leben als Schlagzeuger über. Ich nahm das *Balaphon* (eine afrikanische *Marimba*), eine Schlitztrommel und *Steeldrums* aus der Karibik mit auf die Bühne. Ich spielte auch Gongs und experimentierte mit allen möglichen Schlägeln; mit der Zeit liebte ich besonders den Klang, der entsteht, wenn man mit einem harten, am Ende eines Stockes befestigten Gummiball über die Metallfläche eines Gongs reibt – es hört sich an wie der Gesang eines Buckelwals.

Die beiden Instrumente, die ich am häufigsten auf der Bühne einsetzte, waren *The Beast* und *The Beam*. *The Beast* war – zumindest in seiner ursprünglichen Form – ein runder Ständer, an den ich mehrere Große Trommeln hängte. Ich spielte diese Trommeln stehend mit großen Schlägeln. Ich benutze noch immer eine kleinere Version von *The Beast* bei Konzerten. Mit der größten der Trommeln, die ich »home plate« (Aushängeschild) nenne, kann ich meinen tiefsten Trommelton erzeugen.

The Beam ist eine Erweiterung der Idee, die dem pythagoreischen Monochord zugrunde liegt: *The Beam* veranschaulicht die klassische Auffassung, daß das Göttliche in bestimmten mathematischen Relationen enthalten ist, die man in Klang umwandeln kann – die kosmische Musik. Meine erste Version von *The Beam* war aus Treibholz, die jedoch fast von Anfang an ständig Veränderungen erfuhr und die verschiedensten Formen annahm, bis sie ihre gegenwärtige Ausprägung bekam. Nun ist *The Beam* ein drei Meter langer Aluminiumbalken, über dessen gesamte Länge zwölf Klaviersaiten gespannt sind, die sehr tief (ab 30 Hertz), auf reine Gleichklänge, Oktaven und Quinten, gestimmt sind. Die Schwingungen werden von einem elektromagnetischen Tonabnehmer aufgenommen – eine Riesenversion von dem, welcher sich an einer elektrischen Gitarre befindet – und dann in eine 170000-Watt-Anlage eingespeist.

Das Ergebnis ist eines der am stärksten ätherisch klingenden Instrumente, die ich je gespielt habe. *The*

Beam kann sowohl ein Instrument des Krieges als auch des Friedens sein. Er kann summen wie ein tibetischer Chor, aber er kann auch dröhnen wie die Explosion einer Napalmbombe. Ich zupfe die Saiten mit den Fingern oder schlage mit einem Metallrohr darauf. Manchmal trete ich ihn sogar mit den Füßen – mit *The Beam* kann man ohne weiteres ein bißchen grob umgehen, ohne dabei seine Gefühle zu verletzen. Umgekehrt kann er einen selbst aber auch ganz schön hernehmen. Mit *The Beam* kommt man in (im doppelten Sinne des Wortes) tiefere Gefilde als mit jedem anderen Instrument. Man kann Schwingungen erzeugen, die weniger vom Ohr wahrgenommen, sondern eher als durch den Körper wandernde Schockwellen empfunden werden. Eine lange, schwingende Saite ist einfach unvergleichlich.

Normalerweise spiele ich diese Instrumente nur bei einem Solo der Rhythm Devils, de Perkussionsensembles von Grateful Dead, wenn die anderen Mitglieder der Band sich zurückziehen und Billy und ich für fünfzehn oder zwanzig Minuten auf Entdeckungsreise gehen. Der Backbeat ist eine Art von Groove, der in der Rockmusik eine ganz zentrale Rolle spielt. Aber der Rhythmus kann sich auch in anderen Grooves entfalten, und Kreutzmann und ich entwickelten uns allmählich in diese anderen Richtungen. Ein Groove ist eigentlich nichts weiter als ein rhythmischer Zyklus, der fortwährend wiederholt wird, eine Grundlage, auf der man aufbauen kann. Je stärker der Groove, desto höher kann das Gebäude sein, das man errichtet. Und um so differenzierter kann die Ornamentik sein. Vom Temperament her bin ich eher jemand, der die Ornamentik macht, während Kreutzmann sich mehr dem Fundament widmet. Aber wir haben inzwischen schon so viel zusammengearbeitet, daß wir hin und wieder mit vertauschten Rollen spielen.

Ein jeder von uns beginnt auf seinem Schlagzeug, wir klinken uns in den Groove ein, und wenn wir tief genug drin sind, geht gewöhnlich einer von uns beiden zu dem Teil der Bühne, wo *The Beast* und *The Beam* auf ihren Einsatz warten. Für mich ist dieser Teil der Bühne die »Zone« – wenn man sie betritt, kommt es darauf an, musikalisch das zu tun, was man noch niemals zuvor getan hat. Das ist unser Ziel, das ist es, was unsere Musik lebendig hält. Grateful Dead hat immer versucht, diesem eigenen Anspruch gerecht zu werden, aber je erfolgreicher wir wurden, desto schwieriger war es. Die Spannung zwischen unseren Verpflichtungen dem Publikum gegenüber und unseren Schuldigkeit gegenüber dem Geist des Forschens, der uns einst zusammengebracht hat – die Spannung also zwischen Unterhaltung und Kunst –, ist mal mehr und mal weniger spürbar, aber sie verschwindet niemals. Manchmal tanzen wir den Tanz besser als sonst, und manchmal stolpern wir herum; beides ist Teil unserer Reise.

In den späten siebziger Jahren hatten wir alle in der Band das Gefühl, wir bräuchten eine gemeinsame magische Erfahrung. Es wurde der Vorschlag gemacht und angenommen, die ägyptische Regierung zu überreden, uns vor den großen Pyramiden spielen zu lassen.

Schon in den sechziger Jahren hatten wir unsere Phantasie oft schweifen lassen und uns vorgestellt, an den unglaublichsten Orten gemeinsam Musik zu machen: Grateful Dead auf dem Mond, Grateful Dead in Versailles, Grateful Dead bei den Pyramiden. Und jetzt, da einer dieser Träume plötzlich Wirklichkeit wurde, waren alle in Hochstimmung. In der großen Grateful-Dead-Familie breitete sich wahre Vorfreude aus, und mit der Zeit wuchs das Unternehmen zu einer Familienparty, deren Kosten zum Teil aus dem Verkauf eines Live-Albums bestritten werden sollten. Wir würden alle zusammen nach Ägypten fahren, um einen neuen Groove zu entdecken.

In der Woche unserer Ankunft herrschte eine spannungsgeladene Atmosphäre in den Straßen Kairos, denn soeben hatten die Begegnungen zwischen Menachem Begin und Anwar el-Sadat in Camp David begonnen, die zu den ersten Friedensvereinbarungen im Nahen Osten führen sollten. Niemand wußte so recht, was er mit uns anfangen sollte. Wir spielten drei Abende. Am zweiten Abend ritten Beduinen aus der Wüste heran, um uns zu hören. Man konnte sie von der Bühne aus erkennen. Sie standen alle in einer Reihe und hoben sich vor dem dunklen Horizont deutlich ab. Bewegungslos beobachteten sie uns. Am dritten Abend stiegen sie ab, banden ihre Kamele fest und tanzten in ihren weiten Gewändern vor der Sphinx.

Wir begannen mit einem *Tar*-Orchester, das der große nubische Trommler Hamza el Din leitete. Ich hatte Hamza ein paar Jahre zuvor kennengelernt, als er plötzlich mit seiner *Tar* in meinem Stall auftauchte. Zakir hatte ihn geschickt. Nachdem wir zusammen Tee getrunken hatten, spielte Hamza. Sofort war mir klar, daß Zakir mir einen Meister gesandt hatte. Hamza hatte eine Art zu spielen, bei der er mit seinen Rhythmen sein Gegenüber neckte und immer wieder in die Irre leitete. Gerade wenn man glaubte, man wüßte, wohin er einen führen wollte, ging er auch schon sanft zu einem schnelleren Groove über, und aus dem Offbeat wurde ein Onbeat. Er spielte wunderbar mit der Eins und bewirkte damit ein sanftes Dahinfließen, ein rhythmisches Einlullen.

Sobald Hamza fort war, begann ich *Tars* zu sammeln. Jahrelang war ich nie ohne eine *Tar* anzutreffen. Wo ich auch hinging – auf eine Party oder in ein Flugzeug –, meine *Tar* war immer dabei. Es beruhigte mich, eine *Tar* griffbereit zu haben. Und nach einem Auftritt saß ich oft noch stundenlang in meinem Hotelzimmer und versuchte mit Hilfe des weichen, plätschernden Tanzes seiner Stimme meine Mitte zu finden. Die beruhigende Stimme der *Tar* führte mich zur Stille.

Als die Grateful-Dead-Konzerte bei den Pyramiden vorbei waren, begleitete ich Hamza in sein Dorf. Mein Tontechniker John Cutler und ich hofften dort Aufnahmen von einem traditionellen *Tar*-Orchester machen zu können. Es sollten meine ersten ernsthaften Außenaufnahmen sein – mein erster richtiger Ausflug mit meiner Nagra an die *Schwelle*, die in diesem Fall eine Ansammlung von strohgedeckten Lehmhütten war, die scheinbar willkürlich zwischen den Dünen sechshundert Kilometer südwestlich von Kairo mitten in der Nubischen Wüste standen. Hamzas Leute waren einst Fischer gewesen, aber ihr Dorf war ein Opfer der Moderne geworden, als nach dem Bau des Assuan-Staudamms das Tal überflutet wurde. Die ägyptische Regierung siedelte die einstigen Bewohner an den Rand der Sahara um und beraubte sie damit ihrer traditionellen Existenzgrundlage.

Als wir ankamen, knallte die Sonne erbarmungslos auf die geteerte Fahrbahn nieder. In der Entfernung schimmerten aus einem blauweißen Ozean Burgen hervor. Hamzas Mutter, eine Dorfälteste, war ein paar Monate zuvor gestorben. Dies war die erste Gelegenheit für Hamza, nach Hause zu fahren und die Tote zu ehren. Er ließ uns daher im Haus seines Bruders zurück und verschwand dann mit ihm, um das Grab seiner Mutter aufzusuchen. Bevor er ging, sagte er noch zu mir: »Du mußt dich der Wüste ergeben, Mickey.«

Stunden vergingen. Die Hitze war unerträglich. Niemand hier sprach englisch. John Cutler und ich saßen nur da, starrten uns gegenseitig an und verscheuchten die Fliegen. Jemand aus Hamzas Familie brachte uns Wasser und Datteln, und alle Kinder des Dorfs kamen angelaufen, um die merkwürdigen weißen Männer in Augenschein zu nehmen. Schließlich konnte ich es nicht mehr aushalten. Ich ging mit meiner *Tar* nach draußen und begann ein traditionelles Hochzeitslied zu spielen.

Als ich Hamza das erste Mal im Stall gegenüberstand, erzählte er mir, daß die *Tar* in der Wüste anders klingt. Und so war es auch. Sie klang überraschend voller und lauter, als ich sie je zuvor gehört hatte. Plötzlich waren überall *Tars* auf der Straße. Die Leute kamen mit Trommeln aus ihren Häusern. In wenigen Minuten müssen wir drei Dutzend gewesen sein, die sangen und klatschten und *Tar* spielten. Die Frauen trugen alle Perlenschmuck, so daß ein schönes rasselndes *Sssschhhhh* entstand, als sie sich im Tanz wiegten.

Wir sangen lange, sehr lange. Dann endlich kehrte Hamza zurück. Er ging mit seinem Bruder die Straße entlang, und unser kleines Fest fand sein natürliches Ende, als alle Hamza begrüßten und man sich gegenseitig vorstellte. Später erklärte mir Hamza, daß es seit dem Tode seiner Mutter im Dorf keine Musik mehr gegeben hatte und daß mein *Tar*-Spiel in der Öffentlichkeit als Aufforderung interpretiert worden war, die beim Tod einer Ältesten übliche Zeit der stillen Trauer zu beenden.

Hamza stellte mich unter anderen einem Blinden vor, der *Tars* baute. Er roch an meiner *Tar* und rieb sie an seiner Wange. Er liebkoste die Trommel wie ein Liebender, tastete sie mit den Handflächen ab und drückte sie an sich. In der Sahara gibt es nicht gerade viel Holz – die *Tar*-Macher müssen sich mit jedem verwitterten Baumstumpf zufriedengeben, den sie gerade finden –, so daß meine *Tar*, die saubere Arbeit eines Sufi in Nordkalifornien, wie eine Stradivari gewirkt haben muß. Nachdem der blinde *Tar*-Macher sie sorgfältig untersucht hatte, gab er sie mir zurück und bedeutete mir, etwas darauf zu spielen. Ich klopfte auf die Ziegenhaut, und er war bestürzt über die Klarheit des Klangs und machte Bemerkungen darüber, wie ausgewogen sie sowohl im hohen als auch im niederen Bereich war; derjenige, der diese Trommel gebaut habe, sei sicherlich ein Meister! Dann gab ich ihm die *Tar* noch einmal. Er hob sie zärtlich ans Ohr, entlockte der Membran die Schwingungen und in wenigen Sekunden – *fhhhhhhttt* – die Trance der Trommel.

Zehn oder fünfzehn Minuten lang stand der blinde *Tar*-Macher da und schwebte mit meiner *Tar*. Dann kehrte er in die Gegenwart zurück, lächelte Hamza und mich an und gab mir mit freundlichen Dankesworten das Instrument zurück. Es war, als ob er einen kleinen Ausflug mit ihr gemacht hatte.

Nach dem Abendessen zündete irgend jemand draußen in der Wüste, nur ein paar Dutzend Meter hinter der Dorfgrenze, ein Freudenfeuer an. Alle *Tar*-Spieler stellten sich in einem großen Kreis zusammen, und eine einzelne *Tar* wurde herumgereicht. Derjenige, der sie in Empfang nahm, sang jeweils einen kleinen Vers, dem sofort der Chor aller Anwesenden folgte. Zugleich machte in Übereinstimmung mit den Bräuchen der Höflichkeit auch eine Haschischpfeife die Runde.

Als ich an der Reihe war, sang ich ihnen einfach vor, wer ich war, woher ich kam und wie wunderbar es war, bei ihnen zu sein. Sie konnten meine Worte nicht verstehen, und auch ich die ihren nicht, als sie die Antwort auf jede meiner Zeilen sangen. Aber wir machten bis zur Dämmerung so weiter.

Irgendwann lag ich auf dem Rücken im Sand und starrte in den sternenübersäten Himmel. In diesem Augenblick war mir plötzlich so vieles klar: Die Bruderschaft der Trommel existierte tatsächlich, und ich hatte erfahren, auf welche Weise ein Instrument, besonders eines von derart großem spirituellem Gehalt, die Ökologie seines Entstehens widerspiegelt. Am stärksten bewußt aber war mir wohl, daß ich an der äußersten *Schwelle* zu einem riesigen Kontinent lag, der sich über den Sand unter meinen bloßen Füßen nach Süden und Westen erstreckte – Afrika!

Der Kontinent der Trommel. Die Gegenspieler.

Kapitel zwölf

Afrika – die unsichtbaren Gegenspieler

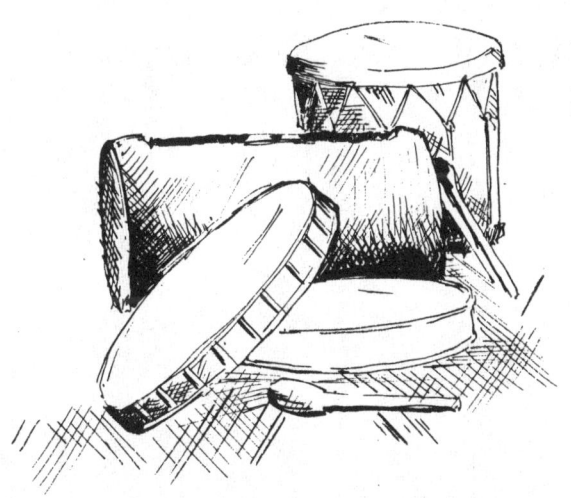

Afrika hat mich fasziniert, seit mir mein Großvater Geschichten darüber erzählte. Die Vorstellung, daß es einen Kontinent gab, in dem alle trommelten und tanzten und wo man überall von Rhythmen umgeben war, war für mich als Kind ungeheuer aufregend.

Diese Trommeln, diese Trommeln, mein Gott, warum hören sie nicht auf!

Heute weiß ich, daß es das gängige Bild des »Schwarzen Kontinents« war, was mich damals so fesselte. In diesem Klischee spielt die Trommel – dieses von der europäischen, melodisch orientierten Musik verachtete Instrument – quasi als Ursprung und Anstifter phantastischer, lauter und orgiastischer Rituale eine ganz wesentliche Rolle. Nur hatte diese Vorstellung für mich nichts Negatives oder gar Gefährliches; vielmehr löste sie eine große Sehnsucht in mir aus.

Der deutsche Gelehrte und Forscher Leo Frobenius, der in den ersten Jahrzehnten unseres Jahrhunderts mehrere Forschungsreisen durch Afrika unternahm, nannte die afrikanischen Kulturen, die er besuchte, »die unsichtbaren Gegenspieler«. »Unsichtbar«, weil sie keine Schrift kannten und also auch keine aufgezeichnete Geschichte besaßen; daher kam ihnen in der Geschichtsschreibung der Schriftvölker von vornherein keine Bedeutung zu. Und »Gegenspieler«, weil Frobenius der Meinung war, daß diese Kulturen, obwohl sie in den Chroniken des Altertums nicht erwähnt wurden, »zweifellos vom Süden her auf die Hochkulturen einwirkten«.

Die unsichtbaren Gegenspieler – dieses Bild gefiel mir.

Vor dreihundert Jahren entdeckte Europa diese Gegenspieler und begann sie zu verschlingen – tötend, erobernd, bekehrend, versklavend, kolonisierend, modernisierend, auseinanderreißend, in kürzester Zeit die wunderbaren alten Zivilisationen Afrikas verwüstend und nur blasse Imitationen der europäischen Kulturen zurücklassend. Alan Lomax, ein berühmter Ethnologe, hat diesem Verschwinden den Namen »kulturelles Ausschwärzen« gegeben, und er ist der Meinung, daß in wenigen Jahrzehnten von den Gegenspielern nichts mehr übrig sein wird außer ihren Artefakten – und diese werden, sorgfältig gereinigt und präpariert, in große metallene Schränke verpackt, um in den Katakomben der Smithsonian Institution und ähnlicher Einrichtungen zu verschwinden.

All die Trommeln – an sie muß ich zuerst denken, wenn ich mir das Schicksal Afrikas vor Augen halte. Denn die Metallcontainer mit der Aufschrift »Afrika« werden mehr Trommeln enthalten als jene aus anderen Erdteilen. Trommeln mit wunderschönen Namen: *Ngoma, Murumba, Kalengo, Babba-Ganga, Atumpan, Duono, Embutu, Mujaguzo*. Trommeln jeder Form und Größe. Langtrommeln, über drei Meter lang, und Kalebassentrommeln, so klein, daß sie in eine Hand passen. Trommeln mit Fellen aus Elefantenohren und solche, die das Fauchen eines Leoparden oder den Schrei eines Vogels imitieren.

Frobenius war der Meinung, daß die Yoruba in Westafrika die spirituellsten Menschen der Welt seien. Ich weiß darüber nicht näher Bescheid, aber ich denke, daß die Afrikaner – und vor allem die Westafrikaner – wohl die rhythmischsten Menschen sind, denn das Bewußtsein und der Sinn für Rhythmus stellen bei ihnen den Grundpfeiler ihrer Kultur dar. In den meisten Teilen Afrikas sind richtiger Rhythmus und rechtes Leben ein und dasselbe; ein guter Mensch ist einer, der mit dem rechten Rhythmus beseelt ist. In Übereinstimmung mit dem Rhythmus zu sein – mit den wiederkehrenden Kreisläufen der Natur, den Zyklen des eigenen Körpers und denen der Stammesgenossen –, ist für den afrikanischen Gegenspieler eines der höchsten Ideale, und es ist untrennbar mit der Trommel verbunden.

Natürlich werden wir oft daran erinnert, daß die Trommel nicht das einzige Instrument Schwarzafrikas ist, und sie ist auch nicht unbedingt das bedeutendste. »Im Afrika südlich der Sahara wird nicht nur getrommelt«, schreibt ein modernerer Forscher, »wenngleich auch in Europa noch viele vom Gegenteil überzeugt sind. Das schwarze Afrika kennt eine Vielzahl von Saiteninstrumenten, von denen einige zu den komplexesten und melodiösesten gehören, die es gibt.« Die Mandinka zum Beispiel haben ein Instrument mit einundzwanzig Saiten, das sie *Kora* nennen und auf dem Melodien von außerordentlicher Schönheit und Komplexität gespielt werden können. Oder das *Akadinda*, ein Xylophon der Baganda in Uganda, das von drei Musikern gleichzeitig gespielt wird. Ein gutes *Akadinda*-Trio kann etwa zwölf Töne pro Sekunde spielen.

Aber warum setzt man die Bedeutung der Trommel und die komplexe, rhythmische Welt, der sie Stimme verleiht, herab? Warum kann man nicht einfach sagen, daß Afrika auf dem Gebiet der Musik einen Werdegang repräsentiert, der eine Alternative zu dem des Westens darstellt, einen Werdegang, dessen emotionale Ziele zwar andere, aber nicht notwendigerweise schlechtere sind als die der europäischen Kunstmusik?

In vielen Teilen Afrikas ist Musik etwas, was genauso zum alltäglichen Leben gehört wie das gemeinsame Gespräch, das Kochen oder der Gesang der Vögel. Musik hebt die Bedeutung aller wichtigen Ereignisse im Leben eines Menschen hervor: von der Geburt über die Initiation, die das Erwachsenwerden begleitet, bis hin zum Tod. Aber auch auf dem Marktplatz, auf den Feldern, nachts beim Mondschein und auch, wenn der Mond nicht scheint: Immer ist Musik zu hören. Es gibt Lieder für das Kind, das die ersten Zähne bekommt, andere für jenes, das bettnäßt und mit ihrer Hilfe davon kuriert werden soll. Es gibt Lieder, die beim Rudern und andere, die beim Laufen oder beim Bestellen des Feldes gesungen werden – und zwar nur dann und zu keinem anderen Zeitpunkt. Ohne zu übertreiben kann man behaupten, daß es in Afrika für jeden denkbaren Anlaß ein eigenes Lied oder einen eigenen Tanz gibt. Ein altes afrikanisches Sprichwort sagt: »Ein Dorf ohne Musik ist ein toter Ort.«

Aber noch richtiger wäre es zu sagen, daß es für jeden denkbaren Anlaß einen Rhythmus gibt. Wenn die Bauern der Minianka in Westafrika mit ihren kurzstieligen Hakken, den *Dabas*, auf den Feldern arbeiten, spielen die Trommler einen Rhythmus, der genau den Bewegungen der *Daba* entspricht. Es gibt auch spezielle Rhythmen für die Aussaat oder die Anbetung der Geister. Zu manchen dieser Rhythmen gesellen sich irgendwann unweigerlich Worte, und so werden Lieder daraus, und diese wiederum stimulieren Körperbewegungen, und es entstehen Tänze. Die Bewegungen der Tänzer gehören ebenso zum rhythmischen Geschehen wie der Beat der Trommel und die gesungenen Ruf-und-Antwort-Schemata.

Erich von Hornbostel war der erste Musikethnologe, der sich ernsthaft mit afrikanischer Musik befaßte. Er veröffentlichte 1928 einen Aufsatz, in dem er drei Wesensmerkmale der afrikanischen Musik herausstellte: den antiphonischen Gesang (das Ruf-und-Antwort-Schema des Wechselgesangs), die Polyphonie (Zwei- oder Mehrstimmigkeit, wobei jede Melodie für sich bestehen kann, jedoch nach bestimmten Regeln harmonisch zu den anderen passen muß) und eine hochentwickelte Rhythmikalität. Afrikanischer Rhythmus, so schrieb er, weise eine »unbegreiflich starke Synkopisierung« auf.

Wenn sich jemand aus unserem Kulturkreis zum ersten Mal afrikanische Musik anhört, empfindet er in der Regel zunächst eine Art Desorientiertheit. Wir sind an einen einfachen, linearen Rhythmus mit vier Schlägen pro Takt gewöhnt, von denen der erste und der dritte betont werden. Deshalb ist es für einen klassisch geschulten Musiker schwierig, mit dem zurechtzukommen, was der Musikethnologe John Chernoff als »das dynamische Zusammenfallen und ständige Wechselspiel von Kreuzrhythmen« beschreibt. Afrikanische Musik ist polyrhythmisch. Es ist nicht ungewöhnlich, daß drei oder vier verschiedene Rhythmen gleichzeitig gespielt werden – was von unseren Ohren sehr schnell als hoffnungsloses Chaos interpretiert wird. Unser abendländisches Gehirn versucht mit diesem Durcheinander an Rhythmen fertig zu werden, indem es nach einem dominanten, übergeordneten Rhythmus sucht. Da es aber keinen finden kann, gibt es sich geschlagen und stimmt Hornbostels Feststellung zu, daß diese Musik unbegreiflich sei.

Westliche Gelehrte haben sich lange den Kopf darüber zerbrochen, wie afrikanische Musiker bei diesen verwirrend vielen rhythmischen Strukturen einen Takt oder ein Timing einhalten können. Schließlich kam der Musikethnologe Richard Waterman darauf, daß Afrikaner, anstatt sich an einen der gespielten Rhythmen zu halten, sich einen inneren, quasi subjektiven, Rhythmus schaffen, der natürlich mit den tatsächlich gespielten, äußeren verbunden ist. Ein Fanti-Trommelmeister nannte das einmal den »verborgenen Rhythmus«. Die beste Methode, in einem Polyrhythmus im Takt zu bleiben, ist, sich einen eigenen Rhythmus zu schaffen und diesen mit den Rhythmen der Gruppe zu verschmelzen. Offenbar lernen die meisten Afrikaner – sowohl Musiker als auch Zuhörer – solche Dinge von Kindesbeinen an. Als John Blacking die Venda in Südafrika erforschte, stellte er fest, daß immer, wenn ein kleines Kind auf irgend etwas einzuschlagen begann, sogleich ein Erwachsener oder ein anderes Kind dem einen anderen Rhythmus entgegensetzte und so das spontane Spiel des Kindes in ein polyrhythmisches Geschehen einband.

In seinem Buch *Coole Trommeln. Rhythmus und Sensibilität im afrikanischen Leben* – der besten Abhandlung, die ich zu diesem Thema fand – berichtet John Chernoff, der selbst bei einem afrikanischen Trommelmeister studiert hat, daß ein junger afrikanischer Musiker seine ganze Energie zunächst darauf konzentriert, auf seinen eigenen Rhythmus – und wirklich nur auf diesen – zu hören. Mit viel Fleiß und nach einer langen Zeit des Übens erreicht er schließlich einen Punkt, an dem die Trommel anfängt, »von selbst zu spielen« – so der verwendete Ausdruck. Erst dann ist es ihm erlaubt, auch auf seine Mitspieler zu hören, und erst dann gilt er wirklich als Trommler. So sagte auch Chernoffs Lehrer seinem Schüler, erst wenn er auf zwei Rhythmen gleichzeitig hören könne, ohne seinen eigenen zu verlieren, sei er ein richtiger afrikanischer Trommler.

Chernoff erzählt, daß er zu Beginn seiner Trommlerausbildung ein ganzes Bündel rituell angefertigter Trommelstöcke bekam, die alle einmal den großen Trommelmeistern des Stammes gehört hatten. Man wies ihn an, die Stöcke unter sein Kopfkissen zu legen. Mir fiel fast das Buch aus der Hand, als ich das las, denn genau das hatte ich mit Lennys Stöcken gemacht! Als ich neun oder zehn Jahre alt war, schlief ich immer mit seinen Schlangenholzstöcken unter dem Kissen, in der Hoffnung, ich könne mir so die Kunst meines Vaters zu eigen machen. Und später, als ich schon bei Grateful Dead spielte, legte ich mir manchmal Stöcke unter das Kissen, die einen ganzen Set überstanden hatten – besonders wenn es ein sehr guter gewesen war, einer mit dem »Big Groove« –, damit sich ihre Kraft auf mich übertrug.

Chernoff verdeutlicht auch, daß die Afrikaner nicht improvisieren – zumindest nicht so, wie wir im Westen es uns vorstellen. Die meisten Rhythmen und Lieder sind traditionell und erlauben sehr wenig Spielraum für individuellen Ausdruck oder für Experimente. Das angestrebte Ideal, hier wie auch auf anderen Gebieten der afrikanischen Lebensweise, ist es, den eigenen, individuellen Rhythmus nahtlos in das komplexe Gesamtgeschehen einzubinden. Der einzelne nimmt sozusagen teil am Rhythmus des Ganzen. Aus musikalischer Perspektive betrachtet ist jede Einzelstimme in einem Ensemble relativ einfach; sie besteht aus endlosen, nur in den Notenwerten verdoppelten oder verdreifachten Wiederholungen des thematischen Rhythmus. Erst wenn all diese Rhythmusstimmen kombiniert werden, entsteht ein eindrucksvolles Ganzes, in dem dann drei Schläge gegen vier gespielt werden und alles nur noch pocht und pulsiert. Für den Zuhörer ergibt sich daraus eine körperlich spürbare Spannung, die er am besten durch Tanzen abbauen kann.

Die meisten Trommeln in einem Ensemble spielen nur reine rhythmische Zyklen, mit denen sie den Beat für die Tänzer vorgeben. Für gewöhnlich gibt es jedoch einen Trommelmeister, der verschlüsselte Signale spielt, mit denen er den Musikern und Tänzern mitteilt, wann sie mit bestimmten Figuren zu beginnen oder aufzuhören haben, und mit diesem Ganzen verwebt der Trommelmeister schließlich auch noch seine Kommentare.

Der Trommelmeister eines westafrikanischen Trommelensembles ist in etwa mit dem Ersten Schlagzeuger in unseren Orchestern vergleichbar. Jedoch muß man, um diese Position zu erlangen, sowohl ein Meister in der technischen Beherrschung des Instruments als auch in der Kenntnis des gesamten überlieferten Wissens über das Trommeln sein; in Afrika ist es schwierig, diese beiden Dinge zu trennen. Zu wissen, welcher Rhythmus bei einem gegebenen Anlaß gespielt werden muß, ist ebenso wichtig, wie ebendiesen Rhythmus perfekt zu beherrschen. Wenn der Häuptling sich von seinem Stuhl erhebt, um ein bißchen spazierenzugehen, muß der Trommelmeister ohne ersichtliche Mühe sofort in einen anderen Rhythmus überwechseln können. Er könnte dann – um ein Beispiel des Musikethnologen J. H. Kwabena Nketia zu nennen – einen Rhythmus spielen, der folgende Botschaft ständig wiederholt: »Der Häuptling geht umher. Er hat keine Eile.« Abgesehen davon, daß solch ein kleiner Rhythmus genügt, um die allgemeine Aufmerksamkeit auf die Tatsache zu lenken, daß der Häuptling spazierengeht, sagt er auch noch diesem selbst, daß er bewußt und vorsichtig gehen solle: Denn es wäre ein böses Omen, wenn er hinfiele.

Trommelmeister beherrschen jede Menge solcher kleinen Tricks. Ein guter Trommelmeister ist dazu in der Lage, bei einem Vergnügungstanz ein ganz gewöhnliches Solo zu spielen, in das er jedoch zusätzlich alle möglichen Witze und Scherze einbauen, nebenbei auch noch ein getrommeltes Hallo an bestimmte Leute im Publikum einflechten oder andere zum Tanz auffordern kann. Dieses Phänomen wird als »sprechende Trommel« bezeichnet, und es gehörte jahrhundertelang zu den mysteriösesten Dingen, die vom Trommelkontinent Afrika bekannt waren. Chernoff erzählt, wie er eines Nachmittags mit einem Trommelmeister zusammensaß und ein paar elementare Rhythmen übte. Plötzlich jedoch wich der Meister für einige Sekunden von seinem Rhythmus ab, spielte dann aber wieder weiter, als wäre nichts gewesen. Kurze Zeit später kam ein Mann, der vorher vorbeigegangen war, mit zwei Flaschen Bier zurück. Das Abweichen des Meisters von seinem Rhythmus war tatsächlich nichts anderes gewesen als die getrommelte Bitte an den Vorübergehenden, er möge doch zwei Bier vorbeibringen! Der *Gahu*, ein Tanz der Ewe, beginnt mit der von den Trommeln vorgetragenen Botschaft: »Ihr Mädchen alle, mit euren breiten Hüften, kommt heraus zum Tanz!«

Die Trommel, die traditionell als »sprechende Trommel« eingesetzt wird und variable Tonhöhen besitzt, heißt *Dundun*. Sie hat die Form einer Sanduhr und ist mit zwei Fellen bespannt, die mit Därmen oder Lederriemen zusammengebunden sind. Beim Spielen wird sie unter den Arm geklemmt und mit einer Hand geschlagen, wobei mit der anderen die Spannung der Riemen und damit der Felle und so natürlich auch die Tonhöhe verändert werden kann.

Grundsätzlich bringen die Afrikaner ihre Trommeln zum Sprechen, indem sie Töne von unterschiedlicher Höhe oder Rhythmen erzeugen – Kombinationen von hohen und tiefen, langen und kurzen Lauten. Einige afrikanische Sprachen sind tonal, das heißt, die Tonhöhe ist ein bestimmender Faktor der Bedeutung eines Wortes: Ein Laut mit höher werdendem Ton-»Fall« hat eine andere Bedeutung als genau derselbe Laut mit fallendem, also tiefer werdendem Ton. In nichttonalen Sprachen können rhythmische Strukturen diese Unterschiede symbolisch wiedergeben. Indem die Afrikaner Trommeln bauten, mit denen sie nicht nur Rhythmen, sondern auch verschiedene Tonhöhen erzeugen konnten, fanden sie einen Weg, der es ihnen ermöglichte, Rhythmen und Laute in Sprache umzusetzen. Heute sind die alten Bünde, deren Aufgabe die Bewahrung der Trommelsprachen war, fast alle ausgestorben; Telefonnetze, Autos und Fernseher, die alle Informationen schneller und vielleicht auch genauer übertragen, haben sie verdrängt.

Die höchste Stufe des afrikanischen Phänomens der sprechenden Trommeln stellt der sogenannte »Buschtelegraph« dar. Bei ihren Nachforschungen in den Bibliotheken fanden die Ethnologen Dutzende von Geschichten wie der folgenden, die ein englischer Missionar aufzeichnete: »Im Jahre 1881 hörten wir in Landana durch eine Trommelbotschaft vom Untergang des Postdampfers *Ethiopia* bei Luango, das etwa sechzig bis siebzig Meilen entfernt ist. Die Neuigkeit erreichte uns eine bis zwei Stunden, nachdem sich das Unglück ereignet hatte. Diese wunderbaren Trommeln heißen *Nkonko*, und sie sind aus einem ungefähr zwei Meter langen Baumstamm gemacht... Ein guter Trommler kann alles, was sich sprachlich mitteilen läßt, auch mit seinen Trommelstöcken ausdrücken. Diese (sogenannte) Trommelsprache besteht nicht nur aus ein paar Sätzen; man kann – einen guten Trommler und einen geübten Zuhörer vorausgesetzt – mit ihr alles verarbeiten, was man will.«

Das war der berühmte Buschtelegraph. An einem Ort, an dem man es überhaupt nicht vermutet hatte, war man auf eine hochentwickelte Technologie gestoßen: Diese großen Schlitztrommeln waren nämlich mit gezielter Präzision so positioniert, daß die akustischen Gegebenheiten von Flüssen und Tälern miteinbezogen waren. Sie bildeten ein System, ein Netz von riesigen Schalltrichtern, und produzierten Töne, die hörbare Abbilder wirklicher Worte waren. Es dauerte Jahre, bis die westliche Welt diesen Tatbestand erkannte und ihn akzeptieren konnte.

Der Buschtelegraph wurde in den dreißiger Jahren zum ersten Mal eingehend untersucht, und zwar von J. F.

Carrington im heutigen Zaire. Er stellte fest, daß die Nachrichtenübermittlung durch Schlitztrommeln – so raffiniert und ausgeklügelt sie als Methode auch war – in der Praxis doch einige gravierende Mängel aufwies, und zwar in erster Linie die begrenzte Reichweite der Trommeln: Bei Tage waren sie ungefähr acht Kilometer weit hörbar, nachts bestenfalls etwa zwölf. Um eine Botschaft dreißig Kilometer weit zu senden, waren also vier Übertragungsstellen notwendig, und damit war die Effektivität dieses Systems stark eingeschränkt. Zweitens ist Afrika ein wahrer Turm von Babel: Es gibt dort über tausend Sprachen und unzählige Dialekte. Über größere Distanzen übermittelte Botschaften mußten daher auch noch mehrmals übersetzt werden, was bedeutete, daß ein gut funktionierender Buschtelegraph neben hervorragenden Trommlern auch noch Sprachgenies erforderte, die immer zur Stelle sein mußten. Carrington schrieb, daß es in Grenzstädten wie Yakusu durchaus möglich war, »die Trommeln in vier ganz verschiedenen Sprachen schlagen zu hören«.

Wenn die zentralasiatischen Stämme das klassische Beispiel der schamanistischen Trancekultur verkörpern, dann sind die Stämme Afrikas ihr Gegenstück in der Besessenheitstrance. Während der Schamane auf seiner Trommel zum Weltenbaum reitet, um sich dort mit der Geisterwelt zu vereinen, glauben die Afrikaner, und unter ihnen wiederum vor allem die Westafrikaner, daß die Geister auf dem Beat der Trommel herunter- und in die Körper der Tänzer hineinreiten, die dann anfangen, sich wie besessen zu bewegen.

Die Besessenheitstrance stellt fast in jeder Hinsicht das Gegenteil der schamanistischen Trance dar. Häufig bleibt der Schamane während der ganzen Trance bei vollem Bewußtsein; ja, er geht sogar so weit, seinen Zuhörern mitzuteilen, welche Gespräche er in der Welt der Geister führt. Wenn er dazu aufgefordert wird, kann er sogar einen genauen Bericht davon geben, was er erlebt hat. Bei einer Besessenheitstrance dagegen verliert die betroffene Person das Bewußtsein. Man sagt, solange der Geist in dem Besessenen wohnt, gehe sein Bewußtsein an einen anderen Ort – oder einfach nur spazieren. Wo es tatsächlich hingeht und was geschieht, während der Geist seinen Platz einnimmt, davon weiß der Besessene überhaupt nichts zu sagen. Es ist typisch, daß er keinerlei Erinnerung hat an das, was während seiner Trance geschah, und er kann auch keinerlei Auskunft darüber geben, was der Geist durch ihn mitgeteilt hat. Merkwürdigerweise können das auch die meisten der Zuschauer nicht, denn nur einige Eingeweihte dürfen das für die Interpretation der geheimen Geistersprache erforderliche Wissen erwerben.

In den meisten Besessenheitskulten Afrikas sind es die Geister von Ahnen, die vom Körper des Tänzers Besitz ergreifen. John Blacking zufolge, der bei den Venda Zeuge von Besessenheitsritualen wurde, erreichte der oder die Besessene »einen somatischen Zustand, in welchem er oder sie sich mehr als sonst der dem Körper innewohnenden Lebenskraft bewußt wurde« – eine Verfassung, in der die Besessenen »direkt mit ihrem anderen Selbst konfrontiert wurden, nämlich dem wahren Selbst ihres Ahnengeistes«. Für die Venda sei eine solche Verfassung »nicht ein Geschenk der Gnade für einige wenige« und auch kein ungewöhnlicher oder mysteriöser Zustand, sondern einer, der jedem zugänglich sei, der gelernt habe, mit seinem Körper richtig umzugehen.

In Westafrika mit seiner reichen Literatur zum Thema Besessenheit werden diese mächtigen Ahnengeister *Orischa* genannt, was wörtlich soviel bedeutet wie »der, den *Ori* (der Oberste) auserwählt hat«. Die Yoruba glauben, daß jeder, der etwas unvergeßlich Großes vollbringt, ein *Orischa* wird. Manche werden so berühmt, daß sie einen fast göttlichen Status erhalten.

Schango (auch: Xangô), der in ganz Westafrika, in Südamerika und in der Karibik als der *Orischa* von Blitz und Donner verehrt wird, war ursprünglich ein großer Krieger, der sowohl edel und großzügig als auch hitzköpfig, tyrannisch und am Ende sogar ein Selbstmörder war. Er kannte sich gut aus in der Magie, vor allem, was das Geheimnis des Donners betraf.

Schango, Kori (die Fruchtbarkeitsgöttin) und Ogun (der Gott des Eisens und des Krieges) sind Beispiele für *Orischa*, die ihren Kult selbst hervorbrachten und von Tausenden von Menschen verehrt werden. Es gibt aber auch die bescheidenen *Orischa* des heimischen Herdes: ein Großvater oder eine Urgroßmutter etwa, jemand, der so bedeutend war, daß die nachfolgenden Generationen es als klug erachteten, ihm die Tür offenzuhalten, um bei Bedarf den Rat dieses weisen und bedeutenden Vorfahren einholen zu können. Ungefähr so, als besäßen wir eine Technik oder eine Methode, mit der wir zu Pythagoras oder Gandhi oder Gene Krupa Kontakt herstellen könnten.

Um zu verstehen, wie das möglich ist, hilft es, etwas über die westafrikanische Sichtweise der Seele zu wissen. Bei den Westafrikanern ist der Kopf – Ori – nicht nur der Sitz des Bewußtseins, sondern auch der Aufenthaltsort des Schöpfergeistes, wenngleich ihre Beschreibung dieses Aufenthaltsorts eher nach einer Art Zugang oder Tür klingt. Das Ego kann zum Beispiel durch diese »Tür« hinausgehen, damit der *Orischa* durch den Kopf hereinkommen und dann vom ganzen Körper Besitz ergreifen kann. Yaya Diallo, ein Minianka und Autor einer hervorragenden Abhandlung mit dem Titel *The Healing Drum*, schreibt, daß »das Individuum im Zustand der Trance das normale Bewußtsein seiner selbst verliert. Die Minianka sagen dazu, ein Geist habe vom Körper des Betreffenden Besitz ergriffen und seine eigentliche Person verdrängt«. Diallo berichtet, daß er einen Mann sah, der in Trance in einen Brunnen hinein- und sofort wieder heraussprang, »als habe er Sprungfedern. Er spielte nicht nur mit einem übergroßen Maß an Energie herum; etwas jenseits seiner Natur spielte mit seinem Körper«.

Nicht alle Geister, die besessen machen, sind *Orischa*, und man will auch nicht von einem beliebigen Geist besessen sein. Es muß also sehr darauf geachtet werden, daß nur der richtige beziehungsweise erwünschte Geist in den Körper fährt, und das wird mit Hilfe der Trommel erreicht: Bestimmte Rhythmen sollen entsprechende Geister anlocken. Ein *Orischa* wie Schango kommt nur, wenn er seinen Rhythmus vernimmt.

Die wirkungsvollsten Trancerhythmen sind Eigentum von Geheimbünden. Ihnen obliegt die Kommunikation unserer Welt mit der Welt der Geister. Der Yewe-Geheimbund in Westafrika hat sieben verschiedene Arten von Trommelrhythmen, mit denen die sieben besonderen Tänze dieses Kults begleitet und sieben verschiedene Geister angelockt werden.

Geheimbünde wie die Yewe arbeiten sehr im Verborgenen. Neue Mitglieder ziehen in eine der Initiationshütten des Bundes und bleiben dort monatelang isoliert. In dieser Zeit lernen sie die Sprache des Kults, seine Rhythmen, Tänze und geheimen Kräfte. In einiger Hinsicht gleichen sie den schamanistischen Schulen, nur sind ihre »Klassen« viel, viel größer. Obwohl in manchen Stämmen alle heranwachsenden Mitglieder in den einen oder anderen Geheimbund eingeführt werden, sind die besten Kandidaten oft solche, die ein irgendwie traumatisches Erlebnis durchmachen - man findet sie vielleicht eines Morgens bewußtlos auf, oder sie streifen benommen im Busch umher. Eine solche Erfahrung wird als ein Angebot an die Geisterwelt interpretiert, sich für sie zu öffnen, und der betroffene Leidende wird sofort aufgenommen und initiiert.

Es gibt nicht viel Literatur darüber, was während dieser Einweihungsriten tatsächlich geschieht. Es finden sich nur kleine Einzelheiten, vor allem in Studien über einige der neuweltlichen Besessenheitskulte, wie zum Beispiel Candomblé, Voodoo oder Santería. Einige dieser Kulte haben Mittel und Wege entwickelt, um ihre jungen Eingeweihten monatelang in Trance zu halten. Im allgemeinen lassen sich zwei verschiedene Typen von Trance beobachten. Die erste ist die vollkommene Besessenheitstrance, bei der der Geist ständig anwesend ist. Häufiger anzutreffen ist eine leichte Trance, die im Candomblé oft von einer Regression in infantile Stadien begleitet ist. Man sagt dazu, daß der Gott weggegangen sei und an seiner Stelle ein kleines Kind zurückgelassen habe, um seinen Platz freizuhalten.

In der Vorbereitung für ihre Initiation werden dem Kandidaten die Trommelrhythmen beigebracht, welche die Kultgeister rufen, und er lernt die verschiedenen Geheimsprachen und -ausdrücke, die der Geheimbund verwendet. Das Ganze könnte mit Hilfe des »state dependent learning«, einer modernen psychologischen Theorie, etwa folgendermaßen erklärt werden: Wenn der

Körper Streß erfährt, erstellt er bestimmte Schablonen, die beim Auftreten einer ähnlichen Situation wieder abgerufen werden. Man könnte nun sagen, daß in der Vorbereitung auf die Initiation der Körper des Kandidaten gezielt bis zum Eintreten der Trance gestreßt wird. Dieser Streß ist begleitet von offenkundigen Merkmalen: den Trommelrhythmen und Tanzbewegungen. Diese assoziiert das Gehirn offenbar mit dem erwünschten Trancezustand, so daß irgendwann nur mehr die Rhythmen gespielt werden müssen, damit die entsprechenden Körperreaktionen automatisch eintreten. Die Trommelrhythmen stellen also nicht nur ein Signal für den jeweiligen Geist dar, sondern sie dienen auch als Auslösemechanismus, um die erlernte Trancereaktion bei den Tänzern hervorzurufen.

Eine der interessantesten Abhandlungen über Afrika, die ich in die Hand bekam, stammt von einem Gelehrten namens Daniel F. McCall. Es handelt sich um den Abriß eines unvollendeten Buches, an dem er jahrzehntelang gearbeitet und das er mit dem Arbeitstitel *West Africa and the Eurasian Ecumene* versehen hat. Die Abhandlung nannte er Mother Earth: *The Great Goddess of West Africa.*

McCall zufolge erstreckte sich die neolithische Zivilisation mit ihrer Verehrung der Großen Mutter vor acht- oder neuntausend Jahren von Mitteleuropa bis zu dem damals noch fruchtbaren Grasland der Sahara. Als dieses Gebiet zur Wüste wurde, zogen sich die dort lebenden Völker zurück, wobei einige nach Süden und Westen in das Gebiet des heutigen Westafrika abwanderten. Die vordringende Wüste schob sie noch tiefer in den Regenwald, bis dieser, einem Schutzmantel gleich, sich um sie schloß. So blieben diese alten neolithischen Gesellschaften mit ihrem Göttinnenkult über Jahrtausende hinweg bestehen. Erst etwa zwischen 500 und 1000 nach Christus erreichten berittene Invasoren diese Waldgebiete.

McCalls These, daß die westafrikanischen Besessenheitstrance-Kulturen letztendlich Überbleibsel der neolithischen Muttergottheitstraditionen seien, erinnerte mich an etwas, was ich in Gilbert Rougets Buch *Music and Trance* gelesen hatte. In seinem Kapitel über die griechische Antike hatte er sich sehr bemüht zu beweisen, daß viele der ekstatischen Religionen, die den griechischen Rationalisten wie etwa Platon ein Dorn im Auge waren, tatsächlich Besessenheitskulte waren. Die Griechen kannten vier verschiedene Arten von Trance: die erotische, die poetische und die prophetische sowie eine, die Sokrates telestische Trance nennt – ein Begriff, der vom Griechischen teletai abgeleitet ist, was soviel wie »rituell« oder »Ritus« bedeutet. Letztere war Rouget zufolge eine Besessenheitstrance: Inmitten frenetischer Tänze, welche Platon in seinem Werk *Der Staat* als »für unsere Bürger unangemessen« verurteilte, fuhren die Kultgeister hernieder und ergriffen Besitz von den Körpern der Tänzer.

Ein interessantes Faktum, für das Rouget sich überhaupt nicht interessiert hatte, war, daß alle diese Besessenheitskulte – die Korybanten, die Bacchantinnen, der Kybele-Kult und die dionysischen Kulte – Abkömmlinge der alten Muttergöttinreligionen und Kulturen mit Besessenheitstrance waren, in denen Trommeln wahrscheinlich eine wesentliche Rolle spielten. An einer Stelle des Stücks *Die Bacchien* ruft Dionysos aus:

»Und ihr, die ihr kommt von Tmolos,
Lydiens Schutzgebirg,
mein Frauenfestschwarm, den ich aus Barbarenland
begleitet, die ihr bei mir sitzt und mit mir weilt,
ergreift die Tamburine Phrygiens, eures Lands,
die unsere Mutter Rhea euch erfand und ich.«[*]

Eines Tages nahm ich ein Lexikon für klassische Musik zur Hand, um die wenigen Perkussionsinstrumente der antiken Welt nachzuschlagen. Fast alle von ihnen wurden im Zusammenhang mit den Kulten der Großen Mutter genannt, die bis in die Antike überlebt hatten:

Krotalon: Ein Perkussionsinstrument, das aus zwei Schalen aus Muscheln, Holz oder Metall besteht; vielerlei Formen; Klappern. Die Krotalen wurden, ähnlich wie Kastagnetten, benutzt, um den Rhythmus der Tänzer zu halten, besonders bei Zeremonien zu Ehren von Kybele und Dionysos. Es wurde für gewöhnlich je eines an den Händen befestigt.

Tympanum: Perkussionsinstrument, welches vor allem bei den Riten der Kybele und des Dionysos verwendet wurde. Es bestand aus einem zylindrischen Kasten, über den auf beiden Seiten Membranen gespannt waren; wurde mit der Hand gespielt, meist von Frauen.

Roptron: etwa wie das heutige Tamburin, das heißt eine kleine, leichte Trommel, die aus einem Holzreifen bestand, über den Pergament gespannt war. Rundherum waren kleine Metallstücke befestigt; wurde von den Korybanten (Priester der Kybele) bei ihren Zeremonien gespielt.

---

[*] Zitiert nach: *Die Bacchen des Euripides*, übertr. von Hans Bogner. Verlag der Hochschulbuchhandlung Max Hueber, München 1922.

Hatte es, unmittelbar vor dem Beginn unserer westlichen »Geschichte«, eine Kultur mit Besessenheitstrance gegeben, welche Trommeln verwendete und in der die Erde in Form einer Großen Mutter angebetet wurde? Plötzlich brachte ich viele Einzelheiten auf die Reihe. Die Bilder mit den afrikanisch aussehenden Trommeln in Marija Gimbutas' Buch fielen mir wieder ein. Diese Trommeln waren aber in Ländern wie Deutschland und Bulgarien ausgegraben und auf 4500 vor Christus datiert worden. Tausend Jahre später, als die ersten Städte im Zweistromland von Euphrat und Tigris entstanden, gab es solche Trommeln schon nicht mehr.

Ich erinnerte mich auch daran, daß Gimbutas geschrieben hatte, es habe »eine innige Beziehung zwischen der Trommel und der Göttin bestanden«. Und an meine Verwirrung, als ich bemerkte, daß die Bedeutung der Trommel als Musikinstrument in der sogenannten zivilisierten Welt mehr und mehr abnahm und an einem Punkt fast ganz verschwand, sogar aus dem militärischen Bereich. War dieses fast völlige Aussterben der Tatsache zuzuschreiben, daß die Trommel zu einer Kultur mit Besessenheitstrance gehört hatte? Einer Kultur, die von ihren Eroberern (den Indoeuropäern) unterdrückt wurde, von Eroberern, die in großen Einwanderungswellen aus den weiten Steppen Innerasiens kamen und männliche Himmelsgötter verehrten, wie wir sie zu Beginn der geschriebenen Geschichte vorfinden?

War die Trommel ein Opfer dieses Kulturkonflikts? Die neolithische Göttinreligion ganz bestimmt. Sie verschwindet im wahrsten Sinne des Wortes aus unserer Geschichte – bis auf den kleinen Rest, der McCall zufolge in der Isolierung der Wälder Westafrikas weiterlebte und eine Kultur bewahrte, die Leo Frobenius einmal als die spirituellste der Erde bezeichnen sollte.

DIE UNSICHTBAREN GEGENSPIELER.

Vor dreihundert Jahren begann Europa sie zu vernichten, und so nahm auch die lange Reise in die Metallkästen ihren Anfang – ein Bild, das mich verfolgt und das ungeheuer deprimierend wäre, wenn ich nicht gleichzeitig wüßte, daß die Dinge in Wirklichkeit nie so einfach sind. Eine Kultur kann nämlich auch dann noch ihre Kraft behalten, wenn sie viele ihrer Mitglieder verliert oder sonstwie geschwächt wird; Kulturen können sich in der Tat auf verblüffendste Art und Weise verändern.

Ein Beispiel: Als die Sklavenschiffe begannen, den Ozean zwischen Westafrika und der Neuen Welt zu durchpflügen, dachten Händler wie Käufer, sie würden nichts weiter als starke – und ersetzbare – Körper transportieren. Sie hatten aber auch die Gegenspieler-Kultur mit an Bord, vielleicht sogar die Muttergöttinkultur – bewahrt in Form von Trommelrhythmen, die den *Orischa* aus seiner Zeit in die unsere herbeizurufen vermochten. In der Karibik und in Südamerika war es den Sklaven erlaubt, ihre Trommeln zu behalten, und deshalb konnten sie ihre starke Verbindung mit dem *Orischa* weiterpflegen. Allerdings entstanden durch die plötzliche Vermischung so vieler verschiedener Stämme neue Kultformen: Candomblé, Santería und Voodoo zum Beispiel. In Nordamerika dagegen wurden den Sklaven die Trommeln weggenommen, und damit verloren sie die Möglichkeit, die Rhythmen ihrer Geisterwelt am Leben zu erhalten.

Und das Resultat dieses Verlusts der Tradition waren Jazz, Blues, der Backbeat, Rhythm'n'Blues und Rock'n'Roll – einige der kraftvollsten Rhythmen auf unserem Planeten.

Kapitel dreizehn

Die Bruderschaft der Trommel

Trommeln ist lebensnotwendig. Davon bin ich überzeugt. Kein Trommler weiß, warum das so ist; man kommt einfach mit diesem Bedürfnis zur Welt und gehört damit zu Remo Bellis schon erwähntem einen Prozent. Die Spieltechnik kann man erlernen, nicht aber das innere Verlangen; das bekommt man in die Wiege gelegt. Manchmal habe ich mir gewünscht, davon frei zu sein. Als ich jünger war, hätte ich mich manchmal am liebsten umgebracht, wenn ich nicht gut spielte. Oft schlich ich mich vor dem Konzert auf die Bühne und betete, daß ich es schaffen möge, daß meine Energie und meine Begabung und mein Wille stark genug seien, mich wieder bis an die Schwelle zu bringen.

Ich frage mich auch oft, was für ein Trommler ich geworden wäre, wenn ich in eine Kultur hineingeboren worden wäre, welche die spirituelle Seite der Trommel pflegt, und nicht in eine solch orientierungslose, die kein Wort verliert über jene Energien und Kräfte, die sich beim Spielen auftun. Oft bedaure ich es, nie mit Sonny Payne oder Jonesy oder einem anderen jener alten Männer darüber gesprochen zu haben, die eigentlich meine Lehrer in diesen Dingen hätten sein sollen, wenn sie nur etwas weiterzugeben gehabt hätten! Kannten sie die spirituelle Seite? Schenkten sie ihr Beachtung? War es ihnen schmerzhaft bewußt, daß wir in eine Kultur hineingeboren waren, in der Musik in erster Linie Unterhaltung ist, ein Gebrauchsartikel mit Marktwert, und daß man sich entweder mit dieser Tatsache abfinden oder einen anderen Beruf ergreifen muß?

Ich weiß noch gut, wie ich als Kind Angst davor hatte, was mit mir einmal passieren würde. Die Vorstellung vom Musiker als eine Art menschlicher Meteorit, der kurz am Himmel aufleuchtet, bevor er verglüht, war in mir meine ganze Kindheit hindurch lebendig. Charlie Parker und Billie Holiday – das waren meine großen Idole und gleichzeitig deutliche Warnungen. Immer wieder fragte ich mich, was dieser Drang war, der auch mich gepackt hatte und der sogar einen erwachsenen Mann dazu bringen konnte, alles aufzugeben – selbst um den Preis des Lebens – nur um einen kurzen, viel zu kurzen Augenblick lang die ersehnte Verbindung herstellen zu können. Manchmal kam ich mir wirklich vor wie einer, der sich mit einer Binde vor den Augen die Seele aus dem Leib rennt, wie besessen läuft und läuft.

Es ist schwer, den genauen Zeitpunkt zu bestimmen, an dem mir bewußt wurde, daß meine Tradition – der Rock'n'Roll – doch eine spirituelle Seite hatte, daß es eine Seitenlinie gab, die die altehrwürdige Verbindung zwischen der Trommel und den Göttern pflegte. Ein bißchen war es, als ob man lange vergessenen Vettern wiederbegegnet und plötzlich merkt, daß sie ja alle mit einem verwandt sind, daß man einen Rhythmus mit ihnen gemeinsam hat; beim Trommeln ist das eine Art Blutsverwandtschaft.

Ich erinnere mich noch genau daran, wie ich eines Tages eine Zeitung in die Hand nahm und las, daß Babatunde Olatunji und seine »Drums of Passion« in einem Club in der Bay Area auftreten würden. Unglaublich! Ich hatte Olatunji vollkommen vergessen. Eine Platte von ihm hatte ich mit achtzehn bis zum Exzeß gehört, und mit seinem Namen verband sich eine vage Erinnerung an jene schicken, mondänen Tänzer, deren Körper sich bei den Partys von Raphael Baez damals in Spanien wie besessen zu diesen großartigen westafrikanischen Polyrhythmen bewegten.

Als ich in den Club kam, sah ich, daß mein Grateful-Dead-Stage-Manager das Mischpult bediente. Er gestattete es mir großmütig, seine Aufgabe zu übernehmen. Ich zählte die Trommeln auf der Bühne: Es waren sechzehn. So viele hatte ich nie zuvor auf solch einer kleinen Bühne gesehen. Ich mußte an Diga denken, die große gestimmte Rhythmusmaschine.

Olatunji trat auf in einem weißen Gewand und mit einem wunderschönen Hut auf dem Kopf. Groß und herrschaftlich sah er aus – eher wie ein Staatsmann als ein Musiker; und dieser Eindruck verstärkte sich noch, als sein Ensemble zu spielen begann. Ich drehte die Anlage auf, so laut es ging, und dann lehnte ich mich zurück, um zuzuhören. Innerhalb von Minuten entwickelten er und seine Band einen Groove von enormer Kraft. Den Spielern traten die Adern auf der Stirn hervor, so stark konzentrierten sie sich. Das war keine Unterhaltungsmusik und kein Bühnenspektakel. Das war etwas sehr Ernstzunehmendes, es war eine Art von Beschwörung. Aber was wurde beschworen?

DIE GESCHICHTE OLATUNJIS

In meiner Heimat sagt man, daß Rhythmus die Seele des Lebens ist, weil das ganze Universum um Rhythmus kreist, und wenn wir aus dem Takt geraten, dann kommen wir in Schwierigkeiten. Aus diesem Grund ist die Trommel neben der menschlichen Stimme unser wichtigstes Musikinstrument. Sie ist etwas Besonderes.

Ich habe viele Jahre lang über die Heilkräfte der Trommel nachgedacht und bin zu der Einsicht gelangt, daß die Trommel eine Art von Trinität darstellt. Der Körper der Trommel, der aus einem Baum hergestellt wird, enthält den lebendigen

Geist dieses Baumes. Große Sorgfalt wird darauf verwendet, um sicherzustellen, daß das Holz des Baumes lebt. Und ebenso ist es mit dem Trommelfell; auch die gegerbte Haut einer Ziege oder eines Büffels hat einen lebendigen Geist. Und wenn diese beiden Geister mit dem Geist des Menschen, der die Trommel spielt, zusammenwirken, dann ist das Ergebnis unwiderstehlich und machtvoll – eine Trinität, ein Zustand des Gleichgewichts, und der ist es, der der Trommel Heilkraft verleiht.

Ich bin in Westafrika geboren, im Yorubaland, in einer Gegend mit fünf oder sechs Dörfern, die alle mehrere Kilometer weit voneinander entfernt liegen. Jedes Wochenende gab es Musik- und Tanzveranstaltungen in einem dieser Dörfer. Schon als kleiner Junge ging ich hin und schaute zu und beobachtete vor allem die Trommler. Manchmal ließen mich die Trommelmeister ihre Trommeln tragen, und zur Belohnung gaben sie mir dann immer ein bißchen Unterricht.

Es gab keine Trommelschule. Man muß es sich vorstellen wie in den Vereinigten Staaten, wo überall Spielplätze sind, auf denen die Kinder Basketball oder Baseball spielen. In meinem Dorf wurde immer Musik gemacht, und jeder besorgte sich irgend etwas, auf dem er spielen konnte. Diejenigen, die später Trommler wurden, gingen einfach einen Schritt weiter und lernten das Trommeln richtig, wie man ein Handwerk lernt.

Mein erstes Instrument war eine Kuhglocke. Der erste Rhythmus, den ich erlernte, war der sogenannte *Conconcolo*, ein ganz einfacher Rhythmus, der aber gar nicht so leicht durchzuhalten ist. Wenn man zum ersten Mal mit den Trommelmeistern spielte, sagten sie gewöhnlich: »Nimm die Glocke und laß mal hören, wie du den *Conconcolo* spielst!« Manchen Abend mußte man stundenlang den *Conconcolo*-Rhythmus durchhalten. Das nächste Mal, wenn man mit ihnen spielen durfte, sagten sie: »Nimm wieder die Glocke!« – und erst viel später ließen sie einen ein Schüttelrohr spielen und schließlich eine Trommel.

Die erste Trommel, die ich mir bauen ließ, war eine *Apesi*. Die *Apesi* ist eine Tontrommel; sie hat die Form einer Sanduhr und ist zum Schutz mit geflochtenem Schilfrohr überzogen. Meine Mutter war Töpferin, deshalb machte sie mir meine erste Trommel. Die *Apesi* ist mit ihrem geflochtenen Rohrüberzug eine wunderschöne Trommel, aber wehe, wenn man sie einmal fallen läßt.

Es dauert Jahre, bis man ein Trommelmeister wird, weil man nicht nur alle Rhythmen, sondern auch die dazugehörigen Tänze kennen muß. Als Trommler muß man auch tanzen können; man muß alle Lieder samt den entsprechenden Tänze beherrschen. Erst wenn man alle Tänze bis ins Detail kennt, erhält man die Möglichkeit, eine Band zu leiten. Man wird dann der rechtmäßige Erbe, der Bewahrer der Rhythmen.

Viele dieser Rhythmen werden nur zu bestimmten Anlässen gespielt, zum Beispiel während der Festlichkeiten beim Bau eines Hauses. Oder wenn die Dürrezeit kommt, auch dafür haben wir einen eigenen Rhythmus, einen Tanz, der nur dann getanzt wird. Die wichtigsten Rhythmen der Yoruba jedoch sind jene, durch die wir mit den *Orischa* Verbindung aufnehmen. Es gibt viele *Orischa*, so viele, daß niemand alle ihre Namen kennt. Die Yoruba sagen, daß jeder, der etwas Wunderbares und Unvergeßliches geleistet hat, ein *Orischa* wird.

Diese *Orischa* werden auf unterschiedliche Art und Weise gefeiert. Manchmal bringen wir ihnen vor ihren Schreinen Opfergaben und Geschenke dar. Oder aber wir veranstalten ein Fest mit Trommeln und Tanz; während alle tanzen und singen, werden einige von uns von einem Geist, zum Beispiel von Ogun oder Schango, besessen und auf eine höhere spirituelle Ebene gehoben.

Ich bin keiner von den traditionellen Trommelmeistern geworden, die alle Dorfrhythmen kennen, denn mit dreiundzwanzig Jahren – das war 1950 – erhielt ich ein Stipendium für ein College in Atlanta. Ich fuhr mit dem Schiff und kam in New Orleans an. Ich wollte Soziologie studieren. Das Trommeln gehörte der Vergangenheit an – so dachte ich zumindest; lediglich eine kleine Rahmentrommel hatte ich mitgenommen, um mir auf dem Schiff die Zeit zu vertreiben.

Als ich dann aber ans College kam, das Radio einschaltete und »When I love my baby, every time it rains I think of you and I feel blue«, hörte, war ich einfach verblüfft. Ich weiß noch ganz genau, daß ich dachte: Mensch, das ist doch afrikanische Musik; das klingt ja wie zu Hause. Und als ich Gospels hörte, hatte ich das gleiche Gefühl. Also schloß ich mich der Jazz Combo der Universität an.

Als ich dem großen südamerikanischen Trommler Airto Moreira zum ersten Mal begegnete, arbeitete ich gerade mit an Francis Coppolas Film *Apocalypse Now*. Jeder, der den Film gesehen hat, weiß, daß im Mittelpunkt die Reise steht, welche die von Martin Sheer dargestellte Figur den Fluß hinauf macht – auf der Suche nach dem desertierten Soldaten, den Marlon Brando spielt. Francis hatte Joseph Conrads Roman *Heart of Darkness* (*Das Herz der Finsternis*) in die Zeit des Vietnam-Kriegs versetzt, und er wollte in diesem Film einen Klangkosmos aufbauen, der den Zuschauer bei dieser Reise flußaufwärts begleitet und ihn immer tiefer in die surreale und immer bedrohlicher werdende Welt des Dschungels hineinzieht. Er wollte Klänge schaffen, die nie zuvor jemand gehört hatte, und die ganz bestimmte emotionale Bereiche ansprechen sollten.

Ich sammle leidenschaftlich gern Klänge. Jahrelang war das eine meiner größten privaten Obsessionen gewesen; und jetzt brachte Francis sie gewissermaßen an die Öffentlichkeit. Ich spürte so richtig diesen Schub von panischem Schrecken, diese Erregung, die der Adrenalinstoß der Kunst ist. Als erstes stellte ich überall im Stall Monitore auf und spielte den Film pausenlos ab. Das ging tage- und wochenlang so, ich sah mir den Film in seiner vollen Länge und mit den eingespielten Dialogen immer wieder an, bis ich schließlich sogar davon träumte. Der Film trat in meine Traumzeit ein; ich verinnerlichte ihn vollständig.

Während ich mir das Klangspektrum für den Film zusammensuchte, beunruhigte mich der Gedanke, daß keiner der Perkussionisten, die ich kannte, jemals im Urwald gewesen war. Alle waren wir nur flüchtige Besucher, Touristen gewissermaßen, was das Verständnis seiner spirituellen Qualitäten anbelangte. Da kam mir auf einmal Airto in den Sinn.

Airto war Südamerikaner, Brasilianer. Ich hatte ihn vor Jahren zum ersten Mal gesehen, als er mit Miles Davis auftrat. Er hatte gespielt wie ein Besessener, so konzentriert und mit einem tiefen Ernst, daß Miles, der ja auch nicht gerade passiv ist, neben ihm aussah wie einer, der sich nur ein bißchen die Beine vertritt. Airto kam auf die Bühne gleich einem nach Klängen hungernden Tier, spielte mit Glocken, blies wie wild in Pfeifen und stieß zwischendurch immer wieder kehlig klingende Laute aus, die wohl portugiesisch waren.

Von Airto erwartete ich mir den Urwald. Was ich erhielt, war mein eigenes Spiegelbild. Er hatte sein Instrumentarium mitgebracht, unzählige Pfeifen und eigenartige kleine Gegenstände, die Summtöne hervorbringen konnten – kurze, leise Töne, genau das Gegenteil jenes großen, lauten, sinnbetäubenden Lärms, den ich gewohnt war. Es war typisch für Airto, daß er das, wozu ich Jahre gebraucht hatte, schon immer gewußt hatte: Wenn ein Trommler einen bestimmten Klang braucht, dann muß er ihn sich entweder selbst herstellen oder darauf verzichten. Airto besaß sogar ein Paar holländische Holzschuhe, die er gegeneinanderschlug, wenn er einen richtig harten Knall brauchte. Er war ein Besessener, genau wie ich.

Er blieb drei Wochen bei mir, so lange, bis wir den Soundtrack zu *Apocalypse Now* fertig hatten. Ich war sehr fasziniert von ihm. Er war als Trommler ganz *da*, höchst sensibel für den Rhythmus, aber trotzdem vollkommen natürlich und nicht hochakademisch wie Zakir oder Olatunji. Airto besaß die Fähigkeit, sich dem Akt des Spielens und den rhythmischen Möglichkeiten, die vor ihm lagen, einfach hinzugeben. Ich fühlte mich magisch angezogen, ihn zu beobachten; sein Spiel hatte für mich etwas ungeheuer Machtvolles. Er hatte mit einer sehr viel düstereren Klangpalette zu tun als ich und verfügte über eine emotional ganz anders gestimmte Klangfamilie.

Ich habe lange genug Trommeln gesammelt und gespielt, um zu wissen, daß dafür nicht nur Airtos Temperament oder Veranlagung verantwortlich war; die Instrumente selbst spielten dabei eine wichtige Rolle. Airtos Instrumente – Holzblock, Pfeife, Schwirrholz, *Berimba*o (oder Musikbogen) waren viel älteren Ursprungs als alle, die ich je gespielt hatte. Insbesondere das *Berimbao*, eine einzelne Saite, die über einen langen dünnen Holzstock gespannt ist, an dessen einem Ende ein offener Flaschenkürbis befestigt ist. Die linke Hand hält den Bogen fest, während die rechte mit einem Stock auf die Saite schlägt, wobei gleichzeitig eine Rassel geschüttelt wird. Dabei entsteht ein monotones und pochendes Summen, dessen Tonlage variiert werden kann, indem man die Öffnung der Kürbiskugel mehr oder weniger gegen den Bauch drückt.

Wir standen oft vor der Feuerstelle im Stall, Airto spielte *Berimbao*, ich *Tar*, und dabei erzählten wir uns Geschichten. Ich erzählte ihm von der *Damaru* und von den Rudiments, und im Lauf der Zeit erfuhr ich auch seine Geschichte.

DIE GESCHICHTE DES RHYTHMIKERS

Ich wurde 1941 in einem kleinen Dorf im Süden Brasiliens geboren. Im Alter von wenigen Monaten fing ich an, rhythmisch meinen Körper zu bewegen, zur Beunruhigung meiner Mutter. Sie war in Sorge, ich könnte irgendeine seltsame Krankheit haben, und sprach mit meiner Großmutter darüber. Während sie miteinander redeten, fing ich plötzlich wieder an, hin und her zu schaukeln. »Sieh mal«, sagte meine Mutter, »da ist es wieder.« Meine Großmutter beobachtete mich eine Weile, dann ging sie zum Radio und schaltete es aus. Augenblicklich hörte ich auf. Daraufhin soll meine Großmutter ausgerufen haben: »Um Himmels willen! Noch ein Musiker in der Familie!«

Obwohl dieser Ausruf meiner Großmutter nicht gerade begeistert klang, war sie es, die mir später meine erste Trommel, ein Spielzeugtamburin, kaufte. Weißt du, ihr Ehemann, der Vater meiner Mutter, war ein italienischer Einwanderer aus Mailand; ein verrückter Kerl, hieß es immer; ein Nachtmensch, ein Bohemien, ein Trinker. Er war nie zu Hause, und er arbeitete auch nicht viel, obwohl er an und für sich ein guter Schneider war. Seine einzige Leidenschaft war die Oper. Mein Großvater lebte für Opernkonzerte, deren Besuch er aus seiner eigenen Tasche bezahlte. Sobald er ein bißchen Geld hatte, gab er es sofort für seine Kunst aus, nicht für seine Familie.

Als ich ein paar Jahre älter war, ging ich sonntagnachmittags immer auf Tanzveranstaltungen. Aber ich tanzte nie; ich sah immer nur den Trommlern zu. Manchmal ließen sie mich ein Schüttelrohr oder ein Tamburin spielen. Als ich sechs war, bekam ich meinen ersten richtigen Job als Schlagzeuger. Ich trat zusammen mit einem alten Mann auf, der Ziehharmonika spielte. Manchmal waren wir fünf oder sechs Stunden lang mit dem Pferd unterwegs, um auf einer großen polnischen oder deutschen Hochzeit zu spielen. Die Familie der Braut veranstaltete nämlich immer ein großes Fest im Freien, um die zahlreichen Gäste zu versorgen. Oft wurden ein halbes Dutzend Schweine, ein paar Ziegen und manchmal auch ein Ochse gebraten. Wir spielten fünf, sechs Lieder, bis es die Leute richtig gepackt hatte und sie wie verrückt tanzten. Da machten wir dann eine Pause und ließen den Hut herumgehen.

Wenn ich sage, ich spielte Perkussion, dann heißt das nur, daß ich Kürbisrasseln schüttelte. Damals nannte man die Perkussionisten in Brasilien Rhythmiker, und sie verdienten viel weniger als ein richtiger Schlagzeuger.

Meine erste Trommel, besser gesagt, ein Schlagzeug, spielte ich erst mit acht. Es war die Zeit des Karneval. Ich ging mit meiner Mutter, meinem Vater und meiner Schwester zum Tanz. Aber ich war noch so jung, und man wollte mich nicht reinlassen. Da fing ich an, fürchterlich zu weinen, bis sie schließlich nachgaben und sagten, ich könne bleiben – unter einer Bedingung: Ich müßte mich bei der Band auf dem Podium aufhalten. Sie meinten, da oben sei ich gut aufgehoben. Und wie es der Zufall wollte, ließ sich der Schlagzeuger an jenem Tag nicht blicken. Er hatte seinen Bus verpaßt oder so etwas, und da der Bandleader wußte, daß ich Perkussion spielte, fragte er mich, ob ich mich einmal am Schlagzeug versuchen wollte. Ich weiß es noch ganz genau: Es war eine Große Trommel mit einem kleinen Becken auf einer Metallfeder, dazu ein paar Kokosnüsse und Holzblöcke, außerdem eine alte Fahrradhupe. Der Bandleader sagte: »Spiel einen Marsch«, und ich tat es. Ich spielte einen Marsch, dann eine Samba, und das war der Beginn meiner Laufbahn als Profischlagzeuger. Denn als der Abend vorüber war, bekam ich vierzig funkelnagelneue *Pais* als Lohn vom Bandleader, und dann ging ich zu meinem Vater und fragte ihn, ob ich in seiner Band als Schlagzeuger spielen dürfte.

Das Schlagzeug fand ich äußerst interessant. Ich mußte nicht ein Instrument festhalten und mich bewegen, während ich spielte. Vielmehr saß ich da und hatte zwei Stöcke in der Hand, mit denen ich auf die Trommel schlug, und ich war erstaunt über die Vielfalt der Rhythmen, die ich dabei hervorbrachte. Es klang sehr komisch für mich, und ich mußte immer aufpassen, daß ich mich nicht zu sehr auf diese eigenartigen Laute konzentrierte, die ich da hörte, denn dann vergaß ich, was ich zu spielen hatte und kam durcheinander.

Ich spielte nicht ungern Schlagzeug, aber in gewisser Weise ist es für mein Temperament zu rhythmisch. Man sitzt da und spielt den Rhythmus und muß immer dabei bleiben, denn sobald man aufhört, entsteht ein Loch in der Musik. Perkussion entspricht eher meinem Stil, meinen Klangfarben und -effekten. Wenn ich die Wahl hätte, würde ich sehr wenig Rhythmus und eine Menge anderes Zeug machen. Beim Spielen stehe ich gern und bin in Bewegung. Deshalb war mir schon immer der *Pandeiro*, das Tamburin, am liebsten.

Wir hatten in Brasilien nicht viele Handtrommeln – den *Pandeiro* und die *Atabaque*, eine Trommel, die der *Conga* oder der *Bata* ähnelt: lang und oben breiter als unten. Zum ersten Mal habe ich im Alter von etwa zwanzig Jahren die *Atabaque* gespielt. Das war im Quarteto Novo in São Paulo. Und noch heute halte ich die *Atabaque*, obwohl ich sie spiele, in erster Linie für ein spirituelles Instrument.

Die *Atabaque* und das *Berimba*o, der Bogen – sie sind für mich die Verkörperung der wunderbaren Kultur, welche die schwarzen Sklaven aus Angola nach Brasilien brachten: Mit ihnen kamen die Umbanda und das Candomblé, die uns Geduld und Stärke lehrten: den Schmerz zu ertragen, ohne zu klagen, geduldig zu sein gegenüber Menschen, die auf dich und andere keine Rücksicht nehmen; unempfindliche Menschen.

Das *Berimba*o wurde ja bei der Kampfkunst

Capoeira verwendet. Den Sklaven war es nicht gestattet, die *Capoeira* öffentlich zu praktizieren, da die Antreiber auf den Plantagen argwöhnten, sie bereiteten sich damit auf einen Aufstand vor. Daher spielten sie das *Berimba*o so lange in einem ganz bestimmten Rhythmus, bis ein Aufpasser auftauchte; dann wechselten sie schnell in einen anderen Rhythmus, und alle fingen zu tanzen an. Die Aufpasser sahen sich um und sagten: »Also gut. Die Sklaven sind glücklich. Lassen wir sie in Ruhe.« Sobald sie aber weg waren, wechselten sie den Rhythmus des *Berimba*o wieder und fuhren mit dem Kampf und dem Training fort.

Wir spielen die *Atabaque* beim Candomblé und der Umbanda, das heißt dann, wenn ein Medium anwesend ist. Ich selbst gehöre zu einer Gruppe, die man in eurer Sprache als »Kette« bezeichnen würde. Dabei handelt es sich um Freunde, Familienangehörige und Nachbarn, die sich regelmäßig zum Gedankenaustausch treffen. Wir sitzen im Kreis, und Trommler spielen einen bestimmten Rhythmus. Die *Orischa*, die Geister, steigen herab in den Körper des Mediums, und auf diese Weise kann man mit ihnen sprechen. Wenn man zum Beispiel fragt: »Was soll ich in diesem oder jenem Fall tun?«, geben sie einem meist einen Ratschlag. Und sie kennen einen ganz genau. Man kann sie nicht täuschen, denn sonst könnte es sein, daß sie zurückkehren und sagen: »Wie steht es hiermit und damit?« Und dann wissen alle Bescheid.

Während dieser Sitzungen darf man seinen Körper nicht zu weit öffnen. Denn manchmal nehmen die Geister auch den Körper von jemand anderem in Besitz. Wenn man nicht mit klarem Geist die Geschehnisse beobachtet, wenn man sich im Nachdenken über Probleme verliert, passieren manchmal schlimme Dinge. Denn die Geister sind wie wir. Einige befinden sich auf einem hohen, andere hingegen auf einem niedrigen Bewußtseinsstand. Es gibt böse und gute Geister; das ist genau wie bei uns.

Schango wird als mein Halbvater betrachtet, denn durch ihn erhielt ich die Taufe. Ich wurde geistig durch Schango getauft, also bin ich der Sohn von Schango. Aber es gibt Tausende oder Millionen Geister wie Schango. Denn sonst könnte Schango nicht gleichzeitig in Brasilien und in Kuba sein. Wenn wir also Schango sagen, meinen wir alle Geister auf der ganzen Welt, die Schango gleichwertig sind.

Eines Abends, gegen Ende der Arbeit an dem Film *Apocalypse Now*, gab mir Airto ein *Berimbao* und einen magischen Stein, mit dem ich es spielen konnte. Er wußte, daß mich der Bogen faszinierte. Jedesmal, wenn er bei einer Session darauf spielte, hörte ich auf mit dem, was ich gerade zu tun hatte, und schaute ihm zu. Der Klang dieses Instruments, jener ruhige, summende, vibrierende und brummende Ton wirkte offenbar direkt auf mein Nervensystem. Ich spürte den Geschmack des Urwalds auf der Zunge, ich roch ihn – es war der Geruch der Gefahr.

Das *Berimba*o wurde meine Obsession. Es war das dritte oder vierte Mal in meinem Leben, daß ich in einen Zustand geriet, in dem ich nichts anderes tat, als ein neues Instrument auszuprobieren. Das letzte Mal war es die *Tar* gewesen. Die folgenden drei, vier Wochen lang schlief ich so gut wie gar nicht, wusch mich kaum, aß fast nichts und sprach kaum mit jemandem. Ich nährte mich von den seltsamen Rhythmen des Bogens, für die ich in höchstem Maße empfänglich war – innerhalb von kürzester Zeit versetzten sie mich in Trance.

Durch das Spiel auf dem Bogen wurde ich neugierig auf die perkussiven Möglichkeiten von Kürbisrasseln. Da gute Exemplare teuer und schwer zu bekommen waren, schien die einzige Lösung darin zu liegen, selbst Kürbisse zu züchten und mir meine eigenen Rasseln und Schüttelrohre herzustellen. Ich habe damals Dutzende von Schüttelrohren und *Berimbaos* selbst gemacht. Und da die meisten Schüttelrohre aus Südamerika mit Glasperlen verziert sind, suchte ich in der Bay Area nach jemandem, der Glasperlen machte, und fand schließlich in Michael Pluznick einen Perlenhersteller, der dazu auch noch Trommler war.

Pluznick brauchte Monate dafür, die Perlen zu machen, die ich für eines meiner großen Schüttelrohre benötigte. Jedesmal, wenn ich ihn traf, stellte ich fest, daß sich sein Aussehen ein wenig verändert hatte. Er fing an, sich nur noch weiß zu kleiden, und erklärte, er spiele jetzt die große zweifellige, zylindrische *Bata*, die man quer auf den Schoß legt und mit beiden Händen spielt. Sie stammt aus Westafrika und hat normalerweise ihren festen Platz in einem Trio, dem klassischen Trommelensemble: eine Mutter-, eine Vater- und eine Kindertrommel, mit denen man die *Orischa* anruft.

Wie sich herausstellte, hatte Pluznick Kontakt mit Santería bekommen, das ist in Kuba die Bezeichnung für die aus Westafrika stammenden Religionen mit Besessenheitstrance. Aber er spielte die *Bata* nicht nur bei den Ritualen, er bereitete sich auch für die Tätigkeit als Santería-Priester vor und lud mich zu seiner Weihe ein. Sie fand in San Francisco in einem Kommunikationszentrum statt. Hundert bis hundertfünfzig Personen standen dicht an dicht in einem winzigen Raum. Alle sahen ausgesprochen frisch und gesund aus und hatten einen auffallend klaren Blick. Eine Menge Kinder liefen umher, aber als die Trommeln zu spielen anfingen, wurde es ganz still. Unglaublich, wie laut diese Trommeln waren – sie beherrschten den Raum, dessen Mittelpunkt der Erste Trommler, Francisco Aguabella, bildete. Aguabella war der Vorsteher der Santería-Trommler der Bay Area – ein älterer Herr, vielleicht fünfundsechzig Jahre alt, der aber eine Kraft in den Armen hatte, wie ich es nie zuvor gesehen hatte. Er schlug die *Bata* mit der Präzision eines Hammers, der den Nagel trifft.

Welche Geister er anrief, wußte ich nicht. Ich fragte mich, ob man einen Geist Hunderte, ja Tausende von Jahren lebendig halten könne, wenn es nur genügend Menschen gibt, die – ja was eigentlich? Seinen Namen aussprechen, Lieder singen, Musik machen, den Rhythmus bewahren? McCall hatte die Behauptung aufgestellt, daß die westafrikanischen Religionen, in denen Trommeln eine Rolle spielten, Elemente der alten neolithischen Religion der Muttergottheiten bewahrt hatten. Wenn das stimmte, dann zählten diese Rhythmen zu den unverwüstlichsten auf diesem Planeten. Fünf-, zehn-, zwanzigtausend Jahre – wer weiß, wie lange sie schon pulsierten?

In den Vereinigten Staaten verlief die Geschichte anders. Hier durften die Sklaven ihre Trommeln nicht behalten, und zwar deshalb, weil die Sklavenbesitzer die kommunikativen Fähigkeiten der Trommeln fürchteten. Sie hatten Angst, daß sie im Falle einer Sklavenrevolte als Kommunikationsmittel dienen könnten. Daher wurden die Instrumente der Schwarzen fast überall verboten oder zerstört – ausgenommen in den Gemeinden um New Orleans. Dort waren die Trommeln allem Anschein nach erlaubt, und die Tradition des Polyrhythmus konnte zusammen mit den Besessenheitstänzen weiterleben, so daß die Gegend um New Orleans das einzige Gebiet in Amerika war, wo die *Orischa* stark Fuß fassen konnten.

Das ist in etwa der historische Ablauf. Die ganze Geschichte liegt ein wenig im Nebel, da es schwierig ist, an die Fakten heranzukommen. Wir wissen zum Beispiel nicht hundertprozentig, ob die afrikanischen Sklaven in diesen Gemeinden ihre Trommeln wirklich behalten konnten. Aber es gibt einige Beweise dafür, daß New Orleans mit seinen starken französischen und spanischen Einflüssen einer der wenigen Orte war, wo sich die Schwarzen zu ihrem Vergnügen versammeln durften. Und bei diesen Zusammenkünften wurde gesungen und getanzt und vermutlich auch getrommelt. Es gibt auch keinen konkreten Beweis dafür, daß in New Orleans eine spezielle amerikanische Art des Voodoo aufkam. Nichtsdestoweniger war er in dieser Gegend zur Zeit der Revolution unter den Sklaven so beliebt, daß er als soziale Gefahr betrachtet wurde. Nach den ersten Dekreten zu urteilen, glaubte man, der Bazillus komme aus der Karibik. Im Jahre 1800 verbot der Gouverneur von Louisiana den Kauf von Schwarzen aus Martinique, Haiti und Santo Domingo, und zwar hauptsächlich wegen des Voodoo-Kults, aber auch deshalb, weil man erkannt hatte, daß es einen Zusammenhang zwischen Voodoo und den Sklavenrevolten in der Karibik gab. Die Revolte auf Haiti im Jahre 1791 soll mit einer Voodoo-Zeremonie begonnen haben.

Aber aus irgendeinem Grund hob der Gouverneur 1803

das Verbot auf, und sofort wurde New Orleans von Flüchtlingen aus Haiti und Santo Domingo überschwemmt, was zu einer Stärkung des Voodoo-Kults führte. Im Jahre 1817 hatte sich diese Religion so weit verbreitet, daß der Stadtrat von New Orleans es für notwendig befand, alle öffentlichen Treffen von Schwarzen zu verbieten. Nur in einem eigens dazu bestimmten Gebiet im Zentrum des heutigen New Orleans durften sich die Sklaven noch jeden Sonntag zum Tanzen versammeln. Dieser Platz hieß dann später Congo Square.

Michael Ventura schreibt in einem wunderbaren Essay mit dem Titel »Hear That Long Snake Moan«, daß »es gerade der Versuch war, den Voodoo aufzuhalten, der dazu führte, daß zum ersten Mal in der Neuen Welt sowohl Schwarzen als auch Weißen afrikanische Musik und afrikanischer Tanz als Selbstzweck, als eigene Form präsentiert wurden«. Durch die Abtrennung der Musik von ihrem religiösen Zweck begann der ein Jahrhundert dauernde Reifeprozeß, aus dem schließlich die vorherrschenden populären Stilrichtungen in der Musik des zwanzigsten Jahrhunderts hervorgehen sollten – Jazz, Blues, Rhythm'n'Blues und Rock'n'Roll.

Die Tänze auf dem Congo Square fanden 1875 mit dem Inkrafttreten der Rassengesetzgebung (der sogenannten Jim-Crow-Gesetze) ein Ende. Laut diesen Gesetzen war es den Schwarzen nun ausnahmslos verboten, sich frei zu versammeln. Es war insgesamt eine explosive Zeit für Amerika. Allem Anschein nach war jetzt mehr als nur ein Krieg zu Ende. Mit dem Beginn der Industriellen Revolution verschwand fast über Nacht und beinahe vollständig eine ganze Lebensweise – das alte Amerika der einfachen Farmer, der Geistlichen und wohlhabenden Händler. Die Fabriken an den Ufern der Flüsse mehrten sich, und Betonstädte wuchsen buchstäblich bis in den Himmel.

Eine neue Klanglandschaft war geboren, meine Klanglandschaft, das Geräuschchaos der Industriestädte. Und aus dieser Klanglandschaft heraus entwickelte sich der Backbeat. Er zeigte sich zuerst in jenen Blaskapellen von New Orleans – afrikanische Rhythmen und afrikanische Gefühle, die durch die ihnen fremden Instrumente der amerikanischen Marching Bands gefiltert wurden – und im synkopierten Ragtime Scott Joplins. Die erste Reihe dieser Kapellen bestand aus Trompete, Klarinette und Posaune, aber dahinter gab es eine neue treibende Kraft, eine Erfindung, die nach meinem Empfinden derjenigen eines Henry Ford oder eines Thomas Edison durchaus den Rang streitig machen könnte. Natürlich spreche ich vom Schlagzeug.

Die Polyrhythmen waren, so stelle ich es mir vor, so tief im afrikanisch-amerikanischen Bewußtsein eingebettet, daß die Schwarzen, sobald sie die Freiheit wiedererlangt hatten, sofort alles daransetzten, den heruntergekommenen Zustand ihrer perkussiven Tradition zu erneuern. Es gab in Amerika keine Trommelensembles, nicht einmal in New Orleans, und es gab auch keine virtuosen Trommler mehr. Die Eigenarten der westafrikanischen Rhythmustradition waren verlorengegangen, ausgenommen in den Geheimgesellschaften, die immer noch Voodoo praktizierten. Alles, was geblieben war, war ein Drang, der, einmal befreit, Befriedigung fand, indem er etwas vollkommen Neues schuf: ein polyrhythmisches Instrument, das von einer Person gehandhabt werden konnte.

Die ersten Virtuosen dieses Instruments – Baby Dodds, Zutty Singleton, Chick Webb, Gene Krupa, Jo Jones – waren allesamt Spieler, welche dessen Stimme erforschten und weiter ausdehnten, während sie zugleich auch die rhythmischen Notwendigkeiten der Musik erfüllten. Zum Beispiel benutzten die meisten Schlagzeuger bis in die vierziger Jahre hinein die Große Trommel, um alle vier

Schläge eines Takts zu markieren. Nach dem Krieg hingegen, initiiert von Trommlern wie Kenny Clarke und Max Roach, übernahm das Becken die Rolle des Takthalters, während die Große Trommel jetzt eingesetzt wurde, um Akzente zu setzen – im Musikerjargon nannte man das »dropping bombs«, Bomben abwerfen.

In Westafrika sagt man, jede Trommel habe ihren eigenen Rhythmus und jeder Rhythmus seinen eigenen Tanz. In Amerika inspirierten die neuen afrikanisch-amerikanischen Rhythmen schnell zu neuen Tänzen. Charleston, Lindy, Jitterbug, Black Bottom – all diese Tänze entstanden aus den Erfahrungen eines Publikums, das sich zum ersten Mal zu dieser Musik bewegte.

Ich weiß noch genau, wie es mir erging, als der Backbeat mich das erste Mal packte: Ich wollte tanzen, tanzen, tanzen. Ich hatte damals einen Job als Hilfsbademeister in einem öffentlichen Schwimmbad, und die älteren Bademeister hatten im Radio einen Sender eingestellt, der »*race* music« spielte. Little Richard. Chuck Berry. Elvis. Buddy Holly. Einfach unwiderstehlich, diese Musik. Sie reißt einen unweigerlich mit. Man hatte keine Wahl.

Blicke ich heute auf die ersten Jahre des Rock'n'Roll zurück, dann verstehe ich, warum die Erwachsenen damals verängstigt waren. Die Schreie, der ekstatische Zustand, die Hysterie – diese Musik hatte eine Kraft, die Erwachsene nicht begreifen konnten. Wir verstanden es ja selbst nicht, aber wir waren nicht so verängstigt wie sie. Wenn ich heute an die unzähligen Garagen-Bands zurückdenke, die wie Pilze aus dem Boden schossen, als der Rock sich ausbreitete, wird mir klar, daß er eine der stärksten Kunstexplosionen war, die dieses Land jemals erlebt hat. Plötzlich war es *cool*, sich mit einer Gruppe von Typen zu treffen und nicht Sport zu treiben, überhaupt nichts Wettkämpferisches zu tun, sondern zusammenzukommen, weil man entdeckt hatte, daß etwas unglaublich

Stimulierendes geschah, wenn man gemeinsam Musik machte.

Die Gruppe, der ich mich 1967 anschloß, setzte sich aus Leuten zusammen, die aus allen Himmelsrichtungen der musikalischen Landkarte stammten. Jerry Garcia kam vom Bluegrass, Bobby Weir vom Folk. Phil Lesh studierte klassische Musik, Pigpen lebte und spielte den Blues. Billy Kreutzmann war reiner Rhythm'n'Blues, und ich kam vom militärschen Trommeln und vom Jazz. Ich glaube nicht, daß irgendeiner von uns hätte voraussagen können, daß unser Trip fünfundzwanzig Jahre dauern würde. Aber ich denke, jeder von uns erkannte damals schon, daß es eine besondere Resonanz gab, wenn wir alle sechs auf die Bühne gingen, um gemeinsam Klang zu erzeugen, daß wir auf eine Art und Weise zusammenpaßten, aus der mehr entstand als die Summe der Teile.

Die Musik, die wir aus dieser Mischung entwickelt haben, ist unser gemeinsamer Sound – Grateful-Dead-Musik. Und sie entsteht nur, wenn wir alle zusammen spielen. Wenn einer allein die Stücke spielt, ist es niemals so stark. Es ist, als ob jedem von uns ein Stück der Landkarte, des Territoriums gehörte. Manchmal erscheint es mir, als ob wir uns im schamanistischen Sinne auf eine kollektive Reise begeben würden, bei der wir alle Verbündete sind. Dann wieder kommt mir unsere Musik fast wie etwas Organisches vor, das wir in den letzten fünfundzwanzig Jahren haben wachsen lassen, etwas Lebendiges, das in einer anderen Zeit existiert, in einer Zeit, die Blacking »virtuelle Zeit« nennen würde. Und das kann nur erreicht werden, wenn wir alle zusammen auf der Bühne sind.

Nichts von alledem war geplant. Wir begannen einfach in den sechziger Jahren damit, zu erforschen, wie man mit Klang eine kollektive Erfahrung schaffen kann. Meistens geschah es aus purem Vergnügen. Wir hatten einfach Spaß daran, mit Sounds und Klängen herumzuexperimentieren.

Mein tägliches Brot: Achtzig Mal pro Jahr betrete ich die Bühne, die für mich eine Art heiliger Raum ist, und ich klinke mich in eine riesige, dem heutigen Stand der Technik entsprechende Maschinerie ein, in einen großen Roboter der virtuellen Zeit, dessen Schallpotential erschreckend ist. Und dann füttere ich diese Maschine mit Rhythmus und Lärm und kommuniziere gleichzeitig mit den fünf anderen am Sound Beteiligten.

Die Dead Heads sehen alle möglichen Bedeutungen in der Form, die diese Kommunikation jeweils annimmt, aber auf der Bühne entsteht dieses Gespräch fast immer vollkommen intuitiv. Wir sind auch heute noch offen für das Unerwartete; es gibt keine Magie, wenn man ihr nicht einen Platz an der Tafel einräumt. An einem wirklich guten Abend ist ein außergewöhnlicher Beigeschmack von Gefahr und Adrenalin in unserer Musik. Wenn man spielt, glaubt man, der einzige zu sein, der alles zusammenhält. Und wenn man dann aufhört und das Ganze nicht augenblicklich auseinanderfällt, stellt man fest, daß alle weitermachen, alle haben ein Stück davon, aber keiner hält es richtig fest. Die Möglichkeit der musikalischen Blamage – des Desasters – ist immer vorhanden.

Aber das andere eben auch: die magische Reise. Der Groove.

Vor einiger Zeit wachte ich nachts um drei Uhr auf, und dann noch einmal um fünf. Um sieben Uhr erhielt ich einen Anruf, daß wir einen Nachmittagsauftritt in Los Angeles hatten. Nachmittagsauftritte sind selten. Normalerweise spielen wir abends in Stadien unter freiem Himmel, und das Publikum ist ein wogendes, anonymes Kraftfeld unter den blendenden Bühnenleuchten. Wenn wir aber am Tag spielen, sehen wir plötzlich das Publikum, und an diesem besonders heißen Nachmittag waren es vierzigtausend.

Joe Campbell besuchte einmal eine unserer Shows, und danach meinte er, wir seien ein Mythos, der sich in der realen Zeit ereigne. »So müssen die dionysischen Riten gewesen sein!« sagte er. In Afrika sind die Musiker niemals besessen von den Geistern, die sie mit ihren Rhythmen herbeirufen, und auch ich weiß nie, wovon unser Publikum besessen ist. Aber ich fühlte die Wirkung, die es auf uns hat. Auf der Bühne kann man spüren, wann es passiert – das Einpendeln, das Gruppenerlebnis, nenne es, wie du willst – ich kann es wahrnehmen, wenn sie sich einklinken; ich fühle die Energie, die aus ihnen herausdonnert.

Erst neulich, mit den vierzigtausend in der heißen Nachmittagssonne tanzenden und sich wiegenden Leuten, passierte es wieder. Wir haben schon vor viel mehr Leuten gespielt, aber immerhin, es waren auch hier eine ganze Menge Körper, eine Menge Energie, die sich auf uns richtete. Wir haben Jahre dafür gebraucht, zu lernen, wie man in einer solch geladenen Atmosphäre drosselt, zu begreifen, daß die große Woge, das große Gemeinschaftserlebnis dann kommt, wenn wir langsam den Rhythmus steigern, wenn es uns gelingt, im Groove zu bleiben und richtig mitzuschwingen.

Schlag mit einem Stock auf eine Membran, und Lärm dringt an dein Ohr – ein unmelodischer, unharmonischer Klang. Schlag ein zweites und ein drittes Mal darauf.

Am Anfang war Lärm. Und der Lärm gebar Rhythmus. Und aus dem Rhythmus entstand alles andere. Wenn der Rhythmus stimmt, spürst du es mit allen deinen Sinnen. Die Trommelmembran gerät ins Schwingen, sobald der Stock sie berührt. Das körperliche Feedback tritt fast augenblicklich ein, es strömt durch deine Arme, dringt in dein Ohr.

Dein Geist schaltet ab, du urteilst vollkommen emotional. Deine Gefühle strömen durch deine Arme und Beine und aus der Trommel heraus; du fühlst dich leicht, schwerelos, deine Arme sind wie Federn.

Du fliegst wie ein Vogel.

Kapitel vierzehn
Die Herstellung der Trommel

Ich stöberte wieder einmal die ganzen Bücher durch, die sich während meiner jahrelangen Suche angesammelt hatten, und bei dieser Gelegenheit fiel mir jenes in die Hand, das mir Tom Vennum irgendwann einmal gegeben hatte.

The Ojibwa Dance Drum: Its History and Construction.

Jetzt erinnerte ich mich wieder, daß Vennum mir erzählt hatte, er habe mehrere Sommer mit einem der letzten der traditionellen Ojibwa-Trommelbauer verbracht. Ich blätterte das Buch durch, weil es mir auch von seiner Aufmachung her gut gefiel: einfaches, braunes Papier, guter Druck, auf dem Deckel die schlichte Tuschezeichnung einer Trommel. Ich setzte mich hin und begann zu lesen.

Auch in diesem Buch wurde die Trommel mit jener Achtung und Ehrerbietung besprochen, die ich schon in der Literatur über die Gegenspieler angetroffen hatte. Trommeln waren für die Ojibwa wie Personen; sie bekamen Namen, wurden eingekleidet und rituell mit Nahrung versorgt. »Wenn bei einer Zeremonie Tabak gereicht wird, bekommt einen Teil der Mann, der die Pfeifen aufbewahrt, doch der größere Teil geht an die Trommel«, schrieb Vennum.

Das kannte ich alles schon aus anderen Büchern. Neu und entsprechend überraschend war für mich, daß Vennum die Komplexität jenes Vorgangs zeigte, den ich immer für etwas ganz Einfaches gehalten hatte – die ganz konkrete Herstellung einer Trommel nämlich.

Und plötzlich, wie aus heiterem Himmel, kam es mir: *Ich hatte noch nie eine Trommel gebaut!* Mein ganzes Leben lang schon spielte ich auf Trommeln, aber ich hatte noch nie eine selbst gemacht. Ich hatte Trommeln repariert, damals im Musikladen meines Vaters, und ich hatte Dutzende von Perkussionsinstrumenten bauen lassen oder selbst konstruiert, *The Beam* und *The Beast* zum Beispiel. Aber ich hatte mich noch nie mit Holz und Fellen beschäftigt und mir daraus eine Trommel gemacht. Ich rief einige mir bekannte Leute aus der Bruderschaft der Trommel an und fragte, ob sie schon einmal eine Trommel gebaut hätten. Alle verneinten, bis auf Airto, der mir erzählte, er habe einmal ein Kaninchen getötet, das ihm Fell abgezogen und ein Tamburin daraus gemacht.

Vennums Buch war eine Anleitung, wie sie nicht besser hätte sein können. Er schrieb, daß die Trommelbauer der Ojibwa nur wenige Trommeln herstellten, und zwar meist nur dann, wenn sie in einem Traum für jedes Instrument ganz genaue Anweisungen erhalten hatten. Schon das Lesen dieses Buches war für mich eine Art Wachtraum, und noch bevor ich es beendet hatte, wußte ich, daß ich mir so bald wie möglich eine Trommel bauen würde.

Genau zu der Zeit, als ich diese Entscheidung getroffen hatte, erhielt ich eine Einladung von meinem alten Freund Hugh Romney, besser bekannt unter dem Namen Wavy Gravy. Ich kannte ihn schon, seit ich mit Grateful Dead spielte. Wavy hatte die Leitung eines Sommerlagers für Kinder im Alter zwischen sieben und vierzehn Jahren übernommen, von denen einige aus dem Getto von Oakland kamen, und wollte wissen, ob ich nicht Lust hätte, ihnen während dieser drei Wochen etwas über Trommeln beizubringen.

Camp Winnarainbow. Was macht man in einem Ferienlager? Man baut etwas.

Ich lieh mir einen der Lastwagen von Grateful Dead

aus, und Ram Rod belud ihn mit Instrumenten aus meiner Sammlung. *Berimbaos*. Schwirrhölzer. Schlitztrommeln. Dreißig Reifentrommeln. Genug, damit jedes Kind, das wirklich wollte, echte Erfahrungen mit Rhythmus und Lärm sammeln konnte.

Etwas Ähnliches hatte ich bisher nur einmal mitgemacht, und zwar bei einem Pilotprogramm zur Steigerung des Selbstwertgefühls geistig behinderter Kinder. Dieser Sache lag die Vorstellung zugrunde, daß sogar Schwerstbehinderte in der Lage sind, mit Stöcken und Rasseln zu spielen, daß wirklich jeder Mensch Lärm machen kann. Aber darüber hinaus hatte ich diesen Kindern auch noch zeigen wollen, daß sie Rhythmus erzeugen konnten. Meine Idee war gewesen, das, was sie machten, auf Band aufzunehmen und es ihnen dann mit größter Lautstärke vorzuspielen – ich wollte gewissermaßen, daß sie von sich selbst überwältigt wurden.

Dazu verteilte ich zunächst verschiedene Instrumente auf zwei Tischen – Rasseln auf dem einen, Schlaginstrumente auf dem anderen – führte die Instrumente einzeln vor und ließ dann jeden selbst wählen, welches er oder sie am liebsten haben wollte. Anfangs zögerten sie und waren etwas ängstlich. Aber als sie sahen, wie ich auf meine Reifentrommel einschlug, Tierlaute ausstieß, mich verrückter als sie aufführte und dabei ganz offenbar auch noch einen Riesenspaß hatte, verloren sie ihre Zurückhaltung. Innerhalb von fünf Minuten waren wir ein Perkussionsensemble, und eine Viertelstunde später waren wir musikalisch beisammen – nur für kurze Zeit zwar, aber sie spürten es alle, hielten inne und schauten perplex um sich. Es war ein erstaunlicher Anblick. Innerhalb von wenigen Sekunden fielen sie aus der lärmenden Ekstase in ihre gewohnte Verfassung zurück und trauten den Instrumenten nicht mehr.

Was mich rettete, war das Tonband. »Ihr müßt euch

zuhören«, erklärte ich ihnen, »ihr seid ein Perkussionsensemble – ihr macht Musik!« Und dann drehte ich die Lautstärke voll auf. Sie konnten es nicht fassen und brachen vor lauter Staunen in Gelächter aus. Ein kleiner Junge, Sohn eines iranischen Diplomaten, nahm sich eine *Dumbek*, setzte sich damit in einen Schrank und hörte stundenlang nicht mehr auf, zu trommeln und zu singen.

Und jetzt, in Camp Winnarainbow, wollte ich genauso vorgehen. Ich wollte die Kinder nicht mit Musikunterricht langweilen – es braucht Jahre, bis man ein Instrument wie das *Berimbao* wirklich beherrscht. Nein, ich wollte ihnen ein Gefühl von etwas Größerem vermitteln: von der spirituellen Seite der Musik. Ich hatte mir ein Zitat des Sufi-Meisters Inayat Khan notiert, welches ausdrückt, worauf ich hinauswollte:

> Es gibt verschiedene Arten, Musik zu hören. Es gibt ein technisches Stadium, in dem jemand, der seine Technik verbessern will und gelernt hat, Musik besserer Qualität von weniger guter Musik zu unterscheiden, sich von letzterer gestört fühlt. Es gibt jedoch auch ein spirituelles Hören, das mit Technik nichts zu tun hat. Es besteht einfach darin, sich selbst mit der Musik in Einklang zu bringen.

Ich wollte diese Straßenkinder mit dem Groove vertraut machen. Ich wollte herausbekommen, wie schnell sie sich darauf einpendeln konnten.

Es waren fast hundert Kinder in Winnarainbow, die meisten im frühen Teenageralter, Mädchen und Jungen. Sie wohnten in riesigen Tipis, Indianerzelten, die um eine Feuerstelle herum aufgebaut waren. Die Feuerstelle war das Zentrum des Zeltlagers, der Sammelpunkt, an dem wir jeden Morgen Gymnastik machten und abends sangen.

Nach meiner Ankunft in Winnarainbow schritt ich als erstes das ganze Lager mit einem *Berimbao* ab und suchte nach dem besten Ort. Ich wußte, daß es irgendwo zwischen den riesigen Redwood-Bäumen oder in der Nähe des Sees einen optimalen Platz geben mußte – einen Ort der Magie, an dem sich die Energien sammeln und an dem die Ausstrahlung so stark ist, daß alle Sinne anfangen zu kribbeln, ein Ort, wo man sich *high* fühlt – wie wenn jemand plötzlich die Lautstärke voll aufdreht: in dir, um dich herum, überall.

Keine Stelle packte mich so, wie ich es mir erhoffte. Wavy lief mir über den Weg, und ich fragte ihn, ob er einen solchen energetischen Punkt wüßte. Ich könne ja den Heuschober ausprobieren, meinte er, der sei allerdings ziemlich weit weg. Er zeigte auf das jenseitige Seeufer, auf den Kamm eines weit entfernten und sehr steilen Hügels, auf dem eine ungeheuer große, aus Redwood-Balken gezimmerte alte Scheune stand. Die *Schwelle*.

Es war der einsamste, abgelegenste Fleck im Camp. Ich hatte ein großartiges Gefühl in diesem verlassenen Gebäude, das die Dimensionen einer Kathedrale aufwies, besonders am späten Nachmittag, als die Sonnenstrahlen genau im richtigen Winkel einfielen und jedes umhertanzende Stäubchen und jeden Strohhalm sichtbar machten.

Als wir uns mittags alle versammelten, stand ich auf, schlug auf meine Reifentrommel und gab bekannt, daß ich einige der ersten Musikinstrumente des Menschen mit ins Lager gebracht hätte. Instrumente, die auf sehr spezielle Art gespielt und für ganz besondere Zwecke verwendet wurden. Wer sich dafür interessiere, der solle dort hinübergehen – wobei ich mich umdrehte und auf die Scheune deutete.

Nach dem Essen fuhr ich mit dem Lastwagen zu der Scheune, packte die Instrumente vorsichtig aus und verteilte sie im Raum. Es sollte ein Garten der Rhythmen werden. Ich fragte mich, wie viele sich wohl auf den Marsch hierher begeben würden. Von den fast hundert Kindern im Lager kamen ungefähr fünfundzwanzig. Ich zeigte ihnen ein paar einfache Rhythmen und sagte ihnen, sie sollten sich entspannen, einfach nur spielen, ohne sich nervös zu machen, alles vergessen und sich von den Instrumenten einfach forttragen lassen.

Es ist interessant zu beobachten, wie lange Menschen brauchen, bis sie zusammenfinden. Diese Kinder schafften es nach ungefähr zwanzig Minuten. Sie fanden den Groove, und sie spürten es alle. Man konnte es an ihren Gesichtern sehen, und auch ihr Spiel wurde lauter und härter; der Groove zog sie in seinen Bann und steigerte sich. Das ging so über eine Stunde lang. Auch solche Dinge verlaufen nach zyklischen Gesetzen – sie beginnen, gewinnen an Intensität, halten sie für eine gewisse Zeit und lassen dann nach und verklingen. Als es zu Ende war, mußten sie alle lachen, und viele klatschten in die Hände. Sie feierten sich selbst und den Groove. Obwohl sie keine Worte dafür fanden, wußten sie alle, daß sie etwas Lebendiges geschaffen hatten, etwas, das eine eigene Kraft hatte, die nur aus ihrer gemeinsamen Energie gekommen war.

Als sie sich wieder beruhigt hatten, gab ich jedem ein Schwirrholz und erklärte ihnen, daß dies das erste rituelle Instrument sei, über das wir konkrete historische Informationen besitzen. Ein Schwirrholz ist kein leises Instrument. Manche Schwirrhölzer bellen, andere heulen, wieder andere produzieren helle Schreie – der eigenartige, irgendwie beunruhigende Klang überwältigt die Sinne und nimmt einen voll und ganz in Beschlag. Wir gingen hinaus ins Freie, um sie zu spielen. Es klang phantastisch, und die Kinder verloren sich geradezu in diesem Klang. Aber während ich sie beobachtete, fragte ich mich, ob wohl sonst noch etwas bei ihnen passierte.

Öffnete sich für eines von ihnen eine Tür? Konnten sie es spüren? Mir kam der Gedanke, daß ich hier gewissermaßen im Begriff war, für Nachwuchs zu sorgen, daß ich in diesem Augenblick der Kunst als Vehikel diente, um an diese nächste Generation von Trommlern heranzukommen – von denen einige gerade selig lächelten.

So fängt es immer an. Es wird durch irgend etwas ausgelöst, und dann bist du für den Rest deines Lebens besessen von Lärm und Rhythmus. Zakir hörte es schon im Bauch seiner Mutter. Airto begann danach zu tanzen, noch bevor er krabbeln konnte. Mich erwischte es, als ich zum ersten Mal mit den Schlangenholzstöcken meines Vaters auf sein Übungspad schlug. Es war, als hätte jemand in mein Lustzentrum im Gehirn gekniffen: Ich mußte grinsen. Und dann machte ich den nächsten Schlag. Obwohl ich das Übungspad meines Vaters seit Jahren nicht mehr gehört habe, vergaß ich seinen Klang doch nie; auf irgendeiner Ebene meines Bewußtseins ist er immer da, er ist ein Teil von mir.

Dieser Klang ist das Beste, was mir mein Vater jemals gegeben hat. Ich stelle mir gern vor, daß das ganz unbeabsichtigt geschah, daß auch ihn die Kunst oder die Tradition gleichsam benutzt hätte, indem sie ihn vergessen ließ, seine Stöcke und sein Übungspad wegzustecken, bevor er sich geschickt aus unserem Leben davonstahl.

Jahre nach unserem gräßlichen Treffen in seinem Büro erreichte mich die Nachricht, daß mein Vater tot und der Leichnam zu angegebener Zeit zu besichtigen sei. Meine erste Reaktion war, daß ich nicht die geringste Lust hatte, Lennys Leichnam zu sehen oder ihm die letzte Ehre zu erweisen. Ich hatte ihn aus meinem Leben verbannt, entfernt wie einen häßlichen Flecken, und es hatte mich viel gekostet, ihn loszuwerden. Aber bei ebendiesem Gedanken bemerkte ich zu meinem Erstaunen, daß ich

Lenny doch nicht vollständig aus meinem Leben gestrichen hatte: *Ich hatte immer noch seine Schlangenholzstökke!* Dies würde meine letzte Gelegenheit sein, sie zurückzugeben und meine Rechnung mit ihm endgültig zu begleichen.

Als ich in der Leichenhalle ankam, war ich so sehr auf mein Vorhaben konzentriert – ich wollte nur die Stöcke in den Sarg legen und sofort wieder gehen –, daß ich den anwesenden Trauernden offenbar vorkam wie ein Verrückter. Kaum hatte Lennys Bruder mich bemerkt, schrie er vor Bestürzung auf und kam mit vorgestreckten Händen auf mich zugerannt, als wollte er mich von meinem Vorhaben abhalten. Hinter ihm wandte sich Lennys neue Familie verstört um, um zu sehen, was hier vor sich ging.

Mein Onkel sagte irgend etwas wie: »Laß uns jetzt bloß keine Szene machen, Mickey«, und ich antwortete: »Ich will nur zehn Sekunden mit ihm allein sein, also geht mal alle raus. Ich will keine Sekunde länger als unbedingt nötig hierbleiben.«

Zu meiner Überraschung wies mein Onkel tatsächlich die Trauergäste an, den Raum zu verlassen. Ich ging zum Sarg und holte die Stöcke heraus. Eigentlich wollte ich sie einfach nur hineinlegen und sofort wieder gehen, aber plötzlich war ich von Lennys Anblick sehr ergriffen – wie klein, zerbrechlich und leer er jetzt aussah. Der Trommelgott. Ich spürte, wie plötzlich mein Plan einem Kartenhaus gleich zusammenfiel – ich stand nur noch da und versuchte, ihn irgendwie zu hassen.

Meine Hände wußten, was sie zu tun hatten, noch bevor der Kopf so weit war. Langsam und elegant begann ich, im alten Tempo von hundertzehn Schlägen pro Minute, »The Downfall of Paris« auf dem Sarg meines Vaters zu trommeln. So geleitete ich ihn spielend aus der Welt und ehrte damit jene Seite von ihm, die seine beste war und die einzige, der ich Ehre zuteil werden lassen konnte.

Als ich zum Ende gekommen war, legte ich ihm die Stöcke in die Hände und ging weg.

Am Morgen meines zweiten Tages in Winnarainbow stand ich auf, schwenkte Vennums Buch herum, von dem ich fünfzig Exemplare besorgt hatte, und schlug vor, gemeinsam eine Lagertrommel zu bauen; eine, die zukünftig immer bei rituellen Anlässen gespielt werden sollte. Jeder, der dabei mitmachen wolle, solle am Nachmittag zu mir kommen, denn dann würden wir den jungen Ochsen töten.

Die Sache mit dem Ochsen hatte ich bereits mit einem Schlachter aus der Gegend arrangiert. Ungefähr ein halbes Dutzend von uns sah zu, wie er das Tier erschoß. Er hatte viel Geduld mit uns und wartete mit einem breiten Grinsen im Gesicht, während wir dem Geist des Ochsen Tabak opferten und ihm versicherten, daß das Fleisch bedürftigen Menschen zukäme und das Fell eine große, machtvolle Trommel werden würde.

Beschaffe dir das Fell eines zweijährigen Ochsen.

Das liest sich ganz einfach, aber es vermittelt noch nicht einmal ansatzweise die Realität – ein über fünfzig Pfund schweres, riesiges Stück Rinderfell, das noch von Blut troff und an dem noch dicke Fettbrocken hingen. Die Kinder zuckten mit keiner Wimper, aber mir wurde fast schlecht davon, und vor allen Dingen deprimierte mich der Gedanke daran, wieviel Arbeit es kosten würde, diese unförmige, blutige Masse in ein gut gestimmtes und gespanntes Trommelfell zu verwandeln.

An einem Bachbett, etwa hundert Meter von der Lagerküche entfernt, bereitete ich alles vor. Die Küche war der beliebteste Ort im Lager – diese jungen Leute schienen fast unablässig essen zu können –, und es war meine Absicht, so viele von ihnen wie möglich in meine »Trommelwerkstatt« zu locken. Der Bach war fast ausgetrocknet; aber ein großer Baum, der quer über dem Bachbett lag, machte ihn zum idealen Ort für unser Vorhaben. Wir konnten das Fell über den Stamm hängen und so im Stehen arbeiten.

Jetzt begann eine lange, schweißtreibende, mit viel Gestank verbundene und nicht enden wollende Arbeit: schaben, einweichen, spannen, Haare abrasieren, Fett wegschneiden. Am dritten Tag fing das Fell an, fürchterlich zu stinken, und dieser Gestank lockte Bienen an – die natürlich nichts Besseres zu tun hatten, als allen ihren Artgenossen von uns zu berichten. Ein paarmal blieb uns nichts anderes übrig, als das Fell zu packen und damit die Flucht zu ergreifen. Doch dieses Element der Gefahr steigerte die freudige Erregung der Kinder nur noch mehr. Ich fürchte fast, wir entwickelten uns in unserem Verhalten den Bienen gegenüber wie eine Straßenbande. Sobald auch nur eine einzige auftauchte, wurde sie erbarmungslos verfolgt und davongejagt. Auf diese Art und Weise verbreitete sich im Bienenstock schnell die Nachricht, daß es doch besser war, unseren Bach zu meiden.

Bei der Arbeit erzählte ich den Kindern die Geschichte der Trommel, die wir bauen wollten, der Ojibwa-*Powwow*-Trommel: Es war sehr wahrscheinlich in den siebziger Jahren des letzten Jahrhunderts, als eine Sioux-Frau namens Tailfeather Woman in einer Zeit, in der ihr Stamm viel Kummer und großes Leid durchmachen mußte, eine Vision gehabt hatte. Weiße Soldaten hatten in ihrem Dorf ein Blutbad angerichtet und ihre vier Söhne getötet. Auch sie selbst wäre beinahe ermordet worden, doch sie konnte entkommen und sich in einem See verstecken. Vier Tage lang verbarg sie sich unter großen Seerosenblättern. Und während dieser Zeit kam der Große Geist zu ihr und sagte ihr, was sie tun sollte. Am vierten Tag verließ sie den See und ging zurück zu ihrem Dorf, um nachzusehen, wer den Überfall überlebt hatte. Als sich die Überlebenden um sie versammelt hatten, erzählte sie ihnen, daß der Große Geist befohlen hatte, sie sollten eine große Trommel machen, denn, so hatte er gesagt: »Dies ist der einzige Weg, die Soldaten von der Ermordung deines Volkes abzuhalten.«

Das war der Anfang des *Powwow*, denn der Große Geist hatte den Sioux nicht nur eine Trommel gegeben, sondern dazu auch einen Rhythmus und einen Tanz – eine Zeremonie. Diese verbreitete sich sehr rasch unter den indianischen Stämmen. Es heißt, Tailfeather Woman selbst habe die Trommel und den Tanz nach Wisconsin gebracht und damit einen Vorfall ausgelöst, der als »Schrecken von Wisconsin« bekannt wurde, weil die Behörden der Weißen voller Angst auf »diesen neuen Tanz der Sioux, der offenbar einen religiösen Charakter hatte«, reagierten.

Mit jedem Tag wuchs die Zahl der Kinder in der Trommelwerkstatt. Ohne ihre grenzenlose Energie hätte ich vielleicht aufgegeben. Morgens war ich in der Trommelwerkstatt, nachmittags im Heuschober. Und ganz langsam entwickelten sich die Dinge dahin, daß ich fast soviel redete wie ich spielte. Bis zu diesem Zeitpunkt war meine Suche nach der Geschichte der Trommel hauptsächlich eine private Angelegenheit gewesen; das Sammeln all dieser Informationen hatte für mich den Charakter eines ganz persönliches Vergnügens. Es machte mir Spaß, und ich empfand auch Befriedigung dabei, aber ich hatte das alles noch nie mit jemandem außerhalb meines engsten Freundeskreises geteilt. Jetzt konnte ich jedoch einfach nicht mehr an mich halten, es sprudelte nur so aus mir heraus: Geschichten, Mythen, Schwirrhölzer, die im Dschungel von Papua-Neuguinea heulten, wenn die Knaben sich dem Ritual unterzogen, bei dem sie zu Männern gemacht wurden; sprechende Trommeln, welche die *Orischa* in die Körper der Tänzer herunterlockten; Gene Krupa, der den Backbeat bearbeitete.

Und während ich erzählte und beobachtete, wie diese vierzehnjährigen Kinder trotz ihres eben erwachenden intellektuellen Argwohns und ihrer Kritik alles in sich aufsogen, erkannte ich, daß die Yoruba recht hatten: Um einen Geist in dieser Welt am Leben zu erhalten, braucht man ihn nur beim Namen zu nennen. Indem ich den Kindern meine Gefühle und Geschichten über das Schwirrholz mitteilte, tat ich nicht nur etwas für sie, sondern auch für das Schwirrholz: Ich stärkte seinen spirituellen Halt in dieser Welt.

Die Yoruba haben das Bild einer Kreuzung, in der diese und die spirituelle Welt sich überschneiden. Manche Dinge ziehen die Geister zu solchen Kreuzungen hin: Eines ist Musik, ein anderes Geschichten. Die Geister hören beidem gern zu.

Im Camp Winnarainbow bekam ich die Antwort auf eine Frage, die mich seit meinem Besuch bei der Smithonian Institution beschäftigt hatte: *Gab es eine Möglichkeit, die unsichtbaren Gegenspieler vor den Gräbern zu bewahren, die sie in den Museumskellern der modernen Welt erwarteten?* Plötzlich konnte ich eine solche Möglichkeit sehen, und sie war zudem auch noch sehr augenfällig: Man muß einfach nur die Musik der Gegenspieler spielen und ihre Geschichten erzählen, denn dadurch werden diese feinen, empfindlichen Kräfte – die kollektive Spiritualität der ganzen Spezies Mensch – wenigstens für eine Weile länger genährt und am Leben erhalten. Und in diesem Augenblick gelobte ich mir, die Geschichte der Trommel so vielen Menschen zu erzählen, wie zuzuhören gewillt wären.

Eines Morgens verließ ich die Trommelwerkstatt früher als sonst, ging zur Scheune und setzte mich hin, um in Ruhe nachzudenken. Ich wollte dieser Trommel eine besondere Weihe zukommen lassen, sie irgendwie in ein Ritual einbinden. Eines, das stark genug sein würde, den Jugendlichen die spirituelle Seite dieses Instruments nahezubringen, und Spaß machen sollte es natürlich auch. So saß ich da und wartete – und auf einmal kam Joe hereinspaziert.

Ich hatte Joe Campbell zum letzten Mal ein paar Monate vor seinem Tod, in San Francisco am Jung Institute, getroffen. Es war eine unserer kurzen, aber intensiven Begegnungen gewesen; Joe wollte mir vor allem die vielen Kleinigkeiten mitteilen, die er seit unserem letzten Treffen für ein Gespräch mit mir gesammelt hatte, und natürlich drängte es ihn auch zu erfahren, was sich bei mir alles ereignet hatte. Und er wollte unterhalten. Noch ein paar getrocknete Äste mehr auf das Feuer legen, das, wie er erfreut bemerkte, immer noch in mir loderte. Aus irgendeinem Grund begann er mir die Geschichte des Büffelmädchens zu erzählen – eine Geschichte, die er schon tausend Mal und immer wieder hervorragend erzählt hatte. Doch jetzt konnte er sich plötzlich nicht mehr an die Details erinnern; und er hatte Schwierigkeiten, die Anfangszeilen zu finden. Ich sagte ihm, er solle es leichtnehmen und sich keine Gedanken machen, aber er wollte nicht auf mich hören. Und dann kam ihm plötzlich der Rhythmus dieses Mythos wieder ins Gedächtnis, und von einer Sekunde auf die andere stand er auf und fing an, mit geschlossenen Augen den Büffeltanz zu tanzen und die dazugehörige Geschichte zu singen. Später, nach seinem Tod, wurde mir bewußt, daß dies sein Totentanz gewesen war: Als hätte er zum letzten Mal tief Atem geschöpft, um sein Leben würdevoll und in Ehren auszuhauchen.

Jetzt war es an mir, die Geschichten weiterzugeben. Und die, die ich den Kindern im Camp Winnarainbow erzählen wollte, war eine, die auch Joe sehr gemocht hatte, die Geschichte von der Reise des Schamanen. Die Geschichte, wie der Schamane auf seiner Trommel zum Weltenbaum reitet und seine Verbündeten zusammenruft, um gegen die dunklen Mächte zu kämpfen.

Wir bearbeiteten das Ochsenfell über eine Woche lang mit gezackten Schabern, bis es die richtige Dicke hatte. Als es endlich perfekt war, weichten wir es in Wasser ein, und dann spannten wir es über eine große Schale und hängten es vier Tage lang an einem Baum zum Trocknen auf. So konnte die Feuchtigkeit entweichen, und das Fell zog sich zusammen; ein Vorgang, den die Kinder mit Spannung verfolgten. Jeden Tag wurde der Kreis, der sich um die Trommel versammelte, größer.

Ich hatte beabsichtigt, mit dem Korpus der Trommel in ähnlicher Weise vorzugehen, aber es wurde immer offensichtlicher, daß wir einfach nicht genügend Zeit haben würden, einen Baum zu fällen und auszuhöhlen. Zudem erschien es mir nicht angemessen, für eine Trommel einen ganzen Baum zu opfern. Deshalb gingen wir genauso vor, wie es laut Vennum auch die Ojibwa gemacht hatten.

Beschaffe dir ein Weinfaß und halbiere es.

Wir stellten das Weinfaß auf das Fell, zeichneten an, wie groß die beiden Trommelfelle sein mußten, und schnitten sie aus. Dann schnürten wir sie mit Riemen, die wir aus dem Ochsenfell schnitten, zusammen. Aus Stoff schneiderten wir einen Rock für die Trommel – denn die Ojibwa kleiden ihre Trommeln ein – und verzierten ihn mit Symbolen, die die Tipis im Lager repräsentierten. Wir hatten ein paar gute Künstler, die wunderschön Bäume und Tiere sticken konnten.

Dann gaben wir unserer Trommel einen Namen. Alle Ojibwa-Trommeln in Vennums Buch trugen die Namen der Personen, die für sie zuständig waren. Whitefeather Trommel. Pete Sam Trommel. Johnny Matchokamow Trommel. Unsere war die Winnarainbow Trommel.

In der letzten Woche fing ich mit den Proben für unser Schamanenritual an. Einer der Lagerleiter wurde der Schamane, und aus meinen Trommelbauern stellte ich mir ein Perkussionsensemble zusammen. Natürlich sollte bei diesem Ritual das Hauptgewicht auf den Trommeln liegen, aber davon abgesehen wollte ich den Kindern die Vorstellung vermitteln, sie befänden sich irgendwo in der Prärie vor vierhundert Jahren: Eine indianische Familie hat einen kranken Verwandten in das dunkle Tipi des Schamanen gebracht, ihn auf eine Schlafstelle gelegt und verläßt nun wieder das Zelt. Sodann geht der Schamane hinein, und das Trommeln beginnt.

Wir führten das schamanistische Ritual am letzten Tag auf, unmittelbar bevor die Kinder wieder zu ihren Eltern zurückkehrten. Es hatte ganz bescheiden angefangen, aber am Abend der Feier war daraus etwas wirklich Großartiges geworden. Wir waren über hundert Kilometer herumgefahren, um etwas Trockeneis für einen guten, dicken Nebel zu besorgen. Wir hatten eine Bühne mit Kulissen, in denen Stelzengänger auf ihren Auftritt warteten, und wir hatten sogar einen richtigen Baum, der direkt neben der Bühne wuchs: den Weltenbaum. Aber im Zentrum des Ganzen stand natürlich unsere Winnarainbow Trommel.

Das Risiko beim Bau einer Trommel ist, daß man, auch wenn man die Anweisungen genau befolgt, am Ende mit einem Instrument dastehen kann, das nicht besser klingt als ein Schuh, der über den Gehsteig schlurft. Der Klang, die Stimme einer Trommel ist etwas, was mit der Welt der Geister zu tun hat, und deshalb verwenden die Ojibwa soviel Zeit und Sorgfalt darauf, ihren Trommeln die richtigen Stimmen zu geben.

Als die Lichter erloschen, wurde es einen Moment lang still. Dann begann die Trommel zu sprechen – eine kräftige, kehlige, tiefe Stimme, die das kleine Amphitheater mit einem langsamen, pulsierenden Pochen erfüllte, welches bald von einem ganzen Orchester von Rasseln und Reifentrommeln eingerahmt wurde.

Der Lagerleiter, der den Schamanen spielte, war wunderbar. Er tanzte wie ein Besessener und mimte eine Trance, und dann rief er seine Verbündeten an, sie möchten ihn zum Weltenbaum führen. Sie kamen auf Stelzen auf die Bühne. Alle sahen gespannt zu, wie der Schamane auf den Weltenbaum kletterteund dann zu seinen Wurzeln hinunterstieg, um die bösen Mächte zu bekämpfen.

Zu diesem Zeitpunkt spielte das Perkussionsensemble schon in einem mächtigen, donnernden Groove, der bei dem, was geschah, eine wichtige Rolle spielte – zumindest würde ich es gern so sehen. Einer der Lagerleiter hatte ein Theaterrequisit gemietet, mit dem man Menschen schweben lassen kann. Und als der Schamane mit lauter Stimme dem Kranken befahl, geheilt aufzustehen, erhob sich dieser tatsächlich und schwebte, und da hielt es auch die Kinder nicht mehr auf ihren Sitzen. Alle sprangen auf, die Augen und Münder waren vor Staunen aufgerissen.

Für sie war das alles plötzlich Wirklichkeit. Es war etwas geschehen, das sie sich nicht erklären konnten. Ein Trick, das war klar, aber einer, der ihre Erwartungen sprengte und die Phantasie anspornte. Wer wollte ihnen erzählen, ein Mensch könne sich nicht in die Lüfte erheben – hatten sie nicht eben erst erlebt, wie sich ein Ochse in eine Trommel verwandelte?

Noch heute treffe ich manchmal eines der Kinder von damals bei einem Auftritt oder auf der Straße. Normalerweise nicken wir uns nur zu oder begrüßen uns kurz, zu einem Gespräch kommt es dabei selten. Eine Trommel zusammen zu bauen, schafft ein Band, das wahrscheinlich ein Leben lang hält, aber diese Trommel gemeinsam geritten zu haben – dafür gibt es keine Worte.

Epilog

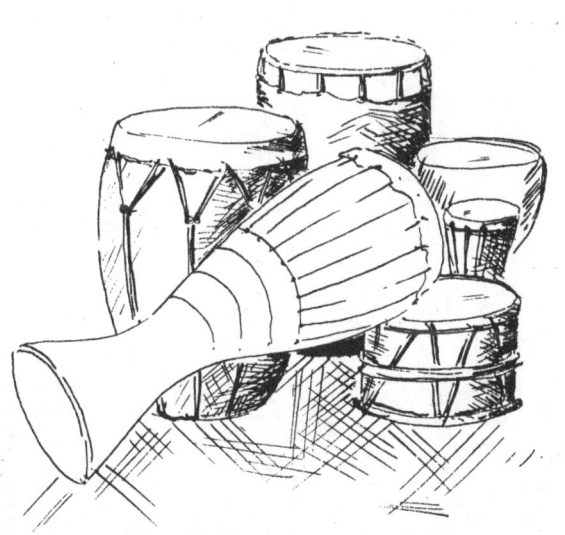

Einen Kilometer von hier, jenseits der schneebedeckten Maisfelder von Vermont, schaukelte der Federal-Express-Lieferwagen in die Zufahrt zum alten Farmhaus, wo dann ein blau gekleideter Fahrer ausstieg.

Ein letztes Beladen. Die letzten Kapitel vor Erreichen der Küste. Ein zehn Jahre dauernder brennender Wunsch im Begriff zu einem Ende zu kommen.

»Sollen wir laufen?«

»Klar.«

Während wir über die matschige Straße nach Vermont liefen, warf ich einen Blick zu dem Mann neben mir, dem König der Worte.

Neun Monate zuvor war ich mit einer Ladung von Computer-Disketten in Jay Stevens' Leben getreten, auf denen meine riesige elektronische Anakonda gespeichert war, jener sich endlos verzweigende Informationsbaum, den ich im Karma zu ziehen begonnen hatte.

Ich hatte außerdem einen leistungsfähigen Computer bei mir, der Stevens' alten ersetzen sollte. Steven stand abwesend daneben, als ich ihn aufstellte und eine Diskette einschob. Er war ein etwas gedankenverlorener Typ, sehr ruhig, sehr entspannt. Er lebte in einem schlecht isolierten Farmhaus auf einem abgelegenen Stück Land, das seiner Familie schon seit Jahrhunderten gehörte. Ein kompetenter, ganz normaler Mann mit Frau und Kindern.

Und doch – dieser Typ hatte ein brillantes Buch über die Geschichte des LSD geschrieben, ein Buch, das selbst eine Art strahlendheller Acid-Trip war. Wir hatten nach einem Autor gesucht, und mein Verleger hatte mir drei oder vier Bücher gegeben, um zu sehen, ob mir bei einem der Rhythmus, in dem es geschrieben war, zusagte. Ich las von jedem das erste Kapitel, aber bei *Storming Heaven* konnte ich nicht mehr aufhören. Ich las das Buch in einem Zug durch, und dann gleich noch einmal. Dann besorgte ich mir Stevens' Telefonnummer und rief ihn an.

»Was weißt du über das Trommeln?« fragte ich ihn.

»Eine interessante Technik, das Publikum in Schwung zu bringen«, antwortete er.

Mir fiel fast der Hörer aus der Hand.

Bald begriff ich, daß der Ausdruck »das Publikum in Schwung bringen« zu den esoterischen Leckerbissen gehörte, die nach Stevens' Geschmack waren. Er hatte eine Menge davon auf Lager.

Mimesis – *Es gibt eine ganze Denkrichtung, die zu beweisen versucht, daß Ideen leben, daß sie lebendige Wesen sind, die unsere Gehirne benutzen, um sich zu reproduzieren.*

Fließen – *Das heißt, du bist in einem Stadium des Fließens, zwischen Langeweile und Unruhe, denk an meine Worte: In den Neunzigern wird das große Fließen stattfinden.*

Als ich Stevens das erste Mal traf, erzählte er mir, daß er seinen Agenten beauftragt habe, eine Schadensersatzklausel in unseren Vertrag einzubauen: für den Fall, daß die enge Zusammenarbeit mit einem Schlagzeuger über einen so langen Zeitraum einen mentalen Schaden bei ihm hinterlassen sollte.

Du mußt doch am besten wissen, was man über Schlagzeuger so hört.

Ich wußte es. Ich wußte, daß die Trommel ihn aufsaugen würde. Ich wußte es, als ich jene erste Diskette einschob und sah, daß die Datei mit dem Schwirrholz darauf war.

»Schau dir das mal an«, sagte ich. »Eine Zeitlang haben mich die Schwirrhölzer wirklich gepackt. Ich habe sämtliche Namen dafür gesammelt, sämtliche Mythen, die ich finden konnte. Hier sind Hunderte drauf.«

Stevens beugte sich vor und prüfte die Liste, indem er sie schnell durchlaufen ließ.

»Wie viele hast du, sagst du?«

»Hunderte.«

»Und das ist nur eine Art Fußnote. Ich meine, Schwirrhölzer gehören nicht wirklich zur Perkussionsinstrumenten, nicht wahr?«

»Stimmt. Ich bin nur zufällig darauf gestoßen. Ein Beispiel von vielen. Aber es ist wichtig.«

Stevens runzelte die Stirn angesichts des kleinen Stapels von Disketten, der neben dem Computer lag.

»Wenn ich eine von denen da ausdrucken würde, wie viele Seiten würde das geben?«

»Hunderte, vielleicht Tausende.«

Er lachte und stöhnte.

So begannen neun Monate intensiver Zusammenarbeit, die meiste Zeit davon mit Hilfe des Wunders der Mikroelektronik und der Modeme. Die Anakonda schüttelte ihre Haut ab und nahm neue Gestalt in Form von zwei Büchern an: *Die magische Trommel* und das mit mehr Bildern versehene und enzyklopädische *Planet Drum*, welches demnächst folgen wird.

In gewisser Hinsicht ist das Buch, das du nun fast durchgelesen hast, ein langes Vorwort zu jenem anderen.

Immer wenn Grateful Dead im Osten der USA waren, verbrachte ich meine freie Zeit mit Stevens. Oft traf ich in einer riesigen weißen Limousine in den Morgenstunden bei ihm ein.

»Die Leute werden noch glauben, wir wären ausgeflippt«, meinte Stevens' Frau Sara lachend.

Sie war eine scharfsichtige Frau. Sie begriff eher als

ich, was hier vor sich ging. Eines Nachts, es war schon spät, saßen wir in der Küche und tranken Kaffee. Die Unterhaltung drehte sich wie immer im Haus der Stevens um Gott und die Welt. Ich ließ mich gerade über irgendein Thema aus, als Sara meinen Blick auffing und in Richtung Jay nickte. Er hatte ein Paar Trommelstöcke von mir in der Hand, schlug damit heftig auf seine Oberschenkel und hörte mir zu. *Huop. . .huop. . .huop. . .bap. . .bap. . .huop.* Schließlich bemerkte er, daß wir ihn beobachteten.

»Hey, was ist los?« sagte er.

»Oh mein Gott«, erwiderte Sara. »Ich komme mir vor wie in einem schlechten Science-fiction-Film. Als ob ihr beiden miteinander eure Gehirne getauscht hättet.«

Er ist der letzte meiner Tanzpartner, dachte ich, als ich ihn neben mir laufend beobachtete. Der letzte von vielen.

Am Abend zuvor, nachdem alle schlafen gegangen waren, hatte ich mich noch einmal an den Computer gesetzt und eine meiner ursprünglichen Disketten eingelegt. Ich dachte, dies sei vielleicht das letzte Mal, daß ich zwischen den Zweigen des Baumes herumkletterte, ein letzter Trip durch die Schlange.

Ich ritt auf meiner Trommel zum Weltenbaum, und alle meine Verbündeten waren da.

MENSCHEN, DIE AN DIESEM BUCH MITWIRKTEN UND MICH INSPIRIERTEN.

Joseph Campbell, der Geheimnisse zu neuem Leben erweckt hat, indem er die Mythen und Legenden neu erzählt hat. *Betsy Cohen*, die mich mit dem Handwerk der elektronischen Informationsverarbeitung, sprich mit dem Computer, vertraut machte; sie war die Hebamme bei der Geburt meiner elektronischen Anakonda. *Jerry Garcia*, der mir jahrelang ein treuer Freund und Helfer war und die Visionen der *Schwelle* mit mir teilte. *Tom*

Grady, Herausgeber bei Harper San Francisco, der Architekt und Leitstrahl bei der Endfassung dieses Buches; er fand für mich meinen letzten Tanzpartner, Jay Stevens. *Bill Graham*, der mir blind vertraute und das Geld für die entscheidenden ersten Forschungsarbeiten zur Verfügung stellte. *Taro Hart* für ständige gute Laune. *Ruth-Inge Heinze*, die den Geist der PerKussion verkörpert – sie stellte sich als Führerin durch die Kultur Sibiriens und den Schamanismus zur Verfügung und las die Endfassung des Manuskripts kritisch durch. *Robert Hunter*, der mich immer wieder ermutigte und mir bei der ersten und letzten Fassung dieser Arbeit half. *Margie Kidder*, die Leserin par excellence und passionierte Liebhaberin des geschriebenen Wortes, die mit kritischem Blick die Herausgabe des Buches überwachte. *Stanley Krippner*, ein alter Freund, der mich ebenfalls über all die Jahre, in denen sich das Projekt entwickelte, beriet. *Fredric Lieberman*, der mich in die Welt der Ethnologen einführte und mir bei der Sammlung der Informationen ein wertvoller Verbündeter war; gemeinsam stürmten wir die Völkerkunde-Archive der Welt; er öffnete zahlreiche Türen, hinter denen ich viele Antworten fand. *Jay Stevens*, mein letzter Tanzpartner, der König des Wortes; er nahm sich der Anakonda an, und gemeinsam verarbeiteten wir sie zu einer tollen Geschichte; er machte das Unmögliche möglich. *Thomas Vennum, jun.*, Musikethnologe im Office of American Folklife Programs der Smithsonian Institution; er war der Schlüssel zur reichen Tradition der amerikanischen Indianer; immer wenn wir zu den Quellen zurück mußten oder irgendwo auf der Welt persönlich mit jemandem sprechen wollten, hatte Tom schon die richtige Person am richtigen Ort aufgetrieben, und er war eine nicht versiegende Quelle der Inspiration.

MENSCHEN UND INSTITUTIONEN,
DIE FREIGIEBIG IHR WISSEN ZUR VERFÜGUNG
STELLTEN.

Sie kennen die *Schwelle* zur Magie.

Remo Belli, der das Trommelfell aus Kunststoff erfand und damit die Herstellung von Perkussionsinstrumenten revolutionierte. Zusammen mit seinem Partner *Lloyd McCausland* unterstützte er von Anfang an dieses Buch mit Begeisterung. *John Blacking*, der verstorbene Musikethnologe, zeigte mir, wie tiefgreifend der Einfluß der Musik auf die menschliche Gemeinschaft ist. *Barry Brook*, der uns hilfreich zur Seite stand und uns Zugang zum Research Center for Musical Iconography an der City University of New York verschaffte. Meine Freunde *Carol und Joe Calato* von Regal Tip Products, die mir ihr Wissen über den Herstellungsprozeß von Trommelstöcken weitergaben. *George Carroll*, eine Autorität, was die wenig bekannten, aber wichtigen Aspekte der Militärmusik in den Vereinigten Staaten betrifft. *Nina Cummings* und *Diane Alexander White* vom Field Museum in Chicago. *Sue de Vale*, die uns über die Herstellung von Gongs und Gamelanmusik unterrichtete und großzügig das Wissen aus ihrem Lebenswerk mit uns teilte. *Alan Dundes*, ein König der Folklore und unser Schwirrholz-Fachmann. *Hamza el Din*, der mich den Wert der Stille lehrte, der sanften, spirituellen Seite der einfelligen Rahmentrommel; gemeinsam erforschten wir die Rhythmen am Nil und die weite Leere der Wüste. Mit *Leah Farrow*, meiner Mutter, nahm alles seinen Anfang; sie brachte mir die Grundlagen des Trommelns bei und nahm all den Lärm gelassen hin – während ich hämmerte, hielt sie die wütenden Nachbarn in Schach und bewachte den Eingang wie eine Löwin, so daß ich mich zu einem Trommler entwickeln konnte. *Steven Feld*, ein hervorragender Feldforscher und Musikökologe, dessen Arbeit meine Vorstellungskraft erweiterte und es mir ermöglichte, die Klanglandschaft des Regenwaldes von Papua-Neuguinea zu erleben. *Vic Firth*, ein Krieger, der Symphonien auf der Pauke spielte und mich immer wieder ermutigte. *Meine Brüder von Grateful Dead*, die mich aufgenommen, ertragen und dafür gesorgt haben, daß ich mir eine gewisse Bescheidenheit bewahren konnte. Der *Verwaltungsstab von Grateful Dead Productions*, der endlos Geduld mit uns gehabt und unzählige Stunden mit Faxen, Fotokopieren, der Organisation von Telefongesprächen und all dem Zeug zugebracht hat. Die *Gyuto-Mönche* – der tantrische Chor – mit ihrem friedvollen Zentrum, ihrem Mitgefühl für alle beseelten Wesen und ihrem Bewußtsein für die Endlichkeit des Lebens. *Creek Hart*, der bei uns zu Hause den Geist der Perkussion lebendig gehalten hat; er ist der Groove der Zukunft. *Marty Hartmann*, mein Onkel, eine Autorität in Sachen Trommel- und Hornkorps und Weltmeister als Rudimental-Baßtrommler (1939). *Sheryl Heidenreich*, die auf der Suche nach unserem Gral im Field Museum in Chicago unzählige Archivfotos durchgesehen und dann auf eigene Faust den Mittleren Westen abgegrast hat, um Bilder für unser Projekt aufzutreiben. *Jeff Hellman*, der dafür sorgte, daß unsere Computer gesund und glücklich waren. *Michael Hinton*, ein Starstudent, inzwischen ein Virtuose in vielen Trommelstilen – er verkörpert den wahren Geist der Perkussion im Alltag und ist eine ständige Quelle der Inspiration. *Naut Humon*, der Rhythmus und Lärm lebt und atmet. *Zakir Hussain*, der das Geheimnis lüftete, wie man den Puls beherrschen kann – ein Meistertrommler, der mir über mehr als zwanzig Jahre ein Freund, eine Quelle der Inspiration und ein Partner bei der Arbeit war. *Howard Jacobsen*, ein Mann mit großer Vorstellungskraft, der das wunderschöne Layout der amerikanischen Ausgabe dieses Buches besorgte. *Mariko Kan*, die großzügig ihr Haus einer ganzen Invasion von Forschern öffnete und uns in der friedlichen Stille der Santa Cruz Mountains arbeiten ließ. *Bryna Kan-Lieberman*, die uns ins Gedächtnis rief, wo die *Schwelle* tatsächlich verläuft. *Fritz Kuttner*, ein großer alter Mann der chinesischen Idiophone. *Maury Lishon* aus Frank's Drum Shop in Chicago, die Generationen von Trommlern aus der ganzen Welt versorgte. *Alan Lomax*, der mutig die Rolle als Aktivist bei der Verhinderung des kulturellen »Ausschwärzens« spielte und sein Leben lang mit unglaublicher Phantasie und Energie für die Bewahrung der ursprünglichen Musik und der authentischen Tänze eintrat. *William F. Ludwig*, der uns Zutritt zu seinen Archiven und Perkussionsinstrumenten gewährte. *Barbara McClintock*, die uns lächelnd und hilfsbereit freien Zugang zum Jung Institut in San Francisco verschaffte. *Nion McEvoy*, Herausgeber von Chronicle Books, San Francisco, der das Projekt im Anfangsstadium unterstützte. *Dennis McNally*, der uns immer wieder durch den Mediendschungel führte.

Barry Melton, ein guter Freund, der alles, was mit Recht zu tun hatte, demystifizierte, durchschaubar machte und den Rahmen für dieses Unternehmen schuf. *Antonia Minnecola*, eine Kathak-Tänzerin an der *Schwelle*, die mich vor etlichen Jahren dazu ermunterte, den klassischen Tanz Nordindiens zu erforschen. *Ken Moore*, der Direktor der Musikinstrumentenabteilung am Metropolitan Museum in New York, der uns dort Zugang verschaffte. *Airto Moreira*, mein langjähriger Freund und Partner bei der Jagd nach Klängen, der jedes Mal die Tore der Kreativität öffnet, wenn wir gemeinsam spielen. *Gordon Mumma*, Komponist, der lebhaft und kenntnisreich mit mir Gespräche über Lärm und Geräusch führte. *Keith Muscutt*, der sich mit Scharfsinn den Einzelheiten der präkolumbianischen Kunst widmete. *Andrew Neher*, ein wichtiger Katalysator, der sich in wissenschaftlichen Seminaren mit der Frage beschäftigte, wie Perkussion und Trance miteinader zusammenhängen. *Babatunde Olatunji*, ein hochgeachteter großer alter Mann der Perkussion, der mein Freund und Führer bei der Reise durch die vielschichtigen Sprachen der afrikanischen Polyrhythmen und Klänge war. *Constance Olds*, die aus der breitgefächerten Sammlung des Metropolitan Museum of Art in New York Bilder für uns aussuchte. *Mark Pauline*, der einen wertvollen Beitrag über Lärm und Geräusch lieferte. *Charles Perry*, der mir das Spielen des Trap Set beibrachte und meine jugendliche Verrücktheit eine Methode unterlegte. Die *Mitarbeiter des Philadelphia Museum*. *Michael Pluznick*, ein Meister in der Herstellung von Kürbisrasseln; durch ihn bekam ich Kontakt mit der Santería. *Flora Purim*, in der ein echter und sicherer Musikgeist lebt – mit ihrer unglaublichen, wunderbaren Stimme erweiterte sie meinen musikalischen Horizont um die zahlreichen Klänge in der Natur. *Barbara Racy*, eine Tanzethnologin, die freigiebig ihre Visionen von der Welt mit uns teilte. *Professor Jihad Racy*, ein vollendeter Musiker und Musikethnologe, der mich tief in den Nahen Osten führte. *Andrew Schloss*, der von Anfang an seine Zeit, sein Wissen und seine Hilfe zur Verfügung stellte; er ist der schnellste Mensch an der Schreibmaschine, den ich jemals kennengelernt habe. *Cameron Sears*, ein außergewöhnlicher Road Manager, der sich mit großer Ruhe um all das kümmerte, was ich zusammentrug, so daß ich unbelastet die Archive der Welt durchstöbern und trotzdem meine Termine einhalten konnte. *Guha Shankar*, die für dieses Projekt tief in die Archive in Washington eintauchte und dafür sogar freiwillig Überstunden machte. *Ram Rod Shurtliff*, ein großartiger Ausstattungstechniker, der fünfundzwanzig Jahre lang, in guten wie in schlechten Zeiten, Geduld mit mir hatte; er beförderte die zahlreichen Trommeln und unendlich vielen Bücher von einer Stadt zur anderen, ohne je zu klagen; ein echter Freund und spiritueller Ratgeber. *Huston Smith*, der erste, der der westlichen Welt und damit auch mir die Klänge der Gyuto-Mönche nahebrachte. *The Smithsonian Institution*, eine reiche, nie versiegende Quelle von Informationen über die Musik und die Völkerkunde der Erde. *Susan Sommer*, Direktorin der General Library of Performing Arts in New York, die uns auf das unglaubliche Buch über Perkussion in der Public Library von New York brachte. *Sara De Gennaro*, Jays Frau, die uns viele gute Ratschläge gab. *Tovar Vanderbeek*, der Zauberer in Sachen Technik bei CCRMA, und seine Frau *Lois Vanderbeek*, die mich dort durch die Zentraleinheit führte; sie waren die ersten, die die elektronische Anakonda fütterten. *Hugo Zemp*, der mir das unglaubliche Perkussion-Vermächtnis der 'Are'Are von den Salomonen-Inseln eröffnete und von seiner Arbeit mit den Dan in Afrika die Geschichte »über den Ursprung der Holztrommel« mitbrachte. *Armand Zildjian* und *Lennie DiMuzio* bei Avedis Zildjian Co. und *Robert Zildjian* bei Sabian Ltd., die großzügig ihre jeweiligen Lager für uns öffneten.

DIE MITARBEITER VON TRIAD.

Stuart Bradford, Michael Dambrowski, Evana Gerstman, Jerry Pisani und Karen Sass.

WISSENSCHAFTLICHE MITARBEITER.

Ihr nicht nachlassender Enthusiasmus und ihre Ausdauer spielten bei der Entstehung dieses Buches eine wichtige Rolle. Sie sind vielleicht immer noch unterwegs auf der Suche nach Anfeuerern in den peloponnesischen Kriegen. Kommt zurück; der Krieg ist vorbei; alles ist gut!

Francesca Ferguson, Ph.D., Michael Frishkopf, Jennie Hansen, Kathryn Henniss, Mei-lu Ho, Louise Lacey, Ted Levitt, John O'Connell, David Phillips, David Roche, Nicholas Sammond und Elizabeth Wright.

DIE MITARBEITER VON 360 PRODUCTION UND »THE EDGE«.

Die Leute, die alles am Laufen hielten, während ich tanzte.

Howard Cohen, Christine Coulter, Nance Dunev, Mark Forry, Janey Fritsche, Shannon Hamilton, Steve Keyser, Leslie Michel, Merri Parker, John Perdikis, Jeff Sterling und Karen Tautenhahn.

Die Übersetzer der deutschen Ausgabe dieses Werkes bedanken sich für die freundliche Unterstützung von *Billy Elgart*.

Anhang

Ausgewählte Literatur

Blacking, John: *How Musical Is Man?* Seattle: Univ. of Washington Press 1973. Eine umfassende und gut lesbare Einführung in wichtige und grundlegende Fragen zum Thema »Weltmusik« auf der Grundlage von umfassenden Feldforschungen des Autors in Südafrika. Das Buch deckt jedoch auch den weiten Bereich des Traditionellen, Klassischen und Folkloristischen ab. Dazu ist eine Kassette mit Musikbeispielen erhältlich.

Blades, James: *Percussion Instruments and Their History*. London: Faber & Faber 1984. Dieses Buch, das Ergebnis jahrzehntelanger Forschungen des erfahrenen klassischen Musikers, ist die Bibel der Perkussionisten. Die Kapitel, die sich mit außereuropäischen und archaischen Instrumenten befassen, basieren zwar im wesentlichen auf Informationen aus zweiter Hand, können jedoch als Ausgangspunkt für weitere Forschungen sehr nützlich sein. Blades hat auch die Einführung zum Kapitel über die Perkussionsinstrumente im *Grove Dictionary of Music and Musicians* geschrieben.

Campbell, Joseph: *Der Heros in tausend Gestalten*. Frankfurt/Main: Suhrkamp 1978. Das Verdienst dieser außergewöhnlichen Studie, die erstmals 1949 in englischer Sprache erschien, besteht darin, beinahe über Nacht die komparative Mythologie als Fachdisziplin etabliert zu haben. Der mitreißende Stil und das breite Wissen, auf dem dieses Buch basiert, verschafften ihm einen großen

Leserkreis. Neben *The Way of the Animal Powers* war es eine wichtige Quelle für das vorliegende Werk.

Campbell, Joseph: *The Way of the Animal Powers*. New York: Harper & Row 1983. Neben dem postum erschienenen Band *The Way of the Seeded Earth* ist dieses mit aufwendigen Illustrationen versehene, enzyklopädische Werk die Summe von Campbells lebenslangen Forschungen im Bereich der Mythologie. Es legt die Einsichten des Autors in historische und kulturelle Abläufe dar; mythologische Primärtexte sowie Campbells Deutungen jener Texte vervollständigen es zu einem unverzichtbaren Nachschlagewerk.

Chernoff, John Miller: *Coole Trommeln. Rhythmus und Sensibilität im afrikanischen Leben*. Trickster Verlag: München 1990. Eine gründliche Darstellung afrikanischer Musik, die das vorliegende Buch stark beeinflußte; eine der wenigen wissenschaftlichen und abgerundeten Studien über die Praxis afrikanischen Musizierens: über Rhythmik, Melodik und Tanz. Dazu gibt es eine Kassette mit Musikbeispielen.

De Coppet, Daniel u. Hugo Zemp: *'Are'Are: un peuple melanésien et sa musique*. Paris: Editions du Seuil 1978. Ein außergewöhnliches Werk über ein außergewöhnliches Volk und seine Musik. Dieses Buch ist eine thematisch und strukturell wichtige Studie. In Wort und Bild wird die Geschichte der Musik und Kultur der 'Are'Are, die in Malaita auf den' Salomonen-Inseln leben, geschildert. Den Anhang bildet ein wissenschaftlicher Kommentar. Zemp hat eine Reihe von Tonaufnahmen und sogar einen Film über diese Musik gemacht.

Diallo, Yaya u. Mitchell Hall: *The Healing Drum: African Wisdom Teachings*. Rochester, VT: Destiny Books 1989. Die ausgezeichnete Beschreibung westafrikanischer Rhythmuskultur aus der Insiderperspektive.

Eliade, Mircea: *Schamanismus und archaische Ekstasetechnik*. Frankfurt/Main: Suhrkamp 1975. Die klassische Arbeit über Schamanismus, der Wegbereiter unzähliger, in neuerer Zeit erschienener Bücher zu diesem Thema. Es enthält eine Fülle von Daten und Fakten.

Farmer, Henry George: *Military Music*. London: Parrish 1950. Ein für die Forschung maßgeblicher Überblick.

Feld, Steven: *Sound and Sentiment: Birds, Weeping, Poetics, and Song in Kaluli Expression*. 2. Aufl. Philadelphia: Univ. of Pennsylvania Press 1990. Dies ist eine erstklassige Monographie über die musikalischen Traditionen eines »exotischen« Stammes in Papua-Neuguinea. Sie erschien 1982 erstmals in englischer Sprache und ist ein hervorragendes Beispiel für die Leistungen ethnologischer Feldforschung, dem das vorliegende Buch viel zu verdanken hat.

Gimbutas, Marija: *The Language of the Goddess*. San Francisco: Harper & Row 1989. In ihrem schönen Buch voller überraschender Informationen stellt die führende Archäologin alle verfügbaren Zeugnisse zusammen, die beweisen, daß die matriarchale Religion im Europa des Paläolithikums vorherrschend war.

Halifax, Joan (Hrg.): *Die andere Wirklichkeit der Schamanen. Erfahrungsberichte von Magiern, Medizinmännern und Visionären*. München: Goldmann 1985. Eine außergewöhnliche Sammlung von schamanistischen Erzählungen aus aller Welt.

Hood, Mantle: *The Ethnomusicologist.* 1971. Reprint. Kent, OH: Kent State Univ. Press 1982. Eine persönliche Stellungnahme über die Bedeutung und das Vorgehen der Musikethnologie. Hood ist einer der Begründer dieses Fachgebietes in den Vereinigten Staaten. Dieses sehr engagiert und gut geschriebene Buch stellt für diejenigen, die sich weiter in das Thema vertiefen wollen, die naheliegende Fortsetzung zu Blackings *How Musical Is Man?* dar.

Kuttner, Fritz A.: *The Archaeology of Ancient Chinese Music.* New York: Paragon 1990. Dieses Hauptwerk, eine Zusammenfassung von mehr als vierzig Jahren Forschungsarbeit des originellen, brillanten Wissenschaftlers, enthält zahlreiche wertvolle Informationen über Frühgeschichte und Technik der Glocken und Gongs.

Lomax, Alan: *Folk Song Style and Culture.* Washington, DC: American Association for the Advancement of Science 1968. Eine Serie von Artikeln des berühmten Folkloristen und Folksong-Sammlers. Lomax prägte den Begriff des »kulturellen Ausschwärzens«. Seine faszinierende Theorie der »Kantometrik«, die besagt, daß die Form einer Kultur sich im Klang ihrer Lieder niederschlägt, wird in diesem Buch beschrieben.

McCall, Daniel F.: »Mother Earth: The Great Goddess of West Africa.« In: *Mother Woship: Theme and Variations*, hrg. von James J.Preston. Chapel Hill, Nc: Univ. of North Carolina Press 1982. In diesem provokativen Artikel stellt McCall die Hypothese auf, daß in den westafrikanischen Besessenheitskulturen die großen neolithischen Kulturen mit Mutterkult nachklingen, die sich einst von Osteuropa bis zur Sahara erstreckten.

Merriam, Alan P.: *The Anthropology of Music*. Chicago: Northwestern Univ. Press 1964. Als erste gründliche Untersuchung der kulturellen Dimension der Musik und des Musikmachens ist Merriams Arbeit immer noch ein Klassiker auf diesem Gebiet, der von allen angehenden Musikethnologen herangezogen wird.

Needham, Rodney: »Percussion and Transition.« In: *A Reader in Comparative Religion: An Anthropological Approach,* hrg. von William A. Lessa und Evan Z. Vogt, 3. Ausg. New York: Harper & Row 1972. Needhams Essay, der zuerst als Beitrag für die britische Völkerkundezeitschrift Man erschien, zeigt auf, daß fast überall auf der Welt perkussive Musik dazu dient, die bedeutenden Übergangsphasen im Leben (»rites of passage«) zu begleiten, und stellt die Frage nach den Gründen hierfür.

Neher, Andrew: »A Physiological Explanation of Unusual Behavior in Ceremonies Involving Drums.« In: *Human Biology* 34 (1962): 151-60. Ein Bericht über die ersten Laborversuche, mit denen die das Publikum beeinflussenden psychoakustischen Mechanismen untersucht wurden. Da zu diesem Thema vorher und auch seit Erscheinen dieses Artikels nicht viel geforscht wurde, wurde er weitgehend mißverstanden – dem Bericht, der sich nur auf wenige Laborexperimente konzentriert, wurde sowohl von Befürwortern als auch von Gegnern unproportional viel Bedeutung beigemessen.

Nettl, Bruno: *The Study of Ethnomusicology: Twenty-nine Issues and Concepts*. Urbana, IL: Univ. of Illinois Press 1983. Einer der erfahrensten Wissenschaftler der Musikethnologie leuchtet in faszinierenden Essays nahezu das gesamte Gebiet dieser Disziplin aus. Als weitergehende Lektüre zu einem der einführenden Werke von Blacking, Hood oder Merriam zu empfehlen.

Picken, Laurence E.R.: *Folk Musical Instruments of Turkey*. London: Oxford University Press 1975. Die beste Monographie über die Musikinstrumente der Welt. Dr. Picken untersucht gründlich alle Aspekte der Instrumente, von den verwendeten Materialien über Herstellungsverfahren, akustische Eigenschaften, die Art und Weise der Anwendung bis hin zum jeweils gespielten Repertoire.

Price, Perceval: *Bells and Man*. London: Oxford University Press 1983. Price war wie James Blades ein professioneller Musiker, der von seinen Instrumenten fasziniert war. Sein Lebenswerk zum Thema Glocken ist das wichtigste Buch auf diesem Gebiet. Es entstand aus vielen Artikeln, die er für The New Grove schrieb.

Rouget, Gilbert: *Music and Trance: A Theory of the Relations Between Music and Possession*. Chicago: University of Chicago Press 1985. Aus dem Französischen übertragen von Brunhilde Biebuyck. Die erste Studie, die sich eingehend mit diesem Thema befaßt. Rougets Arbeit basiert hauptsächlich auf in Afrika gesammelten eigenen Erfahrungen, sowie auf Beobachtungen anderer französischer Gelehrter in Afrika und der Karibik. Obwohl umstritten und mit einigen Mängeln behaftet, verdient dieses wichtige Buch auf jeden Fall Beachtung.

Russolo, Luigi: *The Art of Noises*. New York: Pendragon Press 1986. Aus dem Italienischen übertragen von Barclay Brown. Eine Sammlung von Aufsätzen des einflußreichen futuristischen Malers, Komponisten und Erfinders von Musikinstrumenten, der mit seinen Geräuschkonzerten in den ersten beiden Jahrzehnten unseres Jahrhunderts Skandale auslöste.

Sachs, Curt: *The History of Musical Instruments*. New York: W. W. Norton 1940. Die erste eingehende Behandlung des Themas in englischer Sprache. Obwohl es lange vergriffen war und neuere Untersuchungsergebnisse fehlen, bleibt dieses Werk eine der wichtigsten Quellen. Sachs' Perspektive war wirklich universal, er schenkte auch nichtwestlichen und ethnischen Instrumenten gebührende Beachtung.

ders.: *The Wellspring of Music*. Hrsg. von Jaap Kunst. Den Haag: Nijhoff 1962. Diese postum veröffentlichte Werk von Sachs ist gleichzeitig sein anregendstes und originellstes. Er faßt darin seine lebenslangen Erfahrungen beim Studium der Musik der ganzen Welt zusammen und versucht, die wichtigsten Merkmale und Stile des Musizierens herauszustelen. Sehr empfehlenswert als Einführung in die Musikethnologie, vor allem für Leser mit musikalischen Kenntnissen.

Sadie, Stanley (Hrsg.): *The New Grove Dictionary of Music and Musicians*. 20 Bde. London: Macmillan 1980. Dieses Werk stellt zusammen mit *The New Grove Dictionary of Musical Instuments* (London: Macmillan 1984) das englischsprachige Standardnachschlagewerk für Musik dar. Es steht in jeder Universitäts- oder großen öffentlichen Bibliothek und ist für alle Fragen zur Musik die erste Adresse.

Schafer, R. Murray: *The Tuning of the World*. New York: Knopf 1977. Schafer, ein kanadischer Komponist, erforscht die Welt der Klänge unter den Gesichtspunkten der Ökologie und der Umwelt beziehungsweise Umweltverschmutzung. Er prägte das Wort »Klanglandschaft« (engl. soundscape) als Komplementärbegriff zu »Landschaft« (landscape) und plädiert dafür, daß zeitgenössische und historische Klanglandschaften noch eingehender dokumentiert werden.

Taylor, Rogan P.: *The Death and Resurrection Show: From Shaman to Superstar*. London: Anthony Blond 1985. Eine faszinierende Druchleuchtung der originellen These, daß Rockstars, Schauspieler und andere Entertainer der Massenmedien das zeitgenössische Gegenstück zum traditionellen Schamanen sind.

Vennum, Thomas, jun.: *The Ojibwa Dance Drum: Its History and Construction*. Washington, DC: Smithsonian Institution Press 1982. Eine detaillierte Kulturstudie und eine der schönsten Betrachtungen einer traditionellen Trommel, ihrer Bauweise und Geschichte.

Ventura, Michael: *Shadow Dancing in the USA*. Los Angeles: J.P. Tarcher 1985. Exzellente Studien zur amerikanischen Kultur mit zwei wichtigen Kapiteln zur Entstehung der Black Music aus ihren afrikanischen Wurzeln.

Diskographie

The World ist eine von Mickey Hart produzierte Serie von Aufnahmen, die authentische Musik verschiedener Völker und Stilrichtungen vorstellt. Sie wurden ausgewählt aufgrund ihrer Schönheit, Kraft und Bedeutung, und die Aufnahmeorte reichen von der Nubischen Wüste bis zur arktischen Tundra. (Für weitergehende Informationen zu dieser Serie schreiben Sie bitte an: Rykodisc, Pickering Wharf, Bldg. C-3G, Salem, MA 01970, USA.)

The Diga Rhythm Band. *Diga* (RCD 10101/RALP/RACS). Erstklassige Perkussion von einer Band aus elf Rhythmikern einschließlich Mickey Hart, Zakir Hussain und Jerry Garcia.

Hamza el Din. *Eclipse* (RCD 10103/RACS). Musik des Meisters der *Oud* aus dem Sudan.

Dzintars. *Songs of Amber* (RCD 10130/RACS). Folksongs des Lettischen Frauenchors.

The Golden Gate Gypsy Orchestra. *The Traveling Jewish Wedding* (RCD 10105/RACS). Eine fröhliche Mischung traditioneller und zeitgenössischer Musik.

The Gyuto Monks. *Freedom Chants from the Roof of the World* (RCD 20113/RACS). Polyphone Gesänge des tibetischen Chors unter Mitwirkung von Mickey Hart, Philip Glass und Kitaro.

Hariprasad Chaurasia und Zakir Hussain. *Venu* (RCD 20128). Klassische Flötenmusik aus Indien mit Zakir Hussain an den *Tablas*.

Mickey Hart. *At the Edge* (RCD 10124/RACS). Mickey Harts Album zu diesem Buch. Eine persönliche Anthologie seiner lebenslangen Suche nach der spirituellen Seite der Trommel.

Taro und Mickey Hart. *Music to Be Born By* (RCD 20112/RACS). Eine sanfte und wohltuende rhythmische Hörlandschaft für Babies und andere »Kinder«, mit Taro Harts Herzschlag im Mutterleib.

Mickey Hart, Airto Moreira und Flora Purim. *Däfos* (RCD 10108/RACS). Musikalische Ethnographie eines imaginären Landes; das Abenteuer einer inneren Hörlandschaft.

Mickey Hart (Produzent). *The Music of Upper and Lower Egypt* (RCD 10106/RACS). Aufgenommen während der Ägypten-Tournee von Grateful Dead 1978.

Ustad Sultan Khan. *Sarangi: The Music of India* (RCD 10104/RACS). Der wunderbare Klang der indischen *Sarangi*.

Olatunji. *Drums of Passion: The Invocation* (RCD 10102/RACS). Neue Digitalaufnahmen eines Trommelmeisters mit elf Perkussionisten und sieben Vokalisten.

Olatunji. *Drums of Passion: The Beat* (RCD 10107/RACS). Digitale Remix-Version von *Dance to the Beat of My Drum*.

The Rhythm Devils. *The Apocalypse Now Sessions* (RCD 10109/RACS). Mickey Hart, Bill Kreutzmann, Michael Hinton und Airto Moreira auf der Suche nach den Grenzen cineastischer Musik.

GOLDMANN

Praxisbücher der Esoterik

Das große Praxisbuch der Aura- und
Chakra-Arbeit 12211

Das große Praxisbuch der Esoterik 12176

Das Tantra-Praxisbuch 12229

Bruno Nardini, Das Handbuch der
Mysterien und Geheimlehren 12231

Goldmann · Der Taschenbuch-Verlag

WDR

Im

Zeitalter der

Fernbedienung

eine gute

Orientierung.

WDR. Mehr hören. Mehr sehen.

WDR-KRIMINAL-HÖRSPIEL

Bei Einschub Mord! Kriminal Hörspiele auf Cassette.

BEI GOLDMANN/PRIMO

GOLDMANN TASCHENBÜCHER

Das Goldmann Gesamtverzeichnis erhalten Sie im Buchhandel oder direkt beim Verlag.

Literatur · Unterhaltung · Thriller · Frauen heute
Lesetip · FrauenLeben · Filmbücher · Horror
Pop-Biographien · Lesebücher · Krimi · True Life
Piccolo Young Collection · Schicksale · Fantasy
Science-Fiction · Abenteuer · Spielebücher
Bestseller in Großschrift · Cartoon · Werkausgaben
Klassiker mit Erläuterungen

∗ ∗ ∗ ∗ ∗ ∗ ∗ ∗ ∗ ∗

Sachbücher und Ratgeber:
Gesellschaft / Politik / Zeitgeschichte
Natur, Wissenschaft und Umwelt
Kirche und Gesellschaft · Psychologie und Lebenshilfe
Recht / Beruf / Geld · Hobby / Freizeit
Gesundheit / Schönheit / Ernährung
Brigitte bei Goldmann · Sexualität und Partnerschaft
Ganzheitlich Heilen · Spiritualität · Esoterik

∗ ∗ ∗ ∗ ∗ ∗ ∗ ∗ ∗ ∗

Ein SIEDLER-BUCH bei Goldmann
Magisch Reisen
ErlebnisReisen
Handbücher und Nachschlagewerke

Goldmann Verlag · Neumarkter Str. 18 · 81664 München

Bitte senden Sie mir das neue kostenlose Gesamtverzeichnis

Name: _____

Straße: _____

PLZ / Ort: _____